KB253779

## 〈CEO 인간학〉을 펴내며

〈CEO 인간학〉은 시대를 꿰뚫는 통찰의 힘으로
역사적 격변기를 살았던 사람들의 삶의 무늬紋를 찾아 떠나는 인문人文 여행이다.
인문 여행은 역사를 이끌었던 사람들의 지혜·용인用人·처세의 자취를 읽어내는 여정이다.

이 시리즈에는 역사를 뛰어넘는 동서양의 사상을 통해
인간에 대한 깊은 이해와 사유, 그리고 인간 중심의 경영철학이 녹아 있다.
〈CEO 인간학〉은 매력적인 리더의 조건, 경쟁에서 성공을 이끌어내는 방법,
그리고 개인과 기업의 성공을 위한 전략을 담았다.

인간의 본질에서 출발해 인간관계 그리고 용인술에 이르기까지
다양한 스펙트럼을 통해 천하경영의 답을 찾고,
리더를 꿈꾸는 사람들과 인간중심의 조직을 꿈꾸는
CEO들을 위한 인간경영의 나침반이 될 것이다.

유가 인간학

## CEO를 위한 인간학 시리즈는

시대의 격변기를 이겨낸 역사적 인물들의 치열했던 삶과 사상 속에서
사람과 시대를 움직이는 경영의 지혜를 찾아 떠나는 인문학 여행입니다.



### ■ 일러두기

이 책의 '해제'는 렁청진의 '유가 · 도가 · 법가 · 병가 · 종횡가 인간학' 전체를 아우른 것으로
각 권에 동일하게 실려 있습니다.

# 유가 인간학

어진 사람은 적이 없다

렁칭진 지음 ― 김태성 옮김

21세기북스

# 왜 중국인은 지략에 강한가

경험이 중요하다는 것은 아무리 강조해도 지나치지 않다. 실제로 현대의 위인들은 하나같이 역사를 통해 중요한 교훈을 얻었다. 역사에 등장하는 저명한 정치가나 군사 전문가들은 지략에 대한 연구와 평가를 게을리 하지 않았다. 이렇게 하지 않고서는 그 누구도 성공할 수 없기 때문이다.

현대의 인문·사회과학적인 연구 결과를 종합해보면, 몇몇 고대 민족의 문화에는 철학이 획기적으로 발전하는 시기가 있었음을 알 수 있다. 다시 말해, 일정한 시기에 철학자와 과학자 같은 문화 거인들이 집중적으로 나타났고, 이들의 사상이 민족 문화의 기초가 됐다는 것이다. 중국에서는 이러한 시기가 가장 혼란스러웠던 춘추전국시대였다는 데에 이론의 여지가 없다. 그리고 이 시기의 가장 큰 문화적·사상적 특징은 한마디로 표현하면 '지략'이다. 지략형 문화의 급속한 발전과 지략형 사유 방식이 중국 민족의 성격에 미친 영향은 크게 세 가지로 요약할 수 있다.

춘추전국시대에는 노자, 공자, 장자, 묵자, 맹자, 순자, 한비자 등 수많은 문화적 거인들이 출현하면서 이른바 '백가쟁명'의 국면을 이루었다. 유가, 도가, 법가, 병가, 묵가, 종횡가, 농가, 음양가, 명가 등 주요 학파들은 이 시기에 형성되어 후대로 이어지면서 점차 튼튼한 토대를 마련했다. 수천 년을 흘러온 고대 중국의 사상과 문화, 민족적 성격은 이러한 학파들이 영향을 주고받으면서 발전과 변화를 통해 완성되었다. 따라서 중국 문화가 급속하게 발전한 시기의 시대적 특징을 고찰하고 중국 전통문화의 특징과 민족의 성격을 이해하는 것은 오늘날의 중국과 중국인을 이해하는 데 있어서 중요한 수단이 될 것이다.

여러 학파들을 자세히 고찰해보면 각 학파 사이에는 분명한 차이가 있고 완전히 상치되는 부분도 있지만, 모두를 아우르는 한 가지 공통점이 있다는 것을 발견할 수 있다. 이 학파들이 하나같이 정치에 대한 관심을 드러내고 있고, 심지어 일부 학파는 그 사상의 출발점과 귀착점이 정치로 귀결된다. 유가는 덕치의 아름다운 기초 위에 이상적인 국가를 건설할 것을 요구하고 있으므로, 정치를 기초로 하여 세워진 전형적인 학파라 할 수 있다. 세상사에 대한 무관심을 표방한 도가도 이른바 '무위지치無爲之治'를 주장하고 있는데, '무위'의 목적이 바로 '치'에 있는 것이고 '치'는 곧 사회 정치의 안정을 의미한다. 따라서 도가도 기본적으로는 현실의 정치를 무시하지 않는다는 사실을 알 수 있다. 이와 마찬가지로 다른 학파들도 제각기 다른 시각과 관점에서 현실을 살펴고, 그에 기초하여 그 나름대로의 정치적 주장을 제시했다.

물론 중국 철학이 지략형 문화로 자리 잡게 된 가장 중요한 원인은 이들 학파들이 정치에 커다란 관심을 나타냈고, 철학자들의 정치관이 주로 '치인治人'에 집중되었기 때문이다. 다시 말해, '치인'에서 출발하여 자신의 정치적 주장을 실현하려 했던 것이다. '치인'에는 일정한 방법이 필요했고, 이러한 방법을 추구하는 과정에서 지략이 형성되었다. 그러나 이와 함께 고려해야 할 것은 당시에 지략이 구체적인 수단으로 존재했더라도 이것만으로는 지략형 철학으로 발전할 수 없었을 것이라는 점이다.

당시의 상황에서는 지략이 체계화와 사회화, 규약화를 통해 사회 제도로서의 규범과 원리로 작용했다. 학자이건 제왕이건 평민이건 간에, 이러한 규범과 원칙에 대해서는 이의를 제기할 수 없었다. 당시의 현실에 대해 가장 격분했던 도가조차도 실제로는 일반적인 지략에 반대하는 방식으로 깊이 있는 정치 및 문화의 전략을 추진했다. 이런 식으로 각종 학파와 문화가 전체적인 지략의 부분을 구성함으로써 중국의 지략형 문화가 형성되었다.

중국의 철학이 획기적인 발전을 이루는 동안 학문의 목적은 위정爲政에 있었고, 학자들의 이상도 정치를 통해 관직과 봉록을 얻는 데 있었다. 이는 대부분 학파들의 공통된 인식이었다. 사마담은 일찍이 이를 가리켜 "무릇 음양가와 유가, 묵가, 명가, 법가 등은 모두 정치에 힘쓴 무리들이었다"고 지적한 바 있다. 인간과 주변 세계 사이에 발생하는 관계는 두 가지이다. 하나는 자연적 관계이고, 다른 하나는 대인관계다. 서양의 문화 발전은 전자에 편중되어 있어서 인간과 자연의 관계를 탐구하는 데 주력했다. 그런 의미에서는 과학형 문화라고 할 수 있다. 이에 비해 중국 문화의 발전은 인간의 관계에 초점이 맞춰져 있다. 사실 이는 춘추전국시대에 우연히 발생한 현상이 아니라 역사적, 문화적 근원과 현실적 근원을 동시에 가지고 있다.

중국 민족은 형성 초기부터 하늘과 사람이 하나라는 기본적인 철학과 문화 관념을 가지고 있었다. 하늘의 운행에는 항상성이 있어서 변화가 없지만, 인간은 자신을 조절하여 하늘에 순응하는 능력을 가지고 있다. 이리하여 사람들은 점차 인간 사회 내부로 주의를 돌리기 시작했고, '치인'을 핵심으로 하는 문화 관념을 형성하게 되었다. 이것이 지략형 문화 발전의 기본 전제이다. 또한 춘추전국시대의 구체적 역사 현실은 지략형 문화 발전에 중요한 계기를 마련해주었다. 이 계기란 '왕관王官의 학문이 백가로 분산되고' 제후들이 패권을 다투면서 지모를 절실히 필요로 했기 때문이다.

주周 왕실이 쇠락하면서 제후들을 통제할 능력을 상실하자, 서주 말기부터는 예악禮樂이 무너지기 시작했다. 그러나 주 왕실과 수많은 제후들이 몰락함에따라 그때까지 문화(주로 예악문화)를 장악하고 있던 사람들이 민간으로 퍼져나갔다. 그 결과 왕관의 학문이 백가로 분산되었고, 문화가 크게 발전할 수 있는 조건이 조성될 수 있었다. 또한 춘추전국시대에는 통치 계층이 정치력을 상실하면서 이를 기초로 '백가쟁명'이 이루어지게 되었다. 서주 이래 수백 년 동안 통일된 문화가 발전하는 역사 단계를 거쳐 마침내 '도술이 천하에 흩어지는' 결과를 낳은 것이다. 각 학파들이 제각기 다른 관점과 주장을 가지고 있기는 했지만, 기본적으로는 하나같이 당시의 문화적 수요에 부합하면서 여러 제후들이 스스로 패자를 자칭하는 데 기여했다. 결국 중국의 지략 문화가 크게 발전했던 것은 역사적인 필연이었던 셈이다.

이 시기의 제후들에게는 인재 집단을 보유하는 것이 흥망을 결정하는 관건이었다. 그러므로 '선비를 하나 잃어 나라가 망하고, 선비를 하나 얻어 나라가 흥하는 상황'이 비일비재했다. 각 학파는 모략에 있어서도 큰 차이를 나타냈다.

춘추전국시대의 지략형 문화는 사인士人들에 대한 제후의 요구와 결합하여 독특한 사유 방식을 형성했다. 이러한 사유 방식의 가장 큰 특징은 '실용이성'이다. 통속적으로 실용이성의 특징은 일의 수단이나 목적에 있어서 정의를 추구하는 것이 아니라 이익을 우선으로 하는 것이다.

서양의 '도덕 이성(또는 실천 이성, 즉 칸트의 kritik der praktischen Vernunft)'이 근거로 삼는 것은 일정하고도 통일된 정의에 관한 인식과 가치의 경향으로서 현실적 이익과는 별로 관계가 없다. 이와는 달리 실용이성은 현실적 가치에 대한 인식이 일정치 않고 이해관계와 밀접히 연관되어 있기 때문에 이에 따라 수시로 변화한다. 심지어 이해관계가 실용이성의 가치 관념의 출발점이라고 해도 과언이 아니다. 사실 춘추전국시대에 종횡가들이 가장 무게를 둔 부분도 이해관계였다. 한 제후국의 군주는 이해관계를 분명히 인식하게 되면 새로운 선택을 하게 되는데, 이러한 선택이 도의에 부합하느냐의 여부는 고려의 대상이 되지 않았다. 도의를 고려한다 해도 좀더 원대한 이익을 위한 것이지, 결코 도의만을 위한 것이 아니었다. 이러한 사례는 셀 수 없이 많았고, 춘추전국시대에만 그랬던 것이 아니라 중국 역사를 통틀어 똑같은 경향을 보였다.

이러한 기본적 특징과 관련하여 지략형 문화의 사유 방식은 경험성과 민첩성이라는 특징을 가지고 있다. 이러한 사유 방식은 이론적인 사고나 가치를 논증하지 않고 주로 '역사를 귀감으로 삼으면서' 과거의 경험에 따라 방침과 전략을 확정한다. 그래서 간명함과 신속함 그리고 '기둥을 세워 그림자를 보는' 실용성 등은 필요로 했지만, 이론적 근거나 완비된 이론 형태 따위는 추구하지 않았다. 이러한 기본적 요구들이 서로 적용된 것이 바로 민첩성이다.

문제를 처리할 때는 천차만별의 다양한 상황을 만나게 되는데, 이해관계의 원칙(사실 이는 원칙이라고 할 수도 없다)을 제외하고는 다른 원칙의 제약을 받지 않기 때문에 자유를 충분히 발휘할 수 있는 공간이 확보된다. 그러므로 지략형 문화의 사유 방식은 이 세상에서 가장 민첩한 사유 방식 가운데 하나다. 그런 의미에서 중화 민족은 구체적인 문제에 대한 구체적인 분석에 가장 뛰어난 민족 가운데 하나라 할 수 있다. 예컨대 병가의 가장 큰 금기는 종이 위에서 가상의 병법을 논하는 지상담병紙上談兵인데, 아무리 자세히 상황을 분석하더라도 싸움에 이기는 것보다는 중요하지 않기 때문이다.

지략형 문화는 중국 민족의 성격 형성에 지대한 영향을 미쳤고 심지어 어떤 의미에서는 민족의 성격적 특징을 결정했다고 할 수도 있다. 물론 여기에는 긍정적 영향도 있지만 부정적 영향도 없지 않다. 반드시 설명하고 넘어가야 할 사실은 이 두 가지 영향이 시기와 상황에 따라 각기 달리 나타났을 뿐만 아니라, 상호 전환의 양태까지 보이곤 했다는 점이다. 특히 각 개인들에게 있어서는 위에 있는 자가 아래로 내려오고 아래에 있는 자가 위로 올라가는 일이 비일비재했다. 따라서 뒤에서 얘기하게 될 몇 가지 영향도 대략적인 논술에 그칠 수밖에 없다.

중국의 지략 문화는 중국인들이 취하고 사용했던 지혜의 보고로서, 무엇보다도 중화 민족의 실사구시적 성격과 심리 태도를 형성했다. 길고 긴 역사 발전의 과정 속에서 무수한 역경과 시련을 경험했지만 끝까지 멸망하지 않고 오늘날까지 이어져 내려온 것처럼, 중국은 부단히 힘을 키우면서 발전해왔다. 중국 민족과 동시에 나타난 다른 고대의 민족들은 문화와 함께 종족이 사라졌거나, 문화의 영향만을 남기고 민족 자체는 바람과 구름처럼 흩어져버렸다. 중국만이 문화와 민족 모두 사라지지 않고 일관되게 발전해오고 있다. 인류 문명사를 볼 때 이는 일종의 기적이다. 중국인들을 비판하면서 민족적 결점을 제기하는 사람들도 없지 않지만, 지속하면서 발전하고 있다는 사실만은 반박할 수 없을 것이다. 여기서는 단지 다른 민족과 비교하여 중국의 문화가 보다 완전하게 보전되고 있고 발전해나가고 있다는 점을 강조하고 싶을 뿐이다.

지략형 문화는 중국 민족이 실용적이고 이지적인 생존 태도를 형성함으로써 공허함을 추구하지 않고 귀신을 숭상하지 않으며 극단으로 나가지 않고 두 발을 항상 현실에 붙이고 사는 기질을 갖게 했다. 그 결과 중국 민족은 고난과 시련에 굴하지 않는 강인한 인내력과 생기를 되찾는 회복력을 갖게 되었다. 또한 지략형 문화의 실사구시 사상은 중국인들에게 정치적으로 항상 아름다운 이상인 지혜로운 군주와 현명한 재상을 추구하도록 했다. 이처럼 현실에 기초한 사회적 이상은 천당에서 내려온 것, 지옥에서 솟아난 것도 아닌 중국인들 스스로 삶의 현실에서 창조해낸 것이다. 이러한 이상이 완전하게 실현된 시대는 없었지만 이것을 추구하는 힘이 있었기 때문에 중국 민족은 온갖 고난을 이겨내고 지금까지 생존, 발전할 수 있었다.

오늘날의 구체적 역사 조건에서 바라볼 때 지략형 문화는 중국인의 성격에 부정적인 영향을 미친 것도 사실이다. 실용이성을 중시하는 이러한 사유 방식은 진리를 말살하고 진리에 대한 추구를 제한하기 십상이었다. 그래서 중국의 전통 사회는 수천 년에 이르는 장구한 발전 과정을 거쳤으면서도 문화 관념과 사회 제도에 있어서는 실질적인 변화가 없었다. 그로 인해 진정한 민주의 길을 열지 못했다. 또 한 가지 중요한 사실은 지략형 문화가 '치인'에 치중하다보니 인간과 자연의 조화와 공존만 추구하여 과학이성의 분야에서는 심각한 한계에 부딪혔고, 결국 근대 과학의 길을 걷지 못했다는 점이다.

또 한 가지 언급하지 않을 수 없는 부정적 영향은 중국인들이 천성적으로 모두 정치인이라는 것이다. 전통 정치의 운용 방식이 '인치人治'고 전통문화의 정수도 '인치'다보니 모든 사람이 모략가가 되지 않을 수 없었다. 사실 어떤 의미에서 중국인의 학문은 '모략'으로 귀결되기도 한다. 이른바 "세상사에 밝으면 그것이 곧 학문이고, 인정에 정통하면 모두 훌륭한 글이다"라는 속담이 이러한 경향을 극명하게 보여준다. 수많은 중국인들이 일생을 다른 사람을 대상으로 한 모략과 계산에 허비함으로써 사회적으로 큰 손실을 초래했다. 더 심각한 것은 모략과 계산이 기나긴 역사 발전 과정에서 이미 뿌리 깊은 처세의 태도와 인생관으로 자리 잡게 되었다는 것이다. 이는 이미 일종의 '술術'이 아니라 인생의 '도道', 즉 중국인들의 내재적 처세 철학이자 문화 정신이 된 셈이다. 흔히 말하는 "중국인들은 둥지 안 싸움에 능하다"라는 말은 이런 상황에서 연유한 것이다.

앞에서 설명한 바와 같이 긍정적인 면과 부정적인 면의 경계가 절대적이지 않은 가운데 실용이성은 중국 민족에게 지속적으로 존재와 발전을 위한 활력을 제공해주었다. 그러나 이와 동시에 중국인들에게 '둥지 안 싸움에 능한' 성품을 갖게 했고 현대로 접어들면서 민족의 발전을 저해하는 저열한 요소로 자리 잡았다. 마찬가지로 하늘과 인간의 조화를 추구하는 관념도 중국의 발전에 결코 무시할 수 없는 역할을 했지만, 현대화로 신속하게 나아가는 데에는 커다란 장애 요소가 되기도 했다.

전통은 죽었지만 인간은 살아 있다. 죽은 전통이 살아 있는 인간을 속박하고 인간을 전통의 지게미로 만들 것인지, 아니면 살아 있는 사람들이 죽은 전통을 되살려 다시 청춘의 활력을 발산하게 할 것인지는 전적으로 오늘을 살고 있는 우리의 자세에 달려 있다.

마지막으로 설명하고 넘어가야 할 것은 유가와 법가, 도가, 병가, 종횡가 등의 철학 내지 문화 개념으로 중국의 전통 지모를 분류하는 것은 실험적인 것으로서, 이러한 실험은 두 가지 근거를 가지고 있다.

첫째, 중국 전통 정치의 운용 방식은 '인치'이고 중국 전통문화의 정수 역시 '인치'에 있는 만큼 각 학파의 사상과 지혜가 각기 다르다 해도 '인치'에 있어서는 일치하고 있다. 중국 전통의 지혜가 하나의 근본으로 귀납되고 있는 것이다.

둘째, 한대 이후로 유가와 도가, 법가와 종횡가 등 여러 학파가 하나로 융합하면서 유가의 왕도를 빌어 법가와 병가의 패도覇道가 행해졌다. 이는 이미 중국 정치 운용 방식의 뿌리 깊은 전통으로 굳어졌다. 사실 이는 일종의 사기성 정치이자 '음모 정치'라 할 수 있다. 이렇게 분류할 경우, 사실에 대한 폭로가 중국인들에게는 계몽적인 기능을 할 수도 있을 것이다. 물론 이러한 분류에도 불편한 점이 없지 않다. 예컨대 중국의 유가와 도가, 법가가 아주 강한 상호성을 가지고 있기 때문에 칼로 두부를 자르는 것 같은 확연한 구분은 불가능하며, 구체적 역사 사건 역시 복잡한 양상을 띠기 때문에 한 학파에 해당하는 것으로 규정하기가 쉽지 않기 때문이다.

링청진

# 근본을 다스려라

유가儒家는 겉으로 드러나는 지모智謀를 추구하지 않는다. 그 자체가 모든 지혜를 압도하기 때문이다.

현실 생활에서는 이런 지혜를 찾기란 쉬운 일이 아니다. 역설적이지만 지혜는 때때로 우매해 보이기도 한다. 처음부터 그 진가가 드러나는 경우는 극히 드물다. 그러므로 유가의 지혜를 이해하기 위해서는 상당한 수준의 지식과 경험이 요구된다.

유가의 지혜는 왕도 사상王道思想과 연관되어 있어 매우 오묘하고 복잡하다. 하지만 여기서 이야기하고자 하는 것은 부분적인 것으로, 왕도 사상이 어떻게 지혜로 바뀌어 나라를 다스리는데 활용되었는가 하는 것이다.

공자는 "소송 사건을 처리할 때는 반드시 법률에 근거해야 하지만,

먼저 예악禮樂으로 교화에 힘써서 소송사건이 발생하는 것을 근절해야 한다"고 말한 바 있다. 이는 공자의 기본적인 사상을 엿볼 수 있는 말로, "치국治國과 치민治民에 있어서 예악禮樂을 통한 교화가 가장 중요하고, 그것으로 안 될 경우에 법률을 적용해야 한다"는 사마천의 사상에서 계승된 흔적을 찾아볼 수 있다.

치국 또는 치민과 관련된 중국의 지혜는 기본적으로 치표治標와 치본治本의 두 가지 유형으로 압축할 수 있다. 치본의 대표적인 학파가 유가라면 법가는 치표의 대표적 학파라 할 수 있다.

유가에서는 치국과 치민에 지략을 사용하는 것을 반대했다. 이를 공개적으로 주창한 적은 없지만, 실제로 중국 문화와 지모의 특성으로 인해 유가 사상이 불가피하게 지모로 전환되는 양상을 보인 것이 사실이다. 유가의 왕도 사상이 우선적으로 추구하는 것은 개인의 이익이 아닌 사회 전체의 이익이다. 그러므로 인간과 사회의 관계에 있어서 개인의 이익보다는 사회적 이익을 우선시 한다.

왕도 사상의 실행 과정에서는 사회와 개인의 이해가 상충할 수밖에 없다. 그러므로 사회적 이익의 실현 과정에서는 필연적으로 개인의 희생이 요구된다. 때문에 유가의 왕도 사상에서는 구체적인 책략을 고려하면서 이익을 취하고 손해를 피하는 방법을 마련하게 되었다. 그 과정에서 유가는 하나의 지략으로 변모하게 된 것이다.

가치 관념의 관점에서 생각해 볼 때, 중국인에게는 초월적이고 외재적인 가치 관념이 없었고, 왕도 사상의 가치 관념 역시 현실사회에서 출발하고 있다. 그러므로 유가의 입장에서 볼 때 현실적인 업적을 얼마나 많이 쌓느냐하는 문제는 개인의 인생 가치를 결정하는 기준이 되었다.

결국 유가의 개인적 가치는 현실적이고 세속적인 공리성功利性에 있었다. 때문에 유가가 아무리 도덕적 신성과 초월성을 강조했다 하더라도 이러한 도덕적 신성은 세속의 공리로 환원될 수밖에 없었다. 그 결과 도덕적 신성과 세속적 공리를 근본적으로 구별하지 않게 된 것이다.

도덕적 신성과 세속적 공리 양자 모두 이익을 추구한다는 점에서는 같지만, 이익 추구에 있어서는 차이를 보였다. 하나는 대리大利를, 다른 하나는 소리小利를 추구하는 양상을 보였다. 이익의 대소大小에는 분명한 차이가 있기 때문에 사람들은 도덕의 공리적 색채를 발견하지 못하고 공리를 초월하는 것으로 오해하게 되는 것이다.

이처럼 유가에서 강조하는 의義와 이利를 구별하는 것은, 도덕적 신성을 현실적 이해로 전환하는 문제가 뒤따른다. 유가는 다른 학파에 비해 이러한 전환을 처리하는 데 고명高明하고 합리적인 특성을 가지고 있다.

여기서 고명함이란 지모가 아닌 것처럼 보이는 유가의 큰 지혜를 말한다. 유가의 지모는 법가法家나 병가兵家처럼 인간을 직접적으로 강제하고 복종시키는 것이 아니라, 사람의 마음을 감복시켜 스스로 도덕적인 수양을 하게하고, 심미적 태도로 왕도 이상을 위해 헌신하게 하는 것이다.

현대적 의미에서 유가의 지모를 해석하자면, 유가는 사람들에게 법률의 존엄과 권위를 내세우거나 강제적으로 집행하는 것은 아니다. 먼저 청사진을 보여주고 그 그림이 담고 있는 이상을 설명한 후 사람들이 감복하여 유가의 가치 관념을 내면화하도록 만드는 것이다.

유가의 왕도 이상은 인간미가 넘치고, 온유하기 때문에 어떤 학설보다도 감화력이 크다. 그래서 사람들은 자신이 다른 사람의 지모 또는 관념에 동화되고 있다는 사실을 분명히 알면서도 기꺼이 받아들인다. 즉, 유가의 지모는 인성과 인도人道의 기본적인 원칙에 부합하기 때문에 합리성을 지닌 진정한 큰 지혜로 자리 잡게 된 것이다.

유가의 지혜가 구체적으로 발휘되는 형식은 인술仁術이고, 인술의 구체적인 표현형식은 우리가 흔히 말하는 수신제가치국평천하修身齊家治國平天下이다. 인술의 핵심은 인으로써 나라와 백성을 다스리는 데 있지만, 이를 실현하는 방법에서는 법가나 병가와는 분명한 차이를 보인다. 법가나 병가는 강제적으로 인심을 굴복시키고 사회를 변화시킴으로써 그 사회에 속한 모든 사람을 변화시키려 하는 데 반해, 유가는 개인에서 출발한다. 즉, 개인의 인격을 수양하여 다른 사람에게 영향을 미치고, 나아가 사회의 변화를 모색하는 방법을 취한다.

이처럼 유가는 개인의 수양을 왕도 이상을 실현하기 위한 기본적인 출발점으로 삼았다. 그러므로 수신제가치국평천하의 네 단계 중 수신 즉, 개인의 수양을 우선 과제로 삼았던 것이다. 수신을 중심으로 점차 범위가 큰 사회로 확대될 때, 그 폭은 개인적 수양의 수준에 의해 결정된다고 할 수 있다.

유가의 입장에서 볼 때, 왕도 이상의 실현 과정에서는 계급의 차별도 없고, 가문의 제한도 없으며, 권력의 간섭도 없다. 한마디로 외부적인 속박이 없는 대신 인간의 내면세계만이 진실이므로 개인의 수양을 강화하면 이 세상에 이루지 못할 일이 없다는 매력적인 청사진을 제시할 수 있었다. 이론적으로는 유가의 학설이 사람들에게 무한한 발전의 가능성을 제시했다는 것은 분명한 사실이다. 이는 중국인이 유가의 지혜를 받아들이고, 그들의 관념 속에 큰 지혜로 자리 잡게 된 내면적인 요인이었다.

구체적인 치국治國과 치민治民의 책략에 있어, 유가에서 가장 중시하는 점은 사람들을 심리적으로 감복시키는 것이다. 유가 성현들의 몇 가지 말을 살펴보면 이 문제를 분명하게 알 수 있다. 『논어論語』의 「위정爲政」 편에서는 "덕으로써 정치를 펴는 것은 북극성이 하늘 한가운데 있어 뭇별들이 그를 둘러싸고 그에게 가려 하는 것과 같다"라고 했다. 『맹자孟子』의 「공손축상公孫丑上」 편에서는 "힘으로 사람을 복종시키려는 사람은 사람을 복종시키는 데 뜻이 있어서 감히 복종하지 않을 수 없고, 덕으로써 사람을 복종시키려는 사람은 복종하는 데 뜻이 없어도 복종하지 않을 수 없다"라고 했다.

또한 「이루상離婁上」 편에서는 "걸과 주가 천하를 잃은 것은 그 백성을 잃은 것이니, 그 백성을 잃은 것은 그 마음을 잃은 것과 같다. 천하를 얻는 데는 도가 있으니 백성을 얻으면 천하를 얻는 것이다"라고 했다.

유가는 사람의 마음을 움직이는 방법에 대해 풍부한 경험을 축적하게 되었고, 이러한 과정을 통해 완전한 이론적 체계와 실천적 방법들을 확보할 수 있었다. 유가는 관원들에게 모든 일에서 백성의 이익과 나라의 안녕, 그리고 도의를 생각하는 것을 요구하며, 필요할 경우 남을 위해 자신의 목숨도 희생할 수 있는 덕을 기대한다.

비록 공맹孔孟 이후로 유가의 수많은 스승들이 제왕들을 위해 책략을 제시하고, 유가 사상의 치국治國, 목민牧民, 순신馴臣 그리고 평천

하쭈天下의 중대한 이해관계를 이야기했지만, 세월이 흐르면서 유가
의 학설은 일반적인 지략이 되고 말았다. 그러나 그 합리적인 요소들
은 유가의 지혜를 다른 학설들과 확연히 구별되는 큰 지혜로 만들었
고, 유가의 지혜는 여전히 중국인들의 사유체계를 지배하고 있다.

# 1장 | 덕이 근본이다

# 1 근본에 마음을 다하라

중국인들의 책을 살펴보면 『논어』나 『맹자』와 같이 은근한 온정을 담고 있는 경전이 있는가 하면, 『손자병법孫子兵法』처럼 감정은 전혀 개입시키지 않고 오로지 공리功利만을 추구하는 경전도 있다. 『손자병법』은 냉철한 이성에 의해 전쟁의 법칙만을 논한 저작이다.

『손자병법』에서 가장 높이 사는 전략은 외교를 통하여 승리를 거두는 것이다. 손자는 「모공謀功」편에서 "싸우지 않고 적을 굴복시키는 것이 상책上策 중의 상책이다"라고 말한다. 이에 비해 필사적으로 싸워 적을 물리치는 것은 하책下策에 속한다는 것이 그의 생각이었다. 죽도록 싸워서 전쟁에 이기는 사람은 승리자일 뿐, 높은 경지를 논할 만한 상대가 못 된다. 손자가 말하는 전쟁 중 최고의 경지는 칼과 창을 사용하지 않고서 상대방을 투항시키는 데 있다. 이는 사실상 전쟁을 치르지 않는 셈이다.

이런 점에서 보자면 손자의 궁극적인 목표는 전쟁 자체를 부정하는 데 있었다고 할 수 있다. 이처럼 밀도 있는 중국 고대의 인문주의적 사고는 현대인들에게도 커다란 감동을 주고 있다. 그러나 이러한 경지에 도달할 수 있었던 사람이 얼마나 될까? 손자에 따르면, 전쟁이라는 수단을 사용하지 않고 외교적인 방법을 사용하거나, 나라를 잘 다스려 자국의 위세를 만방에 떨침으로써 다른 나라들이 자발적으로 고개를 숙이고 복종하게 만드는 것이 최고의 경지다.

그러나 전쟁을 일으킨 자들은 상대방이 죽기 전에는 전투를 그만두지 않는 법이고, 먼저 공격당한 자 또한 끝까지 싸우다가 막다른 지경에 내몰려서야 투항하기 마련이다. 이는 수천 년에 걸친 중국 봉건 왕조의 역사가 증명하고 있다. 결국 손자가 제시한 '상책 중의 상책'은 현실에 적용하여 실현하기가 지극히 어려운 이상적 경지인 셈이다.

손자의 '상책'은 실현할 수 없는 이상에 지나지 않는데도 중국인들의 의식 속에서 정신적 버팀목이 되어왔던 것이 사실이다. 그렇지 않았더라면 중국을 비롯한 동아시아의 역사는 여전히 원시적인 상태에 머물렀을 것이다.

전쟁이 어떠하든지 간에 공명정대한 정치와 백성을 근본으로 삼는 것은 국가가 서는 근본이라 할 수 있다. 맹자는 다음과 같은 이야기를 전하고 있다.

노魯나라와 추鄒나라 사이에 대규모 충돌이 있었다. 그 과정에서 추나라의 관리가 33명이나 죽었는데 어찌 된 일인지 병사나 백성들은 단 한 명도 죽지 않았다. 왜 그런지 이해할 수 없었던 목공이 애써 분을 삭이며 맹자에게 물었다.

"상관을 위해 목숨 바치기를 거부한 자들을 다 죽이자니 그 수가 너무 많소. 법으로 그 많은 사람들을 다스릴 수도 없고 전부 죽일 수도 없을 것 같소. 그렇다고 이들을 살려두려고 해도 목숨 걸고 상관을 구하지 않고 바라보기만 한 죄는 죽여도 시원찮으니, 이를 어찌하면 좋겠소?"

"대왕께서는 추나라가 어떤 상황에 처해 있는지 알고 계십니까? 흉년을 만나면 대왕의 백성들이 어떤 처지가 되는지 알고 계십니까? 늙은이들은 죽어서 골짜기나 구덩이에 묻히고 젊은이들은 수천 명씩 다른 나라로 달아나버립니다. 그런데도 대왕의 곳간에는 온갖 재물이 가득 쌓여 있고 관아의 창고 역시 재물로 넘쳐납니다. 관리들이 이러한 실상을 대왕께 고하지 않은 것은 대왕을 기만하고 백성을 죽인 것이나 다름없습니다. 이래도 관리들이 죽어서는 안 된다는 말씀이십니까?"

이는 증자가 말한 "상대가 하는 그대로 돌려준다"는 심리가 반영된 실례라 할 수 있을 것이다. 남이 베푼 그대로 갚아준다는 뜻이다. 추나라가 전쟁에 패할 수밖에 없었던 것은 다른 원인이 있어서가 아니라 근본적으로 정치가 부패했기 때문이다.

**때를 기다리다**

전형적인 사례로 춘추전국시대의 제齊나라와 노나라 사이에 있었던 장작長勺 전투를 들 수 있을 것이다. 뛰어난 재능과 원대한 계략을 지닌 제나라 환공桓公은 관중이 대단히 현명하고 능력도 뛰어나다는 소문을 듣고는 속임수를 써서 제나라로 데려와 재상으로 삼았다. 뒤늦게

이 사실을 알게 된 노나라 왕은 환공이 자신을 우롱하고 모욕했다면서 군사를 일으켜 제나라와 일전을 벌이려 했다.

이 소식을 들은 환공은 한발 먼저 군사를 일으켜 기선을 제압하려 했다. 관중은 환공이 즉위한 지 얼마 되지 않아 민심이 안정되지 않은 상태이므로 싸움에 나설 때가 아니라고 생각했다. 그러나 환공은 자신의 능력을 과신하고 힘으로 민심을 굴복시키려 했다. 관중의 견해대로 먼저 정치를 안정시키고 군대를 키우는 등 철저하게 준비하기 위해서는 긴 시간이 필요했지만, 환공은 인내심이 없었다. 환공은 포숙아를 대장으로 삼아 곧장 노나라의 장작을 공격하라고 명령을 내렸다.

노나라 장공莊公도 제나라를 상대로 한판 승부를 벌일 결심을 다지고 있었다. 당시 장공에게는 대단히 신중하고 치밀한 성격을 지닌 시백이라는 신하가 있었다. 그는 장공의 조급한 마음을 가라앉힌 다음 문무를 겸비한 사람을 천거했다.

기원전 684년, 제나라의 대군이 노나라를 공격하자 노나라 장공도 군사를 이끌고 응전했다. 당시 노나라에는 조귀曹劌라는 사람이 있었는데, 장공이 제나라 군대와 일전을 벌이려 한다는 소식을 듣고는 황급히 궁궐로 달려와 장공에게 계책을 제시하려 했다. 그러자 어떤 사람이 그에게 물었다.

"장공 주변에 널린 게 모신謀臣들인데, 그대가 가서 어쩌겠다는 건가?"

"그들은 하나같이 식견이 모자라는 자들일 뿐입니다."

이 말을 듣고 사람들은 그가 교만하고 잘난 척한다며 속으로 은근히 비웃었다. 조귀는 장공을 찾아가 물었다.

"대체 무엇을 근거로 제나라와 싸움을 벌일 작정이십니까?"

"나는 좋은 옷과 맛있는 음식이 있으면 나 혼자 즐기지 않고 언제나 주위 사람들과 나누어 가졌소."

"그것은 아주 작은 은혜에 불과합니다. 작은 은혜로는 온 나라 백성들이 혜택을 누릴 수 없기 때문에 모든 백성들이 대왕을 따르지는 않을 것입니다."

"과인은 신령께 제사를 지낼 때 항상 경건한 마음을 다했고, 제사에 올리는 제물도 아무렇게나 고른 적이 없으며, 제문 또한 진실하게 올렸소."

"그런 행위로는 대왕의 진실함을 나타내 보일 수 있을 뿐, 백성 모두를 대신할 수는 없기 때문에 신령께서도 대왕을 보우保佑하지는 않으실 것입니다. 실질적으로는 아무런 의미도 없는 것이지요."

"나라 안에서 발생하는 크고 작은 소송을 일일이 알고 있지는 못하지만, 과인이 처리하면 반드시 모든 것이 이치에 맞게 돌아갈 것이오."

"그렇게 하시면 싸움에서 반드시 승리할 수 있을 겁니다. 그것이 대왕께서 백성들을 위해 마음과 뜻을 다한다는 사실을 나타내는 증거인 만큼, 이 점에 기대어 제나라와 싸움을 벌일 수 있을 것입니다. 부디 소인도 대왕을 모시고 싸움에 임할 수 있도록 허락해주십시오."

장공이 기꺼이 승낙하자, 조귀는 장공의 수레에 같이 타고 전장으로 향했다. 두 나라 군대가 장작에서 서로를 마주하고 진陣을 펼쳤다. 장공이 북을 두드려 싸움을 시작하려는 순간 조귀가 나서서 말렸다.

"아직 때가 이릅니다. 잠시만 더 기다려보십시오."

이때 제나라 군대가 먼저 북소리를 울리며 공격해왔다. 조귀는 맞대응을 말리기만 하다가 제나라 군대가 세 번째로 북을 두드리자 그제야 장공에게 소리쳐 말했다.

"바로 지금입니다. 북을 울리고 맞서 싸우십시오!"

조귀의 말에 따른 결과, 노나라 군대는 단번에 제나라 군대를 물리칠 수 있었다. 패배한 제나라 군대가 달아나자 장공은 추격 명령을 내리려 했다. 조귀가 다시 나섰다.

"잠시만 더 기다리십시오."

조귀는 수레에서 내려 달아나는 제나라 군대의 수레바퀴 자국을 세밀히 살핀 다음 다시 먼 곳을 바라보더니 그제야 말했다.

"이제 뒤쫓아도 될 것 같습니다."

이리하여 장작 전투에서 노나라 군대는 대승을 거두었다. 싸움이 끝난 후 장공이 조귀에게 물었다.

"제나라 군사가 세 번 북을 울린 다음에야 응전하게 했던 이유가 무엇이오?"

"싸움에서는 병사들의 사기가 무엇보다 중요합니다. 첫 번째 북이 울렸을 때 제나라 군대의 사기는 하늘을 찌를 듯했지만 두 번째 북이 울렸을 때는 조금 누그러졌다가 세 번째 북이 울렸을 때는 완전히 가라앉고 말았습니다. 제나라 군대는 사기가 다한 반면, 아군은 사기가 충천했기 때문에 싸움에서 승리할 수 있었던 것이지요."

"그럼 제나라 군대가 패하여 달아날 때는 어째서 곧장 추격하지 못하게 했던 것이오?"

"제나라는 대국입니다. 대국과의 싸움에서는 적절한 계책을 찾기가 쉽지 않지요. 소인은 그들이 철수하면서 병력을 매복시키는 속임수를 쓰지 않을까 걱정했습니다. 그러나 그들이 남긴 수레바퀴 자국이 어지럽게 흩어져 있고 깃발이 내동댕이쳐져 있는 것을 보고서 완전히 패주 敗走하고 있음을 확인하고 추격 명령을 내려도 되겠다고 판단했던 것입니다."

노나라의 승리에는 두 가지 원인이 있었다. 하나는 조귀가 병사들의 심리와 정서를 정확히 파악하여 이용할 줄 알았고, 싸움의 법칙에 정통한데다 신중함과 과단성을 갖추고 있어서 공격의 기회를 놓치지 않고 구체적인 전략과 전술에서 주도권을 잡았기 때문이다. 또 하나는 사람의 마음을 전쟁에 이용할 수 있다는 점을 잘 알고, 장작에서의 전투가 노나라로서는 자기방어이자 환공의 속임수를 응징한다는 명분이 있었기 때문이다. 또한 노나라의 통치자가 청렴결백하여 백성들로부터 존경을 받고 있었던 터라 병사들이 국왕을 위해 기꺼이 싸움터에 나가고자 했던 것도 승리의 주요 원인으로 작용했다고 할 수 있다. 결국 이러한 몇 가지 요인들의 상호작용으로 노나라는 전투에서 승리할 수 있었던 것이다.

### 어진 자에게는 적이 없다

전쟁에서 가장 직접적인 역할을 하는 것은 양측 군사력의 대비이다. 전국시대에 군사력으로 적병을 놀라게 하여 달아나게 한 예로 묵자墨子와 공수반公輸盤의 탁상 교전만한 것이 없을 것이다.

기원전 447년에서 기원전 431년 사이, 부국강병을 꾀하던 초楚나라의 혜왕은 진陳, 채蔡, 기杞, 거莒 등의 여러 나라를 연달아 점령하여 쇠퇴하던 초나라를 강대국으로 만들었다. 초나라는 진秦과 진晉 같은 북방의 강대국을 상대로 힘을 겨뤄보고 싶었다. 그러기 위해서는 초楚와 진晋 사이에 있는 송宋을 먼저 정복해야 했다. 그래서 송을 공격하기로 마음먹은 혜왕은 뛰어난 재주를 가진 노나라 장인匠人 공수반을 기용하여 운제雲梯[1]와 당거撞車[2], 비석飛石[3], 연주전連珠箭[4] 등 다양한 공격무기를 제작했다. 이러한 무기들은 당시로서는 엄청난 위력을 지닌 것들로, 특히 성곽을 공격할 때 효과적이었다. 초나라는 무기들을 제조하고 이 사실을 송나라에 퍼뜨려 공포 분위기를 조성했다. 위협을 통한 심리전이었던 것이다. 이 전술은 탁월한 효과를 나타냈다. 여러 차례 초나라의 침략을 받은 적이 있었던 송나라 사람들은 소문에 놀라 우왕좌왕하고 있었다.

이 소식은 묵가墨家의 창시자인 묵자의 귀에 들어갔고 묵자는 즉시 300명의 제자들을 데리고 송나라로 달려갔다. '겸애兼愛'와 '비공非攻'을 주장하면서 전쟁에 반대해왔던지라 송나라에 재난이 임박했다는 소식에 서둘러 길을 나섰던 것이다. 그는 자신의 제자들을 송나라의 성벽 위에 배치한 후 혼자서 초나라로 달려갔다. 꼬박 열흘 동안 밤낮을 가리지 않고 걷다보니 발에 피가 흘렀다. 하지만 그는 아랑곳하지 않고 걸음을 재촉하여 마침내 초나라의 도성인 영도에 도착했다. 묵자가 초나라로 건너간 것은 혜왕을 설득해 송에 대한 공격을 멈추게

---

1 성을 공격할 때 썼던 높은 사다리.
2 성을 지킬 때 사용하는 전투용 수레로, 성을 공격하는 적군의 운제를 부딪쳐 넘어뜨리는 데 사용하였다.
3 몸에 몰래 지니고 다니는 일종의 암기暗器.
4 계속해서 화살을 쏘는 무기.

하기 위해서였다. 하지만 혜왕은 공수반의 신무기가 송을 무너뜨릴 수 있으리라 확신하며 묵자의 요청을 거부했다. 그러자 묵자가 초왕에게 단호한 목소리로 말했다.

"대왕께서 송을 공격하시면 저는 무슨 수를 써서라도 막아내겠습니다. 그러면 대왕은 결코 송나라를 차지하실 수 없을 것입니다."

그러자 혜왕은 공수반을 불러들였다. 공수반과 묵자는 어느 쪽이 싸움에 이길지 탁상 교전을 벌이기 시작했다. 묵자가 먼저 자신의 몸을 묶고 있던 가죽 끈을 풀어 동그랗게 말아 탁자 위에 성벽을 만들었다. 공수반은 나무토막 몇 개로 성을 공격하는 무기를 만든 다음 시범을 보이기 시작했다. 공수반이 공격하고 묵자가 방어하는 방식이었다. 먼저 공수반이 땅굴을 파고 쳐들어가자 묵자는 연기를 피워 이를 막아냈고, 공수반이 운제를 사용하여 성을 공격하자 묵자는 돌과 나무를 굴려 이를 막아냈다. 공수반이 다시 연주전을 사용하여 공격에 나서자 묵자는 불화살을 쏘아 이를 저지했다. 공수반은 연달아 아홉 가지 방법으로 공격을 시도해보았지만 묵자가 효과적으로 대응하여 아무 성과가 없었다. 공수반은 동원할 수 있는 모든 수단을 사용해서 공격했지만 묵자에게는 아직 사용하지 않은 방어수단이 남아 있었다. 명백한 공수반의 패배였다. 그러나 공수반은 끝까지 자신의 패배를 인정하지 않았다.

"나에게는 선생을 이길 수 있는 방법이 분명히 있지만 지금 그 방법을 시연試演하고 싶지는 않소."

"선생께서 생각하는 방법이 무엇인지 잘 알고 있지만 나도 굳이 밝히고 싶지 않소."

옆에서 두 사람의 대화를 듣고 있던 혜왕은 고개를 갸우뚱거리며 아리송해할 뿐이었다. 그날 저녁 혜왕은 슬그머니 묵자의 처소를 찾아가 공수반이 어떤 방법으로 그를 제압하려 하는지 알고 싶다고 말했다. 그러자 묵자는 조금도 주저하지 않고 혜왕에게 말했다.

"공수반의 의도는 뻔합니다. 대왕께서 저를 죽이도록 하는 것이지요. 그는 저를 제거하고 나면 자신의 공격을 막아낼 방도를 알고 있는 사람이 없을 것이라고 생각합니다. 그러나 실상은 그렇지 않습니다. 이곳에 오기 전에 저는 이미 그 문제에 대해 깊이 생각하고 있었습니다. 그래서 저의 수제자인 금골리를 비롯하여 300명의 제자들을 송나라로 보내 조치해놓았지요. 방어할 방법도 전부 알려둔 상태입니다. 그들 모두가 공수반의 공격을 막아낼 방책을 알고 있으니, 저를 죽여도 아무 소용이 없을 것입니다."

묵자는 혜왕이 자신의 말에 귀를 기울이고 있는 것을 보고는 진솔하고 간곡한 어조로 설득했다.

"초나라는 영토가 사방 5,000리에 달하는데다 물산物産도 풍부하여 제대로 다스리기만 하면 천하제일의 부국이 되는 것은 손바닥 뒤집기보다 쉬울 것입니다. 반면에 송나라는 사방 500리가 채 안 되고 물품도 초나라와는 비교도 할 수 없을 만큼 빈약하지요. 그런데도 대왕께서 송나라를 치려 하시는 이유를 이해할 수 없습니다. 이는 자신의 호화로운 마차를 버리고 남의 낡은 수레를 훔치는 것이며, 자신의 비단 두루마기를 벗고 남의 낡아빠진 저고리를 훔치는 것이나 마찬가지입니다."

이 말을 듣고 혜왕은 창피하여 얼굴을 붉혔다. 그리고 송나라를 치려는 계획을 철회하기로 마음먹었다.

이로써 묵자는 송나라에 드리워진 전화戰禍의 먹구름을 걷어낼 수
있었다. 그러나 이는 혜왕이 갑자기 양심을 회복했거나, 묵자의 말로
잘못을 뉘우쳤기 때문이 아니었다. 근본적인 원인은 군사력의 비교에
있었던 것이다. 묵자가 혜왕에게 교훈을 줄 수 있었던 것도 무시할 수
없는 방어력이 뒷받침되었기 때문이다. 물리적 근거 없이 혜왕에게 전
쟁을 그만두라고 권한다는 것은 상상할 수도 없는 일이었다.

결국 군사력이 평화외교를 전개하기 위한 가장 중요한 선결조건인
것이다. 반드시 염두에 두어야 할 점은 묵자의 평화외교로 송나라가
한 차례 전쟁의 재앙은 면했지만 결코 초나라의 병사들을 완전히 굴복
시키지는 못했다. 멸망의 위험에서 근본적으로 빠져나온 것은 아니라
는 사실이다. 결국 전쟁이나 외교에서 주도적인 위치를 차지하고자 한
다면 부국강병을 도모하는 것 외에 다른 대안이 없다.

묵자의 행동은 지극히 정의로운 것이라 할 수 있지만 이는 말로 이
루어진 정의가 아니라 무시할 수 없는 군사력이 뒷받침된 '힘을 바탕
으로 한 정의'였다. 무조건 '인의仁義'만을 강조하거나 '인의'로 '무
력'을 제압하려 한다면 이는 패망을 자초하는 공허한 이치에 지나지
않는다.


**공허한 주장은 실패를 부른다**

춘추전국시대에는 이러한 예가 적지 않았다. 그 가운데 하나가 인의
를 주장했던 송나라 양공襄公이다.

양공은 원래 맹주가 되고픈 야심을 품고 있었으나 제후들과 모이는

자리에서 뜻하지 않게 초나라에 붙잡히는 신세가 되고 말았다. 다행히 목이目夷의 기지로 송나라로 돌아와 다시 군왕의 자리에 오를 수 있었다. 그는 자신을 속인 초나라에 대해 분노를 금할 수 없었지만 그렇다고 함부로 초나라를 공격할 수도 없는 처지였다. 대신 그는 초나라가 맹주가 되어야 한다는 의견을 제시했던 정鄭나라를 가장 먼저 치기로 마음먹었다. 목이를 비롯하여 여러 대신들은 정나라를 공격하려는 양공의 계획에 동의하지 않았다. 하지만 그는 끝내 자신의 고집을 꺾지 않고 기어이 군사를 일으켜 정나라로 쳐들어갔다.

정나라는 즉시 초나라에 구원을 요청했고, 초왕은 곧 36계 승전계 가운데 2계인 '위를 포위하여 조를 구하는 위위구조圍魏救趙' 전략으로 정나라를 구하려 했다. 초왕이 성득신과 문발을 시켜 군사를 이끌고 곧장 송나라를 공격하게 하자 양공은 하는 수 없이 군사를 돌려 돌아올 수밖에 없었다. 송군과 초군이 홍수泓水를 사이에 두고 대치하고 있는 상태에서 목이는 송군이 굳이 막강한 초군에 대항할 필요가 없다고 생각했다. 더구나 초군은 정나라를 지원하러 온 것이고 송군은 이미 철군한 상태이니, 이 싸움은 계속할 필요가 없다고 판단한 것이었다. 그러나 양공의 생각은 달랐다. 남쪽 오랑캐인 초군은 병력이 강할지는 모르지만 스스로 마땅히 지켜야 할 인의仁義가 부족하고 오랑캐 병사들의 인의로는 싸움에서 이길 수 없다는 것이 그의 잘못된 고집이었다.

그리하여 그는 커다란 깃발에 '인의' 두 글자를 써서 내걸게 한 다음 인의로 무력을 무너뜨리겠다는 망상을 곧장 실행에 옮겼다. 자신을 속임으로써 남도 속일 수 있다는 어리석음에 완전히 사로잡힌 양공은 적을 굴복시킬 수 있는 비책秘策이라도 지닌 것처럼 자신만만해했다. 그러나 남쪽 오랑캐들은 중원의 문화를 이해하지 못한 탓인지 놀라 달아나기는커녕 흔들리지 않는 기세로 당당히 강을 건너오고 있는 것이었다. 그러자 목이가 양공에게 말했다.

"초나라 병사들이 백주 대낮에 강을 건너고 있으니 이는 우리를 얕보기 때문입니다. 저들이 오만하게 강을 건너고 있는 틈을 타서 기습 공격을 하면 반드시 승리할 수 있을 것입니다."

그러나 고리타분한 관념론에 빠져 있던 양공은 인의의 군대가 상대의 약점을 노리는 비겁한 짓은 할 수 없다고 고집을 부렸고, 강을 건너고 있는 병사들을 공격하는 것은 체면을 손상시키는 행위라고 반박했다. 결국 송군은 적의 대규모 공격을 막을 수 있는 절호의 기회를 놓치고 말았다.

초군이 강을 건넌 직후 미처 전열을 가다듬지 못했을 때 목이가 또다시 양공에게 건의했다. 초군의 대오가 정비되지 않은 틈을 타서 공격하면 반드시 승리할 수 있다는 것이었다. 그러나 양공은 이런 유혹을 끝까지 버텨내야만 진정한 인의의 군대가 될 수 있다며 목이를 꾸짖었다.

"그대는 도의가 뭔지를 정말 모르는 사람이군. 아직 전열을 갖추지 못한 군대를 어찌 공격할 수 있겠는가?"

얼마 후 초군이 전열을 갖추자 공격에 나선 송군은 초군의 막강한 기세를 당해내지 못하고 패퇴하고 말았다. 목이 등이 필사적으로 양공을 보호하려 했지만 양공은 몇 군데 부상을 입고 다리에도 화살을 맞았다. 목이가 터무니없다며 비난했지만 양공은 조금도 후회하지 않고 끝까지 자신의 추상적인 관념에 집착했다.

"싸움은 덕으로써 상대를 복종시켜야 하는 법이오. 부상을 당한 사람에게 더 이상의 상처를 가해서는 안 되고 반백의 노인을 포로로 잡아서도 안 될 것이오."

백성들을 사랑하고 국력을 키우며 군비를 강화하기만 하면 전쟁에서 싸우지 않고 승리할 수 있다. 그러나 헛된 명분만 좇으면서 케케묵은 관념과 사상에 매인다면, 적을 제압할 수 없을 뿐만 아니라 싸워보지도 못하고 자멸하는 결과를 초래하게 될 것이다. 민심의 향배와 전쟁의 성격, 싸움의 정의와 가치가 전쟁의 승패를 가름하는 중요한 요인이 될 수 있다. 하지만 분명한 것은 구체적인 전략과 전술의 운용 또한 전쟁의 승패를 결정하는 무시할 수 없는 요인이라는 사실이다.

중국 고대 병서 가운데 최고의 걸작으로 평가되고 있는 『손자병법』은 전쟁의 교훈을 집약하고 있는데, 대부분이 전략과 전술의 운용에 관한 것이다. 이는 옛사람들이 전략과 전술의 중요성을 뚜렷이 인식했다는 것을 보여준다. 묵자와 공수반의 탁상 교전이나 조귀의 능수능란한 지휘력이 그 전형적인 사례라 할 수 있을 것이다.

오늘날에도 양공 같은 사람이 적지 않다. 실질에서 벗어나 공론空論만 일삼는 경우도 많고 현실적 힘이 뒷받침되지 않는 공허한 주장과 이론들이 범람하고 있으니 이는 양공이 주장했던 '인의의 군대'와 다르지 않을 것이다.

군사와 정치는 불가분의 관계에 있다. 특히 고대 중국의 지략은 이를 강조하고 있다. 말년에 세인트헬레나 섬에서 유배 생활을 한 나폴레옹은 『손자병법』을 읽고서 자신이 좀더 일찍 이 책을 만났더라면 참

패하지 않았을 것이고 유배의 고통을 겪지도 않았을 것이라며 한탄했
다고 한다.

사실상 전쟁의 승패를 결정짓는 가장 근본적이고도 내재적인 요인
은 군사보다는 오히려 정치에 있다고 할 수 있다. 따라서 군사적 충돌
의 측면에서 보자면, 민본民本의 정치사상이야말로 중국의 군사사軍事
史를 분석하면서 놓치지 말아야 할 중요한 요체라 할 수 있다.

# 2 │ 나라의 흥망은 덕에 달렸다

오기吳起는 춘추전국시대의 유명한 군사 전문가로서 법가에서는 변법變法의 대표적 인물로 평가된다. 하지만 그는 유가를 매우 숭상했고 덕으로 나라를 다스린다는 유가의 사상을 행동으로 옮겨 기념비적인 인물이 되었다. 안타까운 것은 나중에 초나라로 가서야 비로소 자신의 변법을 실행할 수 있었다는 것이다. 오기의 변법을 자세히 살펴보면 한비자韓非子를 비롯한 법가의 사상가들이 제시한 것과 크게 다르지 않다는 것을 알 수 있다. 그는 귀족의 세력을 억제함으로써 모든 부패의 요소를 제거하고 국가를 부강하게 하려 했던 것이다. 그리고 이러한 생각은 유가의 사상에 좀더 근접한 것이다.

오기는 치국과 치병治兵에 있어서 자연적 조건과 사회적 조건을 결정적인 것으로 생각하지는 않았다.

"산하의 견고함은 그 험준함에 있는 것이 아니라 덕에 있습니다. 용병의 도는 다스림으로 승리를 이끄는 것입니다."

위魏의 문후文侯는 그의 제안을 받아들여 '안으로 덕정德政을 시행하고 밖으로는 무력을 갖춰 나라를 다스리면서 산하의 험준함에 의지하지 않았기' 때문에 전국칠웅의 하나가 될 수 있었다.

당시 문후는 오기가 용병에 능하고 청렴하며 공정하여 여러 신하들의 지지를 받는 것을 보고 그를 서하西河 군수로 임명했다. 오기를 지리적으로 가장 중요한 지역으로 보낸 이유는 진秦나라와 한韓나라의 공격을 막기 위해서였다.

문후가 죽자 오기는 그의 아들 무후武侯를 모시게 되었다. 무후는 왕위에 오르자마자 나라의 형세를 알아보기 위해 그해(기원전 395년)에 서하로 내려와 배를 타고 황하를 따라 지형을 관찰했다. 무후가 시찰을 하면서 험준한 산과 거센 물살의 강물을 보고 감개무량한 표정으로 오기에게 말했다.

"산과 강이 한데 어우러져 험난한 요새를 이루고 있으니 이는 하늘이 내린 난공불락의 방어선이라고 할 수 있을 것 같소. 이 방어선이 적들의 침입을 막고 있으니 이것이야말로 위나라의 보물이 아니겠소?"

무후의 말을 들은 오기는 그가 아직 나라와 백성을 안정시키는 이치를 터득하지 못했다고 생각하고 고개를 저으며 말했다.

"나라의 흥망성쇠는 방어선의 험준함에 있는 것이 아니라 덕정을 시행하는 데 있습니다."

무후는 오기가 자신의 주장에 이의를 제기하자 그 이유를 물었다. 오기는 덕정으로 나라를 다스리지 않고 백성들에게 은혜를 베풀지 않은 나라는 험준한 지형과 거센 강물이 있어도 결국 참패했다고 설명하면서 다음과 같이 덧붙였다.

"나라의 흥망성쇠는 백성들에게 덕을 베풀었는지의 여부에 달려 있습니다. 그러니 산천의 험준함만 믿어서는 안 될 것입니다. 옛날 삼묘三苗(형주에 자리 잡고 있던 만족蠻族의 이름-역자주)가 점거하고 있던 지역은 왼쪽에 동정호가 있고 오른쪽에는 파양호가 있어 그 지형이 아주 험준했지요. 그러나 나라를 다스리는 데 신경 쓰지 않고 덕행을 베풀지 않은데다 신의도 지키지 않은 결과 끝내 하夏나라의 우왕에게 멸망하고 말았습니다. 하나라 말기의 군주 걸왕이 차지하고 있던 땅은 왼쪽에 황하와 제수가 있고 오른쪽에는 태산과 화산이 있었으며, 남쪽에는 용문산이 있고 북쪽에는 태행산이 있어서 그 지세가 험준하기 그지없었지요. 하지만 인정仁政을 시행하지 않은 탓에 결국 상商나라의 탕왕에게 쫓겨나고 말았습니다. 또한 상나라 말기의 군주였던 주왕紂王 시대의 도읍지는 왼쪽에는 맹문산이 있고 오른쪽에는 태행산이 있으며, 북쪽에는 항산이 있고 남쪽으로는 황하에 잇닿아 있었지요. 그러나 정치가 부패하고 백성들에게 은혜를 베풀지 않은 결과 주周나라의 무왕에게 죽고 말았습니다. 따라서 나라를 다스리기 위해서는 훌륭한 정책과 법령을 제정하여 백성들에게 은혜를 베풀어야지, 지형의 험난함에만 의지해서는 안 될 것입니다. 만일 대왕께서 덕정을 베푸시지 않는다면 대왕이 타고 있는 이 배에 동승한 사람들마저도 대왕의 적이 될 것입니다."

오기의 말이 일리가 있다고 판단한 무후는 그를 연신 칭찬했다.

오기는 문후와 무후를 도와 27년이나 서하를 지키면서 서쪽으로는 강성한 진나라를 막아내고 북쪽으로는 중산국中山國을 멸하였으며, 남쪽에서는 형荊나라와 초나라를 물리치는 등 혁혁한 공로를 세우면서 영토를 1,000리나 더 넓혔다. 이리하여 위나라와 함께 오기의 이름도 제후들 사이에 널리 전해지게 되었다.

오기는 일생 동안 자신의 이상을 실현하는 데 매우 집착했다. 그는 법가나 다른 책략가처럼 임기응변에 능하지도 못했고, 병가의 전략가들처럼 냉정한 이성의 소유자도 아니었다. 그의 근본을 따져보면 유가적 사고방식이 항상 결정적으로 작용했음을 알 수 있다. 이처럼 유가의 지혜는 겉으로는 드러나지 않는다. 그만큼 숙고가 필요한 것이 바로 유가의 지모이다.

# 3 | 객관적으로 현실을 직시하라

맹자는 일찍이 다음과 같이 말했다.

"하늘이 천하를 다스리는 큰 임무를 맡기려 한다면 먼저 그대의 정신과 육체를 힘들게 할 것이다. 그래야만 지혜와 능력이 더해질 수 있기 때문이다."

이 유명한 명제는 유가 경전에 나오는 문구이지만, 또한 역경에 처한 사람들에게 쉬지 않고 노력할 것을 촉구하는 정신적 촉매제 역할을 한다. 그러나 맹자가 이런 말을 한 것은 특수한 역사적 상황에서 실천적 의미의 조언을 한 것이었다. 박학다식하고 상당한 영향력을 지닌데다 무수한 제자들을 거느리고 있던 맹자였지만, 정작 자신의 이상을 실현하지는 못하고 있었다. 한 제왕이 흥기하면 하늘은 500년의 국운을 부여하지만, 500년이 지나고 나면 덕망의 유무에 관계없이 그 어떤 노력으로도 유지할 수 없으며 새로운 왕조로 대체된다는 것이 맹자의 생각이었다. 이러한 이론을 입증하기 위해 맹자는 몇 가지 역사적 사실을 열거했다.

예컨대 요순에서부터 탕왕에 이르는 500여 년과 탕왕에서 문왕에 이르는 500여 년, 그리고 문왕에서 공자에 이르는 500여 년이 그렇다는 것이다. 이 가운데 공자孔子는 천명天命을 얻었음에도 불구하고 운이 따르지 않아 실제로 제왕이 되지 못했다. 하지만 그의 학설은 계속하여 후손에게 법이 되었으니 왕관 없는 제왕, 즉 '소왕素王'이라 하기에 충분하다. 반면 주 왕조는 맹자의 시대에 이르기까지 다른 왕조로 대체되지 않고 이미 700여 년이나 지속되고 있었다. 이러한 현상에 대해 맹자는 이렇게 설명했다.

"주 왕조가 시간상으로 500년의 기한을 넘어섰지만 이는 하늘이 인간 세상을 평화롭게 다스릴 의지가 없어서이다. 만일 하늘이 도덕성을 갖춘 새로운 왕조로 하여금 인간 세상을 다스리게 하고자 한다면 나를 빼놓고 어느 누가 이런 임무를 떠맡을 수 있겠는가?"

맹자가 앞에서 한 말은 자강불식自强不息을 말하고자 한 것일 수도 있고 남들이 자신을 비웃는 것을 해명하기 위한 것일 수도 있다. 명심해야 할 사실은 성공한 사람치고 어려운 시련을 겪지 않은 사람이 없다는 것이다. 단지 시련을 이겨내는 방식의 차이만이 있을 뿐이다.

춘추전국시대의 오패五覇[5] 가운데 한 명인 진晉 문공文公이 패자로

---

[5] 회맹의 맹주를 패자라 하는데, 오패란 춘추전국시대의 다섯 명의 패자를 가리킨다. 제의 환공, 진의 문공, 초의 장왕, 오의 합려, 월의 구천을 일컫는다.

군림하게 된 과정은 극적이다. 그가 군왕으로 즉위하고 성숙한 정치가가 될 수 있었던 것은 전적으로 불행한 과거사 덕분이라 할 수 있다. 그가 겪은 삶의 내력은 앞에서 언급한 맹자의 언설言說에 대한 생생한 실례가 될 수 있다. 위기의 순간에 천명을 부여받아 예순이 넘은 나이에 군왕의 자리에 즉위한 문공은 미미한 징후들도 간파해낼 수 있을 만큼 세상사에 밝았던 덕분에 즉위 후 몇 해 만에 진나라를 강국으로 만들 수 있었다.

### 후퇴를 전진의 발판으로 삼다

춘추시대의 첫 번째 패자인 제나라가 점차 쇠락의 길로 접어들고 패자가 되려는 송나라 양공의 꿈이 완전히 무산되었을 무렵, 진의 보좌에 오른 문공 중이重耳는 얼마 지나지 않아 환공의 뒤를 이어 두 번째 패자가 되었다.

그가 그처럼 빠른 시간에 성공을 거둘 수 있었던 것은 자신의 곡절 많은 인생역정에 힘입은 바 크다. 그의 성공에 있어서 가장 중요한 특징은 후퇴를 전진의 발판으로 삼았다는 점이다. 그는 화를 피해 19년 동안이나 나라 밖을 떠돌아 다녀야 했지만 결국 본국으로 돌아와 국왕이 되었고 패자로서의 지위를 확고히 하였다. 이처럼 후퇴를 전진의 기회로 삼아 패업覇業을 이룬 경우는 중국 역사상 전무후무한 사례일 것이다.

문공의 아버지 헌공의 슬하에는 아들 다섯이 있었다. 제강은 태자 신생을 낳았다. 나중에 융을 멸할 때 헌공은 융인의 두 딸을 첩으로 데려왔는데, 큰딸 호희가 중이를 낳았고 작은딸은 이오夷吾를 낳았다.

여융을 정벌할 때도 두 자매를 첩으로 얻었는데, 언니 여희는 해제를 낳았고 동생은 탁자를 낳았다. 만년의 헌공은 여희를 몹시 총애하여 왕비로 삼았다. 여희는 헌공의 총애를 배경으로 그가 아꼈던 신하 양오, 동관오 등과 결탁하여 자신의 아들 해제를 태자로 삼기 위해 음모를 꾸몄다.

여희는 태자 신생을 곡옥으로 보낸 데 이어 중이와 이오를 각각 포와 굴이라는 변방으로 보냈다. 왕자들이 변방의 요충지를 지켜야 나라가 안전하다는 명분이었지만, 실제로는 왕자들을 떼어놓아 역량을 분산시키려는 계략이었다.

결국 헌공의 주변에는 여희의 아들인 해제와 여희의 여동생이 낳은 탁자만 남게 되었다. 첫 번째 계략이 성공적으로 마무리되자 여희는 모든 왕자들을 하나씩 제거하는 작업에 착수했다.

먼저 여희는 꿀벌을 이용하여 태자를 모함하기 시작했다. 어느 날 여희는 헌공에게 신생이 자신을 희롱한다며 눈물로 하소연했다. 당시로서는 아들이 부친의 첩을 희롱하는 것이 흔한 일이었지만, 신생의 성품이 워낙 충실하고 듬직했기 때문에 헌공은 섣불리 그녀의 말을 믿을 수 없었다.

헌공이 자신의 말을 믿어주지 않자 여희는 헌공에게 다음날 화원 입구에 숨어서 지켜봐 달라고 간청했다.

이튿날이 되자 여희는 머리에 꿀을 잔뜩 바른 다음, 신생에게 화원으로 산책을 나가는 데 동행해 달라고 부탁했다. 여희는 산책길에 따라나선 신생을 꿀벌들이 많이 날아다니는 곳으로 유인했다. 그러자 꿀냄새를 맡은 벌들이 그녀에게 달려들기 시작했다. 여희는 신생에게 팔

을 휘저어 벌을 쫓아달라고 하면서 자신은 이리저리 몸을 피하는 척하
며 비명을 질러댔다.

노안으로 시력이 약해진 헌공이 보기에는 영락없이 신생이 여희를
희롱하는 것으로 보였다. 헌공은 그 자리에서 당장 신생의 목을 베려
했지만 여희의 만류로 실행에 옮기지는 못했다. 하지만 헌공에게 신생
은 더 이상 훌륭한 인품과 덕행을 갖춘 태자가 아니었다. 이로써 여희
는 자신이 목적했던 바를 이룰 수 있었다. 그러나 그녀의 음모는 이것
이 끝이 아니었다.

하루는 헌공이 꿈에서 신생의 어머니를 만나고는 제사를 올릴 것을
신생에게 명했다. 제사를 마친 신생은 당시의 관습대로 제사음식을 아
버지에게 보냈다. 마침 헌공은 사냥에서 돌아오지 않은 터라 여희가
이를 대신 받아두었다. 엿새가 지나 사냥터에서 돌아온 헌공이 신생이
보낸 고기를 먹으려 하자 여희가 이를 막았다.

"밖에서 보내온 고기를 그대로 드시면 안 됩니다. 먼저 시식을 하신
후에 드시는 것이 안전하지요."

그러고는 고기 한 점을 떼어 개에게 던져주자 고기를 받아먹은 개는
곧 사지를 뒤틀며 죽고 말았다. 다시 옆에 있던 하녀에게 강제로 고기
를 먹였더니 하녀 역시 발작을 일으키다가 이내 숨을 거두고 말았다.
여희가 이런 모습을 보고 헌공에게 흐느끼며 말했다.

"태자가 감히 대왕을 시해하려 하는군요!"

졸렬하기 그지없는 음계陰計였지만 충직하고 성실해도 마음이 한없
이 여렸던 태자 신생은 여희가 자신을 해하려 한다는 사실을 알면서도
늙은 아버지가 여희를 떨치지 못할 것이라는 것을 짐작하고 굳이 자신

의 무고함을 밝히려 들지 않았다.

그는 말없이 곡옥 땅으로 달아나 그곳에서 자결하고 말았다. 화원에서의 희롱 사건이 있은 뒤로 헌공의 마음속에 신생은 더 이상 덕행을 갖춘 인물이 아니었기 때문에, 여희가 신생을 모함해도 헌공은 그녀를 믿을 수밖에 없었다.

여희가 신생을 해치자 중이와 이오는 그녀의 음험하고 악랄한 성품에 놀라 황급히 도성을 빠져나갔다. 그러자 여희는 헌공에게 그들 역시 이번 일에 가담했다고 모함했다. 헌공은 즉시 군사를 보내 이들을 잡아 죽이도록 명령했다. 환관 하나가 중이를 바싹 뒤쫓아 붙잡으려 하자, 중이는 옷소매 한쪽이 떨어져 나가는 것도 모르고 필사적으로 달아나 외조모의 나라인 적狄으로 도망쳤다. 이오는 양梁나라로 달아났다.

오래지 않아 헌공이 병사하고 태자 해제가 즉위했으나, 이극과 비정이 헌공의 장례를 마치기도 전에 아직 열한 살밖에 안 된 해제를 살해했다. 해제를 옹립했던 순식은 헌공의 은혜에 보답하기 위해 다시 탁자를 군왕으로 옹립하려 했으나, 이극은 탁자와 순식마저 살해해버렸다. 일이 이 지경에 이르자 여희는 극도의 절망감에 빠져 자살하고 말았다.

헌공의 다섯 아들 가운데 셋은 죽고 둘은 다른 나라로 달아나버린 상태라 진나라는 주인 없는 나라가 되고 말았다.

태자 신생의 여동생인 진秦 목공의 부인은 부모의 나라가 멸망할 것을 염려하여 몇 날 며칠 동안 목공을 졸라댄 끝에 진晉나라가 하루속히 새 군왕을 세우는 데 진秦이 나서서 돕게 했다. 지모가 뛰어났던 목공은 문상을 구실로 왕자 집縶을 이오와 중이에게 보내 두 사람 가운데 어느 쪽이 더 군왕의 자리에 적합한지 살펴보게 했다. 왕자 집은 적나라로 가서 먼저 중이를 위문하며 말했다.

"지금 진은 군왕이 없는 나라입니다. 서둘러 돌아가시지 않으면 이오에게 보위를 빼앗기실지도 모릅니다."

그러자 중이는 눈물을 흘리며 완곡히 사절했다.

"부친이 세상을 떠나고 슬픔이 채 가시지도 않은 터에 어찌 보위를 논할 수 있겠습니까? 만일 지금 그같은 일을 벌인다면 돌아가신 분의 얼굴에 먹칠을 하는 일이 될 것입니다."

왕자 집은 다시 양나라로 이오를 찾아가 똑같이 말했다. 이에 이오는 눈물 한 방울 흘리지 않고 대답했다.

"중이에게 보위를 내어줄 수는 없지요. 나는 이미 이 일을 대비해 왔소. 그리고 이극과 비정이 나를 돕기로 했소. 일이 성사되면 그들에게 상등上等의 논밭을 각각 100만 무畝와 70만 무씩 나눠주기로 하고 이들을 포섭해놓은 상태라오. 진秦나라가 나를 도와준다면 황하 이북의 성채 5좌를 답례로 드리겠소."

왕자 집이 본국으로 돌아가 이런 사실을 목공에게 전하자 조정에서는 이구동성으로 중이를 어질고 착한 인물로 평가하고 그가 새 군왕이 되기를 원했다.

그러나 목공은 중이보다는 이오가 왕위에 오르기를 바랐다. 이오가 왕이 되면 틀림없이 나라를 엉망으로 만들 것이니 그 와중에 이익을 챙길 수 있을 것이라는 판단에서였다. 제 환공 역시 이오가 군왕에 오르기를 희망하여 결국 진秦과 제齊 두 나라는 군사를 보내 이오가 돌아오는 길을 호위하게 했다. 이리하여 이오가 새 군왕의 자리에 앉게 되었으니 그가 바로 혜공惠公이었다.

이오는 그지없이 교활하고 잔인한 인물이었다. 군왕이 된 그는 이극을 살해한 데 이어 비정을 비롯한 10여 명의 대신들을 제거하여 조정을 안정시켰다. 그러나 중이가 나라 밖에 살아 있는 한 마음을 놓을 수 없었다. 이에 이오는 이전에 중이를 살해하려 했던 환관을 파견하여 중이를 제거하려 했다.

### 부드러움으로 강함을 이기다

중이는 적나라에서 12년째 세월을 보내고 있었다. 당초에 중이를 따라 적나라로 넘어온 사람들 가운데는 호모와 호언, 조쇠, 서신, 호야고, 선진, 개자추, 전힐 등 당대의 유명한 재사才士들이 두루 포함되어 있었다. 이들은 대부분 적나라에서 혼인하여 자식도 낳고 잘 살고 있었다.

하루는 호모와 호언이 진晉나라의 대신으로 있는 아버지 호돌로부터 편지를 받았다. 편지에는 과거에 중이를 죽이려 했던 발勃이 사흘 안에 적나라로 가서 중이를 살해할 것이라는 급보가 적혀 있었다. 이 소식을 들은 중이는 서둘러 수하들을 시켜 적나라를 떠날 준비를 서두르게 했다.

중이가 막 자리를 뜨려 하는 순간, 자신을 쫓는 환관이 하루 앞당겨 도착했다는 소식이 전해졌다. 깜짝 놀란 중이는 허둥지둥 아내와 작별을 하고 서둘러 길을 떠났다. 그러나 짐을 맡은 사람이 짐을 전부 가지고 도망치는 바람에 중이 일행은 가는 곳마다 구걸로 주린 배를 채워야 했다.

　중이 일행은 제나라로 가기로 마음먹었다. 제나라로 가려면 위나라를 지나야 했다. 그러나 자국이 위기에 처해 있을 때 아무런 도움도 주지 않은 진쯥에 내심 원한을 품고 있던 위왕이 곤경에 빠진 중이를 도와줄 리 만무했다. 위왕은 성문을 지키는 병사들에게 중이 일행을 절대로 성안에 들이지 말라고 지시했다. 하는 수 없이 중이 일행은 성을 한 바퀴 빙 돌아서 가는 수밖에 없었다. 오록이라는 곳을 지나게 되었을 때 멀리 밭머리에서 식사를 하고 있는 농부 몇 명이 눈에 들어왔다. 중이는 호언을 시켜 그들에게서 밥을 얻어 오게 했다. 그러나 뜻밖에도 관리들에게 무슨 억하심정이 있었는지 한 농부가 돌연 언성을 높이며 말했다.

　"우리도 온종일 배를 곯고 있었으니 당신 같은 관리 나부랭이들에게 줄 것이라곤 이것밖에 없소!"

　그러면서 농부는 호언을 향해 흙 한 덩이를 던졌다. 수행하던 무장 하나가 화를 참지 못하고 손에 들고 있던 말채찍으로 이들을 내리치려 하자 호언이 황급히 말리며 말했다.

　"백성들이 우리에게 흙덩이를 던진다는 것은 장차 진나라로 돌아가 나라를 되찾을 수 있음을 상징하는 길조임에 틀림이 없네."

　중이 일행은 다시 걷기 시작했다. 중이가 너무 배를 곯아서 어지러워하자 개자추가 고깃국 한 사발을 바쳤다. 중이는 앞뒤 안 가리고 단숨에 깨끗이 먹어치웠다. 그러고 나서야 그는 자신이 먹은 고깃국이 개자추의 넓적다리를 삶아 만든 것임을 알게 되었다. 미안한 마음을 금치 못하며 안절부절못하고 있는 중이에게 개자추가 말했다.

"왕자님께서 고국으로 돌아가시어 대업을 이룰 수만 있다면 이까짓 고통쯤은 아무것도 아닙니다."

중이 일행이 굶주림에 시달리며 간신히 제나라에 도착하자 환공은 그들을 따뜻하게 맞으면서 수레 20량에 말 80필 그리고 가옥 여러 채를 하사하여 편히 쉴 수 있게 해주었다. 뿐만 아니라 자신의 종친인 제강을 중이에게 시집보냈다. 환공의 따스한 환대를 받은 중이 일행은 아예 제나라에 정착하게 되었다.

환공이 죽자 환공의 다섯 아들이 왕위 다툼을 벌이기 시작했고, 그로 인해 제나라는 혼란에 빠져들었다. 그 결과 제나라는 패자로서의 지위를 상실했을 뿐만 아니라 나라 전체가 초나라에 복속되기에 이르렀다. 제나라의 힘에 의지하여 고국으로 돌아갈 수 있기를 기대했던 중이 일행은 희망이 사라지자 그곳을 떠나 다른 나라로 가서 방법을 찾아보기로 마음먹었다.

중이 일행은 마침내 조曹나라에 도착했다. 조왕은 몹시 거만한 태도로 중이 일행을 맞이했다. 그러고는 하룻밤만 머물 수 있도록 허락했다. 심지어 중이의 '병륵騈肋'(갈비뼈가 한데 붙어 있는 일종의 해부학적 기형—역자주)을 한번 구경시켜 달라면서 일행을 희롱하기까지 했다. 오직 조나라의 대부만이 중이의 수하에 인재가 많은 것을 보고서 그가 장차 대업을 이루게 될 것이라 여겨 남몰래 음식을 주고 백옥을 선물로 주었다.

중이 일행이 다시 송나라로 가자 양공은 전쟁에서 패한 지 얼마 되지 않았음에도 불구하고 그들을 반갑게 맞이하며 모든 사람에게 마차를 하사했다. 그러나 양공에게는 중이를 고국으로 돌아가게 할 만한 힘이 없었다.

얼마 후 중이 일행은 다시 초나라로 갔다. 성왕은 중이를 귀빈으로 접대했고 중이 역시 성왕을 마음으로 존경하여 두 사람은 곧 친구 사이가 되었다. 당시 초나라 대신大臣 자옥이 중이를 죽여 후환을 없애야 한다고 건의했지만 성왕은 이를 무시했다. 한번은 연회석상에서 성왕이 농담조로 물었다.

"내가 그대를 도와 진나라로 돌아가시게 된다면 과인에게 무엇으로 보답하시겠소?"

중이는 잠시 망설이다 대답했다.

"옥석이나 비단, 미녀 따위는 귀국에도 많이 있고, 진귀한 상아나 짐승들도 모두 귀국의 땅에서 생산되어 진나라로 흘러든 것들입니다. 이 모든 것들이 귀국에는 남아도는 것이라 무엇으로 대왕께 보답해야 할지 정말 모르겠습니다. 만일 귀국의 도움을 받아 고국으로 돌아갈 수만 있다면 양국의 군대가 서로 대치하는 일이 생겼을 때 사흘 후퇴함으로써 대왕께 보답하겠습니다. 그런 다음 대왕의 이해를 기다렸다가 그것마저 여의치 않으면 군사를 보내 초에 대항하도록 하겠습니다."

얼마 후 목공이 중이에게 사자를 보냈다. 자신이 나서서 중이의 환국과 즉위를 도울 것이며, 이를 위해 그를 진나라로 초청하겠다는 것이었다. 이는 혜공에게서 이익을 챙기려던 목공의 계획이 무산된 것에 따른 일종의 반대급부였다.

이 사건의 경과는 이러했다. 혜공이 즉위한 지 얼마 지나지 않아 군사를 일으켜 자신의 즉위를 도왔던 진秦나라를 공격하자, 막강한 군사력을 가진 진秦은 진晉을 격퇴하고 혜공을 포로로 잡아들였다. 나중에 목공은 혜공을 풀어주고 대신 그의 아들인 왕자 어를 인질로 잡아 진秦에 머물게 했다. 그러나 목공은 왕자 어에게 자신의 딸을 시집보내는 등 여전히 호의적인 태도를 보였다. 그 후 진秦나라가 왕자 어의 외가인 양나라를 멸하자 지지 세력을 잃어버린 왕자 어는 나중에 군왕의 자리에 오르지 못하게 될 것을 염려하다가 부친의 병환을 틈 타 슬그머니 진晉나라로 돌아가 국왕으로 즉위했다. 목공이 중이의 환국과 즉위를 돕겠다고 나선 것은 회공 어를 군왕의 자리에서 몰아내기 위한 것이었다.

목공은 중이를 대단히 중시하여 지난날 왕자 어에게 시집보냈던 자신의 딸을 중이에게 개가시키려 했다. 시아버지가 며느리를 취하고 아들이 계모를 취하는 일이 비일비재했던 당시의 상황으로는 큰아버지가 조카며느리를 취하는 것 정도는 아무 문제도 되지 않았다. 게다가 중이 일행은 어떻게 해서든지 진秦과 우호적인 관계를 유지하려 했기 때문에 혼사는 순조롭게 성사되었다.


## 물러남을 나아감으로 여기다

이 무렵 군왕의 자리를 차지하고 있던 회공은 자신의 최대의 적이 나라 밖을 떠돌고 있는 큰아버지 중이라 단정하고 중이와 그의 추종자들의 가족들을 시켜 귀국을 종용하는 편지를 쓰게 했다. 가족들이 보낸 편지에는 석 달 안에 귀국하지 않을 경우 가족들이 전부 죽음에 처해질 것이라는 회공의 협박이 덧붙어 있었다. 이 과정에서 호언과 호모의 아버지인 호돌은 편지 쓰기를 거부하다가 죽기도 했다.

회공은 나라 안의 대신들을 마구잡이로 살육했고 민심이 완전히 그를 떠났다. 목공은 때가 무르익었다고 판단하고 곧장 군사를 보내 중이의 귀국길을 호위하게 했다.

기원전 636년, 진秦나라 대군은 진晉과의 경계인 황하 유역에 이르렀다. 중이는 오랫동안 동고동락해왔던 물건들을 전부 강에 버리라고 지시했다. 이를 지켜보던 호언은 가슴이 덜컥 내려앉아 황급히 무릎을 꿇고 말했다.

"지금 왕자님께는 진나라 군대가 있습니다. 이제는 저희도 마음을 놓을 수 있을 것 같습니다. 저희들처럼 늙고 지친 신하들은 이제 고국으로 돌아갈 필요가 없으니 방금 강물에 던져버린 낡은 옷가지와 신발들처럼 저희를 이곳 황하 물가에 남겨두고 가시기 바랍니다!"

이 말에 중이는 문득 깨닫는 바가 있어 즉시 옷가지와 신발, 옹기 따위를 다시 배에 싣고 대신 옥가락지를 강에 내버리라고 명령했다. 그런 다음 중이는 하신河神에게 제사를 올리고 맹세했다.

"나는 그동안 겪어왔던 추위와 굶주림의 나날들을 잊지 않을 것이며, 내 신변을 지켜준 신하들도 내치지 않을 것이오!"

호언 등은 그제야 중이를 따라 강을 건넜다.

황하를 건넌 중이는 곧바로 진晉나라 변방을 공격하여 몇 개의 성을 점령했다. 민심이 이미 군왕 어를 떠난 상태라 진의 대신들은 아무 저항 없이 중이를 왕으로 추대할 수 있었다. 그가 바로 문공이다. 문공은 마흔세 살에 적나라, 쉰다섯 살에 제나라, 예순하나에는 진나라로 나라 밖을 떠돌아다닌 끝에 마침내 군왕의 자리에 오르게 되었다. 이미 그의 나이 예순둘이었다.

떠돌이로 지낸 19년 동안 안정적일 때도 있긴 했지만 대체로 남에게 얹혀살거나 실의에 잠겨 유랑해야 하는 처량한 나날들이었다. 이런 세월이 그로 하여금 세상의 갖가지 인심과 온갖 풍상을 두루 경험할 수 있게 해주었고, 각국의 정치와 풍습을 보고 배울 수 있는 기회를 주었다. 이를 바탕으로 그는 다양한 분야에서 자신의 능력을 키우고 단련할 수 있었고, 그 결과 성숙한 정치가가 된 것이다.

또한 20년 가까이 큰 혼란을 겪어온 진晉나라는 이 무렵이 되어서야 서서히 안정을 되찾을 수 있었다. 헌공의 다섯 아들 가운데 살아 있는 사람이라곤 중이뿐인데다 명망도 매우 높았기 때문에 그가 군왕의 자리에 앉는 것은 당연한 일이었고 민심이 그렇기도 했다.

중이는 즉위하자마자 가장 먼저 민심을 안정시키는 데 주력했다. 혜공과 회공 시기에 권력을 장악했던 모반 세력의 우두머리들을 완전히 소탕했다고 공포하긴 했지만 아직 잔당이 남아 있었다. 중이는 이들의 죄를 추궁하지 않고 오히려 관리로 등용함으로써 민심의 안정을 꾀했다. 이어서 대대적으로 공신들에 대한 논공행상論功行賞을 행했다. 그는 적나라의 계외와 제나라의 제강, 진나라의 문영을 다시 아내로 맞아들였고, 오랜 유랑생활을 함께했던 대신들에게는 공적에 따라 후한 상을 내렸다.

그 다음으로 중이가 중시한 것은 주周 왕실의 안정이었다. 그는 직접 군사를 이끌고 나가 북방 오랑캐인 적인을 몰아내고 왕자 대帶를 죽인 다음 주나라 양왕을 맞아들였다. 이 일로 인해 중이는 제후들 사이에 크게 명망을 떨칠 수 있었을 뿐만 아니라 천자를 옆에 끼고 제후들을 호령할 수 있게 되었다.

문공의 다음 과제는 제후들을 상대로 패자의 자리를 다투는 것이었다. 그는 먼저 군대를 확대, 개편하고 군정일치제도를 실시함으로써 처음으로 법을 써서 군사를 통제하는 전례를 남겼다.

패업을 이루려 했던 초왕은 진晉나라가 많은 나라들을 점령하는 것을 보고는 위기감을 느껴 대장군 자옥에게 군대를 이끌고 진을 공격하게 했다. 문공은 초군의 거센 기세에도 불구하고 진군에게 '퇴피삼사退避三舍'를 명했다. 당시에 병사들이 도보로 하루에 행군할 수 있는 거리인 30리를 1사舍로 셈했는데, '퇴피삼사'는 90리나 되는 거리를 후퇴하는 것을 의미했다.

까닭을 몰라 어리둥절해하는 진군 병사들에게 호언이 나서서, 문공이 과거에 초왕의 도움을 받았기 때문에 당시의 은혜에 보답하고 초왕과 했던 약속을 지키기 위해 군사를 물리는 것이라고 설명했다. 그러나 이러한 조치는 오히려 병사들을 자극하여 사기를 크게 높였을 뿐만 아니라 문공의 명망을 높이는 효과를 낳았다.

군사학적인 관점에서 볼 때, 진군의 후퇴는 초군의 군기를 해이하게 만들고 기세를 누그러뜨리는 효과가 있었던 것이다. 후퇴하여 진격의 효과를 거둔 문공의 '퇴피삼사'는 사실상 일석이조의 효과를 얻는 책략이었던 셈이다.

그 결과 초군은 대패했고, 초군의 대장군 자옥은 자신의 죄가 두려워 자살하고 말았다. 이 소식을 들은 문공은 무거운 짐을 내려놓은 듯 길게 한숨을 내쉬며 말했다.

"이제 나를 막을 자는 아무도 없구나!"

이로써 문공의 지위는 더욱 굳건해졌다.

진나라가 혼란한 정세를 안정시키는 전환 과정은 시사하는 바가 매우 크다. 문공과 그의 일행이 겪은 19년 동안의 시련은 그의 패업에 필요한 토양이 되어주었다. 문공이 패자가 될 수 있었던 것은 결코 우연한 사건이 아니라 여러 가지 요인들이 축적되어 나타난 결과라 할 수 있다.

또한 문공이 '부드러움으로 강함을 이긴다' 는 이유극강以柔克剛의 원리에 익숙해 있었던 것도 매우 중요한 요인으로 작용했다고 볼 수 있다. 중국인들은 '물러남을 나아감으로 여긴다' 는 이퇴위진以退爲進의 처세방식을 매우 중시해왔다.

객관적으로 볼 때는 어쩔 수 없는 상황에서 무리하게 일을 추진하는 것이 용기로 보일지 모르지만, 이는 진정한 용기가 아닌 방종이며 결국 스스로 사서 고생을 하는 꼴이 된다. 항상 객관적으로 현실을 직시하고 필요할 때는 전략적인 후퇴도 할 수 있어야 할 것이다. 그래야 숨을 돌릴 수 있고 전력을 정비할 수도 있으며 힘을 비축할 기회도 얻게되어 다음 단계의 싸움에서 최상의 결과를 도출할 수 있는 것이다.

물론 '부드러움으로 강함을 극복하는' 목적은 '이김克' 에 있는 것인만큼 언제까지나 '부드러움' 에 머물러 있을 수만은 없다. 또한 '후퇴하여 진격하는' 전략이 목적하는 바도 궁극적으로는 '나아감進' 에 있는 것이지 '물러섬' 에 있는 것이 아니다.

만일 '부드러움' 과 '물러섬' 만을 강조하면서 '이김' 과 '나아감' 을 추구하지 않는다면 이는 도피주의나 패배주의라는 오명을 벗기 어려울 것이다.

중이는 망명생활에서도 미래의 목적을 달성하기 위해 시종일관 기회를 탐색하는 일을 게을리 하지 않았다. 그가 '성복의 싸움' 에서 후

퇴의 방식으로 병사들을 격려하고 사기를 북돋우며 적군을 방심하게 만들었던 것은 '이김'과 '나아감'을 위한 '부드러움'과 '물러섬'의 전략이었으며, 고명高明하기 그지없는 승리의 방책이었던 것이다. 이러한 경지에 도달하기 위해서는 맹자가 말했듯이 정신과 육체의 시련을 무수히 겪어야 한다. 고난과 시련이야말로 성공으로 가는 가장 확실하고 믿을 만한 지름길이기 때문이다.

# 4 | 수오지심을 회복하라

사람은 누구나 요순堯舜이 될 수 있다고 맹자는 말한다. 명대의 대철학자였던 왕양명은 거리를 가득 메운 사람들이 모두 성인이라고 단언하기도 했다. 이것은 심오한 철학사상과 이론에 바탕을 두고 있다. 맹자와 왕양명은 모든 사람에게 천성적으로 스스로 부끄러움을 아는 수오지심羞惡之心이 있고, 이것이 인류 발전의 원동력이라고 지적했다. 왕양명은 이른바 '치양지致良知'[6]를 제창하여 당시 사회에 커다란 영향을 미쳤다.

어느 날 밤, 도둑이 왕양명의 집에 숨어들었다가 그에게 붙잡혔다. 왕양명은 그에게 벌을 내리는 대신 모든 인간이 지닌 양지良知의 이치

---

[6] 인간이 선천적으로 갖추고 있는 도덕적 판단능력인 양지를 믿고 양지良知의 판단대로 행동함.

에 대해 한바탕 강의를 했다. 그의 말을 귀 기울여 듣고 있던 도둑이 그에게 물었다.

"제 몸 어디에 그런 양지가 있다는 말씀이십니까?"

왕양명은 잠시 생각에 잠기더니 갑자기 그에게 윗옷을 벗게 했다. 마침 무더운 날씨라 도둑이 아무런 망설임 없이 윗옷을 벗자 왕양명은 그에게 바지도 벗으라고 했다. 도둑은 이번에도 별로 부끄러워하지 않고 얼른 바지를 벗었다. 왕양명이 도둑에게 마지막으로 속옷도 벗으라고 하자 도둑은 주저했다. 이때 왕양명이 탁자를 탁 내리치며 큰 소리로 말했다.

"이게 바로 그대의 양지일세!"

사람이라면 누구나 이 도둑과 같이 반응했을 것이다. 이러한 양지는 인간이 자아를 유지할 수 있는 힘으로, 이를 잃어버리면 인류는 곧 멸망하게 된다는 것이다.


### 공정함을 유지하라

삼국시대 북해에 왕열王烈이라는 선비가 있었다. 그는 관리는 아니었지만 백성들을 보살폈고 일처리에 있어서 공정함을 잃지 않았을 뿐만 아니라 마을의 분쟁을 해결하는 데도 탁월했기 때문에 주위 사람들로부터 높은 명망과 칭송을 얻고 있었다. 그리하여 사람들은 무슨 일이 생기면 먼저 그에게 알리려 했고, 분쟁이라도 생기면 그를 찾아가 시비를 가리고 문제를 해결하곤 했다. 왕열은 그때마다 조리에 맞게 사람들을 설득하여 기꺼이 자신의 말에 순종하게 했다. 그러다보니 그의 명성은 갈수록 높아져갔다.

한번은 어떤 사람이 이웃집에서 훔친 소를 시장에 내다 팔려다가 소 주인에게 붙잡히는 일이 벌어졌다. 소도둑은 자신의 잘못을 몹시 부끄러워하며 자신을 처벌해 달라고 말했다. 소 주인은 그를 용서해주면서 아무런 대가도 요구하지 않았다. 소도둑이 말했다.

"제가 너무 어리석었습니다. 남의 소를 훔치다니 너무도 부끄러운 짓을 했습니다. 앞으로는 절대로 이런 일이 없도록 할 테니 제발 이 사실을 왕열 선생에게 알리지 말아주십시오."

그러나 소도둑 사건은 며칠 뒤에 왕열의 귀까지 전해졌다. 왕열은 소도둑이 자신의 잘못을 반성하고 회개했다는 얘기를 듣고는 천 한 필을 사서 이웃사람을 통해 소도둑에게 보냈다.

왕열이 소도둑에게 천을 보낸 사실이 사람들 사이에 퍼져나갔고, 소문을 들은 사람들은 하나같이 고개를 갸우뚱하며 이해할 수 없는 일이라고 말했다. 마침내 어떤 사람이 왕열을 찾아가 물었다.

"그 소도둑은 자신이 도둑질한 사실이 선생께 알려질까 두려워했는데, 선생께서는 어찌하여 그 사실을 알고도 천을 보낸 것입니까?"

"소도둑이 자신이 도둑질한 사실이 내게 알려지지 않기를 바랐다는 것은 그에게 부끄러움을 아는 마음이 있다는 말이오. 부끄러움을 안다면 잘못을 뉘우치고 바른 길로 돌아가는 것이 결코 어렵지 않소. 내가 그에게 천을 보낸 것은 새 사람이 되고자 하는 그의 결심을 격려하기 위한 것이었소!"

그로부터 한 해가 지난 어느 날, 한 노인이 땀을 뻘뻘 흘리며 무거운 짐을 지고 가다가 잠시 길가에 앉아 휴식을 취하고 있었다. 이때 길 가던 사람 하나가 노인에게 말을 걸었다.

"연세도 많으신 분이 이렇게 무거운 짐을 짊어지시다니요. 제가 도
와드리겠습니다."

그러고는 노인의 짐을 대신 짊어지고 수십 리를 더 가 노인의 집 앞
에 이르러서야 짐을 내려놓았다. 그러더니 쉬지도 않고 곧장 왔던 길
을 되돌아가려 했다. 노인이 매우 감동하여 그의 이름을 묻자 그 사내
가 말했다.

"제 이름은 모르셔도 됩니다. 대단찮은 일을 했을 뿐인데요, 뭘."

그러고는 곧장 자리를 떴다.

며칠 후 그 노인은 친구에게 줄 보검 한 자루를 들고 친구의 집으로
향했다. 그러나 길을 가다가 도중에 잘못하여 보검을 잃어버리고 말았
다. 노인이 보검을 찾기 위해 황급히 왔던 길을 되돌아가고 있는데 저
멀리서 어떤 사람 하나가 길가에 서서 주위를 두리번거리며 누군가를
찾고 있었다.

그 사람에게 다가가 말을 붙이려던 노인은 깜짝 놀라지 않을 수 없
었다. 얼마 전에 자신을 도와 짐을 날라다 준 사람이었던 것이다. 게다
가 그의 손에는 자신이 잃어버린 보검이 들려 있었다. 노인이 말을 걸
기도 전에 사내가 먼저 입을 열었다.

"혹시 이 보검을 잃어버리신 게 아닌지요? 주인이 찾아올 것이라 여
기고 여기서 한참을 기다렸습니다."

노인은 감격에 겨워 그의 손을 꼭 붙잡고 말했다.

"어떻게 감사드려야 할지 모르겠구려. 지난번에는 내 짐을 대신 져
주시고 오늘은 보검을 주워 이렇게 기다렸다가 돌려주시니, 선생은 참
으로 군자이시오! 지난번에는 존함을 알려주지 않으셨는데 이번에는

반드시 선생의 존함을 알아야겠습니다. 그렇지 않고는 내 마음이 편치 않을 것 같소이다.”

노인이 이처럼 간청하자 사내는 하는 수 없이 자신의 이름을 알려주었다. 노인은 자신의 마을에 이처럼 훌륭한 사람이 있다는 사실을 왕열에게 알려야겠다고 생각했다.

노인이 왕열을 찾아가 자신이 겪은 두 가지 미담을 들려주자 왕열은 몹시 감격하며 말했다.

“이 세상에 이와 같이 고상한 성품을 지닌 인물이 다 있었군요! 그런데 저는 아직 그분을 만나보지도 못했으니 참으로 부끄럽기 그지없습니다!”

왕열은 노인이 가르쳐준 이름을 가지고 이 사람이 도대체 누구이며 어디서 사는지를 백방으로 수소문해보았다. 알고보니 이 사내는 자신이 천을 보내주었던 그 소도둑이었다. 자신의 잘못을 깨달은 소도둑은 잘못을 고치는 데 그치지 않고 선행을 계속했던 것이다. 왕열은 그의 선행을 대견하게 생각하며 감격에 겨운 목소리로 중얼거렸다.

“한 사람이 교화되어 개과천선하기만 하면 그 정도를 참으로 예측하기가 어렵구나!”

그러나 모든 사람이 이러한 마음을 갖는 것은 아니다. 특히 봉건적 관료사회에서는 관료적 근성이 인성을 압도하여 본연의 마음가짐을 잃어버리는 사람들이 적지 않았다.

중국학의 대가인 전목 선생은 만당오대晩唐五代(827~978년) 시기를 중국역사상 가장 수치를 모르던 때로 규정하고 있다. 이 시기에는 극도로 악명 높은 꼭두각시 황제 석경당과 오대 시기 내내 물러나지 않고 관직을 차지하여 관료사회의 오뚝이라 불리는 풍도馮道가 출현하여 수치를 모르는 인간의 전형을 보여주었다.

## 소욕을 버리고 미래를 도모하라

풍도는 자가 가도可道이고 영주 경성 사람으로 당 희종 중화中和 2년(882년)에 태어났다. 그의 가정은 비교적 여유 있는 집안이었다. 덕분에 그는 생업에 신경 쓰지 않고 학문에 전념할 수 있었다. 풍도는 어려서부터 성격이 온순하고 배우기를 좋아했으며 글쓰기에도 뛰어난 재주를 갖고 있었다. 또한 해진 옷을 입거나 거칠고 맛없는 음식을 먹는 것을 수치로 여기지 않았다.

당 말기 군웅이 할거하면서 각지에 전란이 그치지 않고 있을 때 이극용도 진양을 점령하고 세력을 형성하여 오대십국五代十國 가운데 하나인 진晉나라 왕이 되었다. 구양수의 『오대영관전서五代伶官傳序』에 따르면 이극용은 웅대한 재략가才略家였고, 그의 아들 이존욱李存勖은 양나라를 멸하던 초기에 제법 큰 공훈을 세우기도 했다. 풍도는 이존욱의 이런 점을 높이 샀고, 결국 그에게 몸을 의탁하여 공명功名을 도모했던 것 같다. 풍도는 환관 장승업의 천거를 통해 이존욱의 심복이 됨으로써 벼슬길에 올라 관료생활을 시작했다.

풍도는 처음에 진왕부晉王府의 서기가 되어 각종 정치문서 및 군사서신을 책임지게 되었다. 오래지 않아 이존욱은 주온이 세운 후량 정권이 극도로 부패해 있음을 보고 후량을 멸할 계획을 세우게 되었다. 진왕과 후량의 군대가 황하를 사이에 두고 격렬한 싸움을 벌이고 있을 때 풍도는 이존욱의 심복이었으면서도 소박한 생활을 함으로써 병사들에게 모범이 되었다. 기록에 따르면 그는 군중軍中에 작은 초가집을 한 채 짓고 침상도 없이 건초더미 위에서 잠을 잤다고 하니 놀라운 근검정신이라 할 수 있다.

그러나 이존욱은 후량을 섬멸하고 후당을 세운 이후로 명문귀족 출신들만 중시하고 풍도 같은 평범한 집안 출신을 경시했다. 이존욱이 피살될 때까지 풍도는 그런 대접을 받다가 명종이 즉위한 뒤에야 재상으로 중용되어 출세의 길을 걸었다.

풍도는 7년 동안 재상직을 맡으면서 몇 가지 훌륭한 일을 해냈다. 하루는 명종이 그해의 작황에 대해 묻자 대부분의 대신들이 사실을 은폐하며 듣기 좋은 말만 골라 대답했다. 이에 풍도가 명종에게 말했다.

"신이 진왕부에 몸담고 있을 당시 명을 받들어 하북 중산으로 공무를 보러 가게 되었는데, 그곳까지 가려면 반드시 정형을 지나야 했습니다. 지세가 험해 사람이 넘어져 다치는 일이 빈번하게 발생한다는 사실을 익히 들어 알고 있던 저는 그곳에 이르러 매우 조심하면서 무사히 그곳을 빠져나왔습니다. 그런데 정형을 지나 평지에 이르렀을 때 공교롭게도 말에서 떨어져 하마터면 세상을 하직할 뻔했지요. 이 일로 저는 때와 장소에 관계없이 항상 조심하고 방비해야 한다는 이치를 깨달았습니다. 이는 아주 사소한 일이긴 하지만 국가의 대사에도 반드시 적용해야 하는 일이라 생각합니다. 원컨대 폐하께서는 오곡이 풍성한 태평세월이라 하여 지나치게 낙관하지 마시기 바랍니다. 함부로 향락을 좇지 마시고 신중하고 조심스럽게 국정에 임하셔야 할 것입니다!"

한번은 명종이 풍도에게 물었다.

"천하 백성들의 생활이 어떤 상태요?"

"곡식이 비싸지면 농부들이 배를 곯고 곡식이 싸지면 농부들이 다치는 것은 당연한 이치입니다. 당의 섭이중라는 시인은 「상전시傷田詩」에서 이렇게 노래했지요.

'2월에는 앞으로 나올 비단을 미리 팔고, 5월이면 추수를 담보로 양식을 빌리네. 눈앞의 종기는 고칠 수 있겠지만 이는 심장을 도려내는 일과 같구나. 진정 임금께 바라노니 부디 밝게 빛나는 촛불이 되셔서, 화려한 비단과 잔치자리를 비추지 마시고 사방으로 흩어지는 백성들의 집안을 비추소서' 라고 말입니다."

명종은 대단히 훌륭한 시라고 거듭 찬탄하면서 사람을 시켜 이를 받아 적게 한 다음 평소에도 수시로 낭송하곤 했다.

명종이 세상을 떠나고 그의 아들 이종후가 즉위하자 이때부터 풍도는 강직하고 청렴한 기백을 잃어버리고 오로지 관직을 위한 관료생활에 집착하기 시작했다. 이종후가 즉위한 지 4개월이 채 못 되었을 때 동족인 이종가가 반란을 일으켜 왕위 찬탈을 시도했다. 이런 소식을 들은 이종후는 신하들에게 알릴 겨를도 없이 황급히 이모부 석경당의 군영으로 달아났다.

이튿날 아침, 풍도를 비롯한 모든 신하들이 조당에 모였는데 황제가 보이지 않자 그제야 그들은 이종가가 변란을 일으켜 경성으로 향하고 있음을 알게 되었다. 그런데 이때 풍도는 상식에서 벗어나는 예상 밖의 태도를 보였다. 변변치 못한 집안 출신인 그를 명종이 재상으로 발탁했던 만큼, 이런 때야말로 명종의 성은에 보답할 기회로 여겨야 마땅했다. 게다가 이종가가 군사를 일으킨 것은 대역무도한 짓이었는데도, 풍도는 다르게 생각했다. 이종가가 대군을 거느리고 있는데다 성격도 강한 데 반해 이종후는 어린아이에 지나지 않았다. 비록 천자의 자리에 즉위하기는 했지만 여전히 실권을 장악하지 못했고, 성정이 지나치게 너그럽고 유약하다고 생각했던 것이다. 이해득실을 따져보던 그는 마침내 백관들을 이끌고 이종가를 옹립하기로 마음먹었다.

풍도는 관직의 서열로 따지자면 모든 관리들의 우두머리인데다 그 가운데 몇몇 관리들은 풍도가 직접 발탁한 사람들이었다. 때문에 이종가를 옹립하자는 풍도의 주장에 대부분의 신료들이 이의를 제기하지 못했다. 몇몇 올곧은 관리들이 그래야 하는 이유를 따져 물을 뿐이었다. 중서사인中書舍人 노도가 먼저 항의하며 말했다.

"천자께서 밖에 계신데 대신들이 어찌 다른 사람을 황제로 추대할 수 있단 말이오? 서둘러 천자께서 계신 곳으로 몸을 피하는 것이 마땅할 것이오."

승상 이우를 비롯한 몇몇 사람이 그의 주장에 동조했지만 풍도는 그들에게 상황을 명확히 판단하라며 자신의 의지대로 밀고 나갔다. 대부분의 신하들은 하는 수 없이 풍도를 따라 낙양 교외로 나가 이종가를 영접하여 그를 황제로 추대하는 내용의 문서를 바쳤다. 이리하여 풍도는 전 왕조의 원로 중신에서 새로운 왕조의 개국공신으로 일변一變하게 되었다. 그러나 끝내 풍도를 신임하지 못한 이종가는 그에게 중책을 맡기지 않고 타지로 보내버렸다. 하지만 그 후 마음이 편치 않아서 다시 경성으로 불러들였지만 실권이 없는 사공司空이라는 직책을 맡겼다.

오래지 않아 석경당과 이종가 사이에 충돌이 발생했다. 석경당은 명종을 회복시키려고 이종가의 타도를 부르짖었으나 병력이 보잘것없어 이종가에 맞설 만한 능력이 없었다. 그러나 왕위를 탈취하기 위해서라면 못할 것이 없었다. 그는 당장 거란으로 사자를 보내 거란왕 야율덕광耶律德光에게 지원 병력을 요청하면서 거사가 성공한 다음에는 스스로 신하가 되어 거란을 섬길 것이고, 석경당이 야율덕광의 양아들이 되며, 안문관 이북의 모든 영토를 거란에게 할양한다는 세 가지 조항의 약정을 제시했다.

그러잖아도 중원으로 손을 뻗칠 기회를 노리고 있던 야율덕광은 석경당이 제 발로 찾아와 지원 병력을 요청하자 더없이 좋은 기회로 여기고 중추절이 지나자마자 대규모 지원 병력을 보내주기로 약속했다. 이처럼 석경당은 오랑캐인 거란의 병력을 끌어들여 이종가를 물리침으로써 낯부끄러운 '꼭두각시 황제'가 되었다.

황제의 자리에 오른 석경당은 명종을 회복시킨다는 기치를 내걸었던 사실을 기억하며 명종 밑에 있던 관원을 대부분 복직시켰다. 그래서 풍도도 재상에 임명되었다. 이종가를 섬겼던 풍도의 지난 경력을 석경당이 어떻게 받아들였는지는 알 수 없지만, 풍도가 이종가에게 중용되지 못했다는 사실 때문에 복직시켰던 것 같다. 어쨌든 석경당은 과거의 잘잘못을 따지지 않았고 풍도 역시 자신에게 내려진 관직을 기꺼이 수락했다. 황제가 된 후 석경당이 가장 먼저 할 일은 야율덕광과의 약속을 이행하는 것이었다. 그러지 않을 경우 당장 왕조가 무너질 수도 있기 때문이었다. 그러나 스스로를 '꼭두각시 황제'라 칭하면서 오랑캐인 거란의 왕과 왕비를 황제, 황후라 부르는 것은 부끄럽고 치욕스러운 일이었다. 당시 조서를 작성한 관리는 '안색이 변하고 손을 덜덜 떨며 눈물을 줄줄 흘렸다'고 기록했다. 이것이 얼마나 비통하고 치욕스러운 일이었는지 짐작할 수 있는 대목이다.

그렇지만 그보다 더 난처한 일은 누구를 거란에 사신으로 보낼 것인가를 결정하는 문제였다. 이는 상당한 치욕을 감내해야 할 뿐더러 경우에 따라서는 목숨을 잃을 수도 있는 위험천만한 일이기 때문이었다. 석경당은 재상 풍도를 보내기로 마음먹었다. 재상이라는 직책이 정중해 보일 뿐만 아니라 풍도의 노련한 일처리 솜씨를 감안해서 내린 결정이었다. 석경당은 그가 제안을 받아들이지 않을까 염려했지만 이는 기우에 지나지 않았다. 석경당이 얘기를 꺼내자마자 풍도는 조금도 망설이지 않고 선뜻 수락했던 것이다. 석경당으로서는 뜻밖이었다.

석경당이 풍도의 속마음을 알 리 없었다. 야율덕광과 친교를 맺어놔야만 조정에서의 위치가 공고해지고 '아버지 황제'를 잘 구슬려놓아야 '아들 황제'도 편하게 대할 수 있다는 사실을 풍도는 누구보다도 잘 알고 있었다. 이런 점으로 보아 부귀를 오래도록 유지하는 방도에 관한 한 상당한 담력과 식견이 풍도에게 있었음을 알 수 있다. 풍도는 거란에 두 달 넘게 반 강제로 머물면서 여러 차례의 시련을 무사히 견뎌냈다. 마침내 야율덕광은 풍도가 충성스럽고 믿을 만한 늙은이라 판단하고는 그를 돌려보내기로 마음먹었다.

그런데 이런 소식을 접한 풍도의 반응은 뜻밖이었다. 그는 여러 차례 표문表文을 올리면서까지 돌아가기를 완강히 거부했고, 거란에 머물면서 충성을 다하게 해달라고 졸랐던 것이었다. 그가 그럴수록 야율덕광은 더욱더 그를 본국으로 돌려보내려 했다. 풍도가 석경당에게 돌아가야 그곳에서 자신을 위해 일할 수 있을 것이라는 생각에서였다. 야율덕광의 거듭된 말이 있은 후에야 풍도는 마지못해 고국으로 귀향

할 준비를 하게 되었다. 한 달 동안 귀국을 준비하더니 고국으로 돌아오는 길에서도 가다 서다를 반복하며 두 달이나 시간을 끈 뒤에야 간신히 거란의 국경을 벗어났다. 그를 수행하던 관원 하나가 도저히 이해할 수 없다는 표정을 지으며 그에게 물었다.

"날아가고 싶어도 날개가 없어 안타까운 형국에 대인께서는 어째서 이렇게 걸음을 더디 하시는 겁니까?"

"걸음을 빨리 하면 도망가는 것으로 오해를 살 수도 있기 때문이다. 그렇게 되면 우리가 아무리 빨리 걷는다 해도 거란의 말이 우리를 따라잡을 것이니 차라리 천천히 걸어가느니만 못하지 않겠는가?"

시종은 그제야 풍도의 깊은 생각에 탄복했다.

거란국에서 돌아오자 풍도를 대하는 사람들의 태도가 크게 달라졌다. 석경당조차도 그의 비위를 맞출 정도였으니 다른 사람들이야 더 말할 필요도 없었다. 석경당은 풍도에게 병권을 쥐어주면서 대소사를 막론하고 모든 정무를 관장하게 하더니 얼마 후에는 그를 다시 '노국공魯國公'에 봉했다. 그때부터 왕조가 멸망할 때까지 그는 풍도를 누구보다도 신임했다.


## 염치를 몰랐던 '풍도'

석경당의 후진 정권은 10년 만에 무너지고 말았다. 야율덕광이 30만 대군을 이끌고 남하하여 변경을 점령한 것이다. 거란인들이 중원의 강산에 장기간 정착할 것이라 판단한 풍도는 야율덕광이 자신을 열렬히 반겨줄 것이라 확신하고 양등襄鄧에서 나와 야율덕광에게 의탁했다.

북방의 오랑캐라 중원의 세태를 잘 알지 못했던 탓인지, 야율덕광은 풍도를 대하자마자 후진을 보좌한 그의 책략이 옳지 않았다며 마구 질책했다. 깜짝 놀란 풍도는 재빨리 비굴한 미소를 지어 보이며 아첨했다.

"그대는 어찌하여 나를 찾아왔는가?"

"병사도 성채도 없는 제가 어찌 대왕을 찾아뵙지 않을 수 있겠습니까?"

"대체 자네는 어떻게 돼먹은 늙은이인가?"

"덕도 재능도 없고 어리석기 그지없는 멍청한 늙은이지요!"

풍도는 야율덕광이 옛 친구라도 되는 양 짐짓 멍청한 척하며 비굴한 말로 응대했고, 야율덕광은 어이가 없다는 듯 허탈한 웃음을 지으며 더 이상 그를 나무라지 않았다.

얼마 후 야율덕광이 중원의 백성들이 도탄에 빠져 허덕이고 있는 모습을 보고 풍도에게 물었다.

"어떻게 하면 천하의 백성들을 구제할 수 있겠소?"

풍도는 '드디어 기회가 왔구나' 하고 쾌재를 부르며 진지하고 성실한 태도로 대답했다.

"부처가 나타난다 해도 지금 이 땅의 재난을 구할 수는 없을 것입니다. 오직 폐하만이 백성들을 구제할 수 있습니다."

이때부터 야율덕광은 풍도를 좋아하게 되었고 마침내 그를 요遼 왕조의 태부로 삼게 되었다. 그 후로 야율덕광은 풍도를 신임하였고 그에 대한 믿음을 잃지 않았다. 한번은 어떤 사람이 풍도가 거란에 저항하는 활동에 가담했다고 진언했지만 야율덕광은 이를 믿기는커녕 오히려 풍도를 변호하며 말했다.

“이 사람은 믿을 만한 인물이오. 지나치게 소심한 그가 역모에 가담하였을 리 만무하니 함부로 연루시키지 마시오.”

거란인은 백성들을 잔악하게 탄압하였고 민중들은 이에 강렬히 저항했다. 풍도마저도 이런 식으로 나가다가는 거란이 오래가지 못할 것임을 깨닫고 퇴로를 마련하는 데 고심했다. 그는 거란에 투항한 한족 지주들을 보호함으로써 자신의 벼슬길을 위한 퇴로를 열어놓았다. 이러한 그의 행동에 대해 구양수는 “거란이 중원 사람들을 함부로 죽이지 않은 것은 풍도의 말 한마디 덕분이다”라고 지적한 바 있다.

민중들의 완강한 저항에 부딪친 거란은 중원에서 철수할 수밖에 없었다. 풍도는 거란의 군대를 따라 항주까지 물러났다가 거란이 패하자 그곳을 빠져나와 본국으로 돌아왔다. 이 무렵 석경당의 대장 유지원은 후진이 거란에 망한 틈을 타 정권을 탈취하고 후한 정권을 수립했다. 유지원은 민심을 가라앉히고 왕권을 강화하는 한편, 거란 치하에서 중원의 사람들을 보호하는 데 공이 크다고 칭송받는 풍도를 태사에 임명했다.

오대 시기의 정권은 주마등처럼 너무나 빨리 세워졌다가 곧 사라져 갔다. 수많은 정권의 부침에 눈이 어지러울 지경이었다. 유지원의 후한 정권은 건국 4년 만에 곽위가 모반을 일으켜 곤경에 처하게 되었다. 곽위가 병사들을 이끌고 변경까지 쳐들어오자, 풍도는 옛날 낙양 교외에서 이종가를 영접하던 재주를 다시 부려 백관을 이끌고 나가 곽위를 영접하기로 했다. 후당 명종 시기에 7년 동안이나 재상직을 맡았는데도 필요할 때는 그 은혜를 헌신짝처럼 내던져버렸던 그에게 4년이 채 안 되는 동안 재직했던 후한의 태사 직은 고려할 가치가 없었다.

그리하여 그는 백관을 이끌고 변경으로 들어가 곽위를 영접했고, 곽위가 후주 정권을 수립한 후 재상이 되었다. 아울러 유지원의 친족인 유숭의 수하에 있던 장수들을 전부 귀순시킴으로써 또다시 후한 정권의 안정에 커다란 공을 세웠다.

그러나 몇 년 지나지 않아 곽위가 병사하고 그의 수양아들 시영이 왕위에 앉게 되었다. 그가 바로 세종世宗이다. 이 무렵 진양을 중심으로 세력을 이루고 있던 후한의 유숭은 거란과 결탁하여 후주 정권을 전복시키려는 계획을 세우고 있었다. 반세기에 이르는 풍도의 정치적 경험에 비추어볼 때, 후주는 얼마 못 가서 다른 정권으로 교체될 것이 분명했다. 이에 풍도는 얼마 남지 않은 말년을 위해 관작과 봉록을 보장할 수 있는 장치가 필요했다.

시영은 서른네 살에 불과했지만 상당한 담력과 식견을 갖추고 있었다. 유숭과 거란의 연합군이 습격하자, 대신들은 모두 국상을 당한 지 얼마 되지 않은데다 민심이 동요하기 십상이라며 기병을 반대했다. 하지만 시영은 자신이 직접 전장에 나서겠다고 호언했다. 다른 사람들은 시영의 결연한 의지를 확인하고는 두말없이 그의 뜻에 따랐지만 풍도만은 한쪽에서 냉소를 짓고 있었다. 시영을 대하는 풍도의 태도는 두 사람의 대화에 그대로 드러났다. 시영이 말했다.

"과거에 당 태종은 전쟁이 일어나면 직접 싸움터에 나갔는데 과인은 어째서 그럴 수 없다는 것이오?"

"폐하께서는 당 태종이 아니십니다."

"과인의 병력으로 유숭과 거란의 연합군을 공격하는 것은 산으로 계란을 제압하는 것과 같은데, 어찌 승리하지 못한단 말이오?"

"폐하께서는 산이 되실 수 있겠습니까?"

"풍도가 과인을 너무 무시하는구나!"

시영은 노한 목소리로 한마디 던지고는 소매를 휘저으며 편전으로 돌아가버렸다.

사실 풍도는 시영을 무시한 것이 아니라 그의 뒤를 이을 새로운 왕조에서 관직을 차지하기 위해 일종의 사전 작업을 하고 있었다.

그러나 뜻밖에도 시영은 친히 군대를 이끌고 나가 고평 싸움에서 유숭과 거란의 연합군을 대파함으로써 풍도의 코를 납작하게 만들었다. 시영이 개선하자 이미 기력이 다한 풍도는 다음 왕조에서 관리가 될 자신감을 상실했다. 자신의 실수로 인한 상심이 너무 컸던 탓인지 시영의 승리는 결국 풍도의 목숨을 앗아가버렸다.

풍도는 73년이라는 짧지 않은 삶을 살면서 다섯 왕조, 여덟 성씨에 열한 명의 군주를 섬긴 중국 봉건 관료사회의 불사신으로 오래도록 영화와 안락을 누린 늙은이였다.

말년에 후한의 재상으로 있으면서 풍도는 「장락노자서長樂老自敍」라는 글을 남겼다. 이는 중국 봉건 관직사회의 파렴치함을 그대로 보여주는 글이었다. 이 글에서 그는 자신이 맡았던 관직과 봉호를 일일이 자랑스럽게 기록하고 있는데, 여기에는 심지어 거란 정권이 내린 '위관僞官'까지 포함하고 있다. 그의 이러한 뻔뻔함은 보는 이들로 하여금 할 말을 잃게 한다.

송대의 대문학가이자 사학가이며 정치가였던 구양수는 "참으로 염치를 모르는 작자로구나!" 하며 풍도를 통렬히 비난했다. 풍도와 같은 인물에게 있는 것이라곤 오로지 관료 근성뿐, 부끄러움을 아는 수오지

심은 찾아볼 수 없었다. 중국의 전통 관료사회에서 관료 근성이 인성과 얼마나 심각하게 충돌했는지를 여실히 보여주는 전형적인 인물이라 할 수 있다.

현대사회에서는 수오지심의 결여가 오히려 영웅의 특징으로 받아들여지기도 한다. 후안무치의 기회주의자들이 유능한 영웅인 것처럼 시대를 풍미하고 있는 것이다. 이러한 세태는 풍도의 시대보다도 슬픈 일이 아닐 수 없다. 과연 이 시대에는 인의와 수오지심, 충의로 무장한 진정한 영웅을 허락하지 않는 것인가!

# 5   명령이 없이도 따르게 하라

"진나라 때의 밝은 달이 한나라의 관문을 비추는데, 만 리 멀리 장정에 나간 사람들은 돌아오지를 않네. 오로지 용성龍城의 비장군이 있어 오랑캐의 말이 음산을 넘지 못하네."

이 시는 중국에서는 부녀자나 어린아이들도 아는 시로서 장군 이광李廣에 대한 무한한 기대와 칭송을 담고 있다. 그러나 이광의 불행한 최후에 대해서 아는 사람이 몇이나 될까? 이광은 북방의 오랑캐인 흉노에 대항하여 싸웠던 '비장군飛將軍'으로서 끝내 봉후의 관작을 얻지 못하고 자살로 생을 마감했다.

이는 그의 운명이 불행해서가 아니라 당시의 특수한 역사적 환경 때문일 것이다. 그의 전기는 중국 현대문학의 거장 노신이 '사가史家의 절창이요, 운韻이 없는 이소離騷'라고 극찬한 바 있는 사마천의 『사기

史記』에 수록되어 있다. 이는 제후들 수천 명의 영예를 다 합친다 해도 비견할 수 없는 영광이다. 이광은 말이 없지만 후대 사람들이 모두 그를 그리워하고 있으니 당시의 어떤 귀족이 그보다 더 존귀할 수 있었겠는가?

이광은 농서 성기 사람이었다. 그의 선조인 이신은 진秦나라 때 장수로서 연나라 태자 단을 쫓아가 사로잡았던 인물이다. 이광의 원적은 괴리槐里에 있었는데 나중에 성기로 이주했다. 그의 가문에서는 대대로 활쏘기 기예가 전수되어 내려왔다. 한나라 효문제 14년에 흉노가 대규모로 소관을 침략하자 이광은 양가 자제의 신분으로 종군하여 흉노에 맞서 싸웠다. 말타기와 활쏘기에 능했던 그는 수많은 적군을 사살했고 생포한 적군도 가장 많아서, 그 공로를 인정받아 한 왕조의 시랑으로 임명되었다.

이광의 사촌동생 이채 역시 한 왕조에서 시랑을 지냈는데 두 사람 모두 무기상시武騎常侍의 신분이라 관작에 따라 800석의 봉록을 받았다. 이광은 한 문제를 수행하면서 용감하게 적의 포위를 뚫고 맹수와 맨손으로 싸워 문제를 구한 일도 있었다. 문제가 말했다.

"그대가 적당한 시기를 만나지 못한 것이 안타깝구려. 고조께서 천하를 다스릴 때 태어났더라면 어찌 그대의 관직이 만호후萬戶侯(1만 호의 백성이 사는 영지를 가진 제후라는 뜻으로, 세력이 큰 제후를 이르는 말 -역자주)에 그쳤겠소!"

효경제가 막 즉위했을 당시 이광은 농서의 도위로 있다가 기랑장으로 승관되었다. 오와 초 등 일곱 나라가 반란을 일으키자 이광은 효기도위로서 태위 주아부를 따라 오초 연합군 평정에 나섰다가 적군의 깃발을 빼앗는 전공을 세워 그 명성이 창읍성 전역에 자자해졌다.

그러나 양왕이 이광에게 장군의 관인官印을 넘겨줄 것을 요구하는 바람에 조정에 돌아와서도 아무런 포상도 받지 못한 채 다시 상곡의 태수로 가게 되었다.

이광이 매일 적군을 상대로 싸움을 벌이자 전속국典屬國의 공손곤야가 황제에게 울면서 말했다.

"이광의 능력은 능히 당할 자가 없습니다. 하지만 그는 자신의 능력만 믿고 흉노와 정면으로 충돌하고 있습니다. 이런 상태가 계속되면 그를 잃게 되지나 않을까 우려됩니다."

이에 황제는 그를 상군 태수로 임명했다. 나중에 이광은 다시 변군 태수를 지내다가 상군으로 부임하게 되었다.

이광은 농서와 북지, 안문 등 여러 군의 태수를 지내면서 어디서나 진심전력으로 싸움에 임해 명성을 날렸다.

흉노가 대규모로 상군을 공격하자 황제는 가장 총애하는 환관을 이광에게 보내 그와 함께 병사들을 훈련시켜 흉노를 격퇴하게 했다.

한번은 이 환관이 기병 수십 명을 이끌고 나가 세 명의 흉노 병사와 맞서 싸우게 되었다. 흉노 병사들은 환관을 화살로 쏘아 상처를 입혔을 뿐만 아니라 그를 따르던 기병들을 전부 사살했다. 간신히 살아남은 환관이 이광에게 달려가 이런 사실을 알리자 이광이 말했다.

"그들은 필시 매를 잡는 명사수들일 것이오."

이렇게 말하고 나서 이광은 즉시 기병 100명을 거느리고 나가 흉노 병사들을 추격하기 시작했다. 흉노 병사들은 말을 잃어버리고 걸어서 이미 수십 리 밖까지 가 있었다. 이광은 기병의 대오를 좌우 양쪽으로 벌린 다음 자신이 직접 활로 흉노 병사들을 쏘아 두 명을 사살하고 한 명을 생포했다. 알고 보니 이들은 정말 매를 잡는 흉노의 명사수들이었다.

이광이 흉노 병사를 단단히 포박했을 때, 갑자기 멀리서 수천 명의 흉노 기병이 달려오는 모습이 눈에 들어왔다. 이들은 이광을 보자 자신들을 유인하기 위해 나온 기병으로 착각하고는 놀란 나머지 재빨리 산으로 들어가 진을 쳤다. 이광이 이끌고 있는 100명의 기병들은 모두 겁에 질려 말머리를 돌려 도망칠 준비를 했다. 그러나 이광은 조금의 당황한 기색도 없이 말했다.

"우리는 지금 우리의 대군과 멀리 떨어져 있고 인원도 100명밖에 되지 않는다. 이런 상태에서 도망을 친다면 흉노가 우리를 추격해 활로 사격할 것이고, 결국 전멸하게 될 것이다. 반면에 우리가 이곳에 그대로 남아 있으면 흉노는 필시 우리를 대군이 파견한 선발대로 여겨 섣불리 공격하지 못할 것이다."

곧이어 이광은 병사들에게 전진 명령을 내렸다. 앞으로 나아가던 이광의 기병은 흉노의 진영에서 불과 2리 남짓 떨어진 지점에 이르러 말을 세웠다. 이광이 다시 명령을 내렸다.

"모두 말에서 내려 안장을 풀어라!"

기병들이 물었다.

"흉노의 병력이 숫자도 많고 매우 가까이 포진하고 있는데 돌발 상황이 발생하기라도 하면 어쩌시려고 이러십니까?"

"흉노는 우리가 곧 도망칠 것으로 추측하고 있다. 이럴 때 말안장을 풀어 도망칠 생각이 없다는 걸 보여주면 저들은 우리가 자신들을 유인하러 나온 선발대라는 생각을 굳히게 될 것이다."

백마를 탄 흉노의 장수 하나가 군영 밖으로 나와 자신의 병사들을 지휘하고 있었다. 이를 본 이광은 10여 명의 기병을 이끌고 달려가 백마를 탄 흉노의 장수를 활로 쏘아 사살했다. 다시 돌아온 이광은 말안장을 풀고 병사들에게는 말을 풀어놓은 채 땅에 엎드려 있게 했다.

때마침 날이 어두워지면서 흉노의 군대는 한나라 기병의 상황을 제대로 파악할 수 없어 감히 공격하지 못했다. 한밤중이 되자 흉노는 한군의 복병이 매복하고 있다가 자신들을 공격할지도 모른다는 생각에 스스로 철수하고 말았다.

이광은 날이 환히 밝아서 돌아올 수 있었고, 그때까지 그의 행방을 몰랐던 한의 대군은 그 자리에 그대로 대기하고 있었다.


## 관대함으로 마음을 잡아라

얼마 후 효경제가 죽고 무제가 즉위하자, 황제의 신변을 지키는 측근들은 이광이 뛰어난 장수이니 그를 반드시 중용해야 한다고 천거했다. 그리하여 상군 태수로 있던 이광은 조정으로 들어와 미앙궁의 위위衛尉가 되었고, 정불식 역시 장락궁의 위위가 되었다. 정불식은 과거에 이광과 함께 변방 지역에서 태수로 있으면서 군대를 이끌어 외적을 막았던 인물이었다.

이광은 흉노를 공격하면서 엄정한 편제나 일정한 대열을 갖추지 않았고 반드시 맑은 물과 푸른 풀이 있는 곳만 골라 주둔했다. 병사들은 스스로 자유롭게 움직였기 때문에 조두鑼斗(옛날 군대에서 야경을 돌 때 쓰던 바라－역자주)를 쳐서 적의 공격에 대한 경계태세를 갖추게 할 필요가 없었다. 군중의 사무와 공문이나 책자의 양식도 최대한 간소화했다. 대신 초병들로 하여금 먼 지점까지 경계하게 하여 방비를 철저히 했다. 그 결과 아무런 불상사도 일어나지 않았다.

이에 반해 정불식은 군대의 행군과 주둔, 진법, 경비 등을 엄격히 통제했고 군중의 문서를 관할하는 관원은 날이 밝을 때까지 일을 해야 했다. 장병들은 제대로 휴식을 취하지 못했지만 그래도 아무런 불상사도 생기지 않았다. 정불식이 말했다.

"이광이 군사를 다스리는 방법은 아주 간단하고 효과적이긴 하지만 갑자기 적이 기습하면 막아내기 힘들 것이다. 하지만 그의 장병들은 모두 편안하게 쉴 수 있기 때문에 유사시에는 그를 위해 목숨을 걸고 싸움에 임한다. 이에 비해 군사를 다스리는 나의 방법은 비교적 복잡하고 번거롭긴 하지만 적들로 하여금 쉽게 공격하지 못하게 하는 효과를 얻는다."

당시 한의 변경 지대에서 이광과 정불식은 둘 다 명장으로 소문이 나 있었다. 그러나 흉노는 이광의 전략을 더 두려워했고, 장병들 역시 정불식의 수하에서 고생하는 것보다는 이광을 따르기를 원했다. 정불식은 효경제 때 여러 번 솔직히 간언을 함으로써 태중대부가 되었다. 사람됨도 매우 정직했고 성실하게 법도를 지켰다.

나중에 한나라는 마읍성을 이용하여 흉노의 군주인 선우單于를 유인하며 대군을 마읍성 옆 골짜기에 매복시켰다. 이때 이광은 효기장군으로 임명되어 호군장군 한안국의 지휘를 받게 되었다. 선우는 한나라의 계략을 간파하고 군대를 철수시켰기 때문에 한나라의 군대는 아무런 공도 세우지 못했다.

그로부터 4년이 지나 위위로 있던 이광은 장군으로 임명되어 흉노 정벌을 위해 안문으로 출발했다. 흉노는 우세한 병력으로 이광의 군대를 격파하고 이광을 생포했다. 이광이 매우 유능한 장수임을 잘 알고 있던 흉노의 선우는 이광을 생포하면 절대로 죽이지 말고 산 채로 데려올 것을 명령했다.

흉노의 기병이 이광을 붙잡았을 때 이광은 심한 부상을 입은 상태였다. 이에 흉노의 병사들은 말 두 필에 그물을 매달고 이광을 그물에 눕혀 십여 리 길을 걸어가야 했다.

이광이 죽은 척하면서 살며시 주위를 살펴보니 흉노 소년 하나가 훌륭한 말을 타고 가는 모습이 눈에 들어왔다. 이광은 재빨리 몸을 일으켜 흉노 소년을 밀쳐내고 그의 활까지 빼앗아 말에 오른 다음 쏜살같이 남쪽으로 내달렸다.

수십 리 길을 달린 끝에 그는 간신히 자신의 잔여 부대를 만나 이들을 이끌고 관내로 돌아올 수 있었다. 흉노가 수백 명의 기병을 보내 이광을 추격하자 이광은 흉노 소년에게서 빼앗은 활로 추격하는 병사들을 저지하면서 간신히 추격을 피했다.

이광이 한나라로 돌아오자 조정에서는 그를 문책했다. 형리는 이광이 막대한 병력의 손실을 가져온데다 자신도 생포된 데 대한 죄를 물어 참수하는 것이 마땅하다고 주장했다. 이광은 막대한 액수의 돈을 바치고서야 죄를 면할 수 있었다.

당시의 법령에 의하면 참형에 처해진 죄인은 거액의 돈을 내거나 대신 궁형宮刑(중국의 5형五刑 가운데 하나로 죄인의 생식기를 없애는 형벌이다-역자주) 받으면 참형을 면할 수 있었다. 간신히 사형을 면한 이광은 평민으로 전락하고 말았다.

이광은 몇 년 동안 한가로이 지내며 산속에 은거했다. 그는 자주 남전의 남산에 가서 사냥을 하거나 밤중에 시종들과 더불어 밭에서 함께 술을 마시곤 했다.

한번은 남산에서 돌아오는 길에 패릉정覇陵亭을 지나게 되었는데, 이 지역을 지키던 위관尉官이 술에 취해 이광에게 큰 소리로 멈춰 서라고 호통을 쳤다. 이광의 시종이 그가 얼마 전까지 장군으로 있던 이광이라고 신분을 밝혔지만 관리는 이에 아랑곳하지 않고 계속 호통을 쳤다.

"지금 장군으로 있다 하더라도 야행을 허락할 수 없는데 하물며 과거의 장군이 다 뭔가!"

위관은 이광 일행을 잡아 역정驛亭 밑에서 밤을 보내게 했다.

얼마 후 흉노가 또다시 한나라의 변경을 침범하여 요서 태수를 살해하고 한안국 장군을 격파했다. 결국 한 장군은 우북평에서 사망하고 말았다. 그러자 천자는 이광을 다시 불러들여 우북평 태수로 임명했다. 이광은 즉시 패릉정을 지키던 위관을 불러 임지로 동행했고 군중에 도착하자마자 이 위관을 죽여버렸다.

이광이 우북평에 주둔하게 되자 이런 소식을 들은 흉노는 그를 '한나라의 비장군'이라 칭하며, 여러 해 동안 그를 피하고 감히 우북평을 침범하지 못했다.

이광이 사냥을 나갔다가 수풀 속에서 큰 바위를 발견하고는 이를 호랑이로 착각하여 화살로 쏘았다. 가까이 다가가 보니 화살을 맞은 바위는 한쪽이 무너져 있었다. 이광이 살던 곳에는 자주 호랑이가 출몰

했고 그때마다 이광은 직접 화살을 쏘아 죽이곤 했다. 우북평에 거주하는 동안에도 호랑이가 나타났기 때문에 바위를 화살로 쏘는 웃지 못할 일이 일어났던 것이다.

이광은 사람됨이 매우 정직하고 청렴했다. 포상을 받으면 이를 자신의 부하들에게 나누어주었고 식사도 병사들과 함께 했다. 그는 40년 동안 2,000석의 봉록을 받는 관직에 있었지만 집안에는 모아놓은 재산이 없었고, 죽을 때까지 집안일에 대해 언급한 적이 없었다.

또한 이광은 기골이 장대하고 원숭이처럼 팔이 길어 천부적으로 활을 쏘기에 적합한 신체 조건을 갖추고 있었다. 그의 아들이나 손자를 비롯하여 그에게 궁술을 배운 사람들 가운데 그의 솜씨를 따를 만한 사람은 한 명도 없었다.

한편 이광은 말투가 어눌하여 항상 말하기를 삼갔다. 다른 사람들과 함께 있을 때도 그는 땅바닥에 군대가 포진하는 대열을 그리거나 높은 곳에 올라 활쏘기로 술내기를 하곤 했다. 그는 죽을 때까지 활쏘기로 내기하는 버릇을 고치지 않았다.

이광은 군대를 통솔할 때도 양식과 식수의 공급이 부족한 곳에 이르게 되면 항상 병사들이 모두 식사를 마치고 물을 넉넉히 마신 다음에야 자신도 음식을 먹고 물을 마셨다. 병사들에게는 항상 관대한 태도를 보였고 절대로 가혹한 형벌을 쓰지 않았다. 그래서 병사들 가운데 이광의 명령에 거역하는 사람이 하나도 없었다. 그는 아무리 긴박한 상황일지라도 적이 사정거리 안에 들어와 명중시킬 수 있을 때에만 활을 쏘았고, 적중시킬 자신이 없을 때는 절대로 활을 쏘지 않았다. 그러다보니 수적으로 우세한 적군을 격파하면서 빈번히 포위되는 위험에 처하기도 했다. 무수한 맹수들을 잡았지만 때로는 맹수의 공격에 상처를 입기도 했다.

얼마 후 석건이 죽자 황제는 조서를 내려 이광을 석건 대신 낭중령에 임명했다. 원삭元朔 6년(기원전 123년), 이광은 다시 후장군後將軍에 임명되어 대장군 위청을 따라 흉노를 정벌하기 위해 정양을 출발하게 되었다. 이때 다수의 장수들이 적의 목을 많이 베거나 적군을 많이 생포하여 조정으로부터 포상을 받았다. 심지어 공로에 따라 제후로 책봉된 사람들도 있었다. 그러나 이광의 군대는 아무런 전공도 세우지 못했다.

3년이 지난 후 이광은 낭중령의 신분으로 4,000명의 기병을 거느리고 우북평을 떠나 흉노를 공격하기 위해 원정에 나섰다. 박망후博望侯 장건도 1만여 명의 기병을 거느리고 그와 동시에 출발했다. 수백 리를 진군했을 때 흉노의 좌현왕이 4만 명의 기병을 이끌고 이광의 군대를 포위했다. 수적 열세에 놓인 이광의 군사들은 몹시 당황할 수밖에 없었다.

이때 이광은 자신의 아들 이감을 선두로 내보내 적군을 무찌르게 했고, 이감은 겨우 수십 명의 기병을 거느리고 흉노의 진영으로 쳐들어갔다가 좌우 양쪽으로 빠져나왔다.

이감이 돌아와 이광에게 보고했다.

"흉노를 격파하는 것이 어렵지 않을 것 같습니다."

이 말을 들은 이광의 장령들은 그제야 마음을 안정시킬 수 있었다. 이광은 원형으로 진영을 갖추고 모든 군사들이 일제히 밖을 향하게 했다. 이에 흉노는 감히 공격하지 못하고 화살만 비 오듯이 날렸다. 이광의 군사는 절반 이상 전사했고 화살도 거의 바닥이 났다. 이에 이광은 병사들에게 활시위만 당기고 화살은 쏘지 말라고 지시한 다음 자신이 직접 강궁強弓을 이용해 흉노의 부장을 쏘아 사살했다. 이런 식으로 몇 명을 사살하자 흉노의 병사들도 금세 사기가 떨어졌다. 마침 해가 질 무렵이라 대치하던 양군의 병사들은 모두 겁에 질려 두려운 표정이었지만 이광은 태연한 모습으로 군대를 지휘했다. 병사들은 그의 용맹스러움에 감탄을 금치 못했다.

이튿날 이광의 군대는 안간힘을 다해 싸웠고 때마침 박망후의 지원군이 도착하자 흉노는 포위망을 풀고 철수했다. 그러나 한군은 이미 기진맥진한 상태라 이들을 추격할 힘조차 없었다. 이때 이광의 군대는 거의 전군이 괴멸한 상태였다.

당시 한 왕조의 법령에 의하면 박망후의 군대는 행군 속도가 너무 느려 제때에 이광의 군대와 합류하지 못했기 때문에 수장인 박망후는 사형에 처해야 마땅했다. 박망후는 벌금을 내어 참형을 면했고, 이광은 공과 죄가 대등했던 덕분에 아무 처벌도 받지 않았다.

## 복숭아와 자두는 말이 없다

이광의 사촌동생 이채는 이광과 함께 효문제의 신하가 되어 있었다. 효경제 때에는 그동안 쌓은 공적이 많아 이미 봉록이 2,000석에 달하는 고관이 되어 있었다. 그리고 그는 효무제 시기에 이르러서는 대代나라의 승상이 되었다. 원삭 5년(기원전 124년)에는 경거장군이 되어 대장군을 따라 흉노의 우현왕을 공격했고, 이 원정에서 큰 공을 세워서 낙안후로 봉해졌다. 이어서 원수元狩 2년(기원전 121년)에는 공손홍을 대신하여 승상의 자리에 올랐다. 이런 이채의 명망도 이광에는 크게 미치지 못했지만 이광은 봉읍을 얻지도 못하고 관직은 간신히 구경九卿에 미치는 정도였다.

이광은 구름의 기운을 보고 길흉을 점치는 왕삭 선생을 만나 사사로운 얘기를 나눈 적이 있었다. 이광이 왕삭 선생에게 말했다.

"한이 흉노를 공격한 이래로 저는 한 번도 싸움에 빠진 적이 없습니다. 교위 이하의 관원들 가운데 능력이 중간에도 미치지 못하면서 흉노를 무찌른 공으로 제후로 책봉된 사람이 수십 명이나 됩니다. 하지만 저는 누구에게도 뒤지지 않는 용기를 보인 것은 물론이고 전공 또한 결코 남에게 뒤지지 않는데 봉읍을 얻을 만한 공명을 얻지 못한 까닭이 무엇일까요? 설마 저의 관상이 제후의 상이 아니어서 그런 건가요, 아니면 저의 운명이 원래 그래서인가요?"

"혹시 장군 스스로 유감으로 여겼던 일이 있소?"

"과거에 제가 농서 태수로 있을 때의 일로 강족 사람들이 한나라에 대항하여 봉기했다가 제가 투항을 권고하자 800여 명이 투항한 적이 있었습니다. 그러나 저는 그들을 받아들이는 척하면서 그날로 전부 죽여버렸지요. 오늘날까지 제가 유감으로 여기는 일이 있다면 이것뿐입니다."

"이미 투항한 사람을 죽이는 것보다 더 큰 재앙은 없습니다. 그것이 장군이 아직도 봉후가 되지 못하는 이유일 겁니다."

다시 2년이 지나 대장군 위청과 표기장군 곽거병이 대군을 이끌고 나가 흉노에 대한 대규모 공격을 감행했다. 이광은 여러 번 참전을 허락해 달라고 요청했지만 한 무제는 나이가 많다는 이유로 허락하지 않았다. 그러다가 얼마 후에 무제가 그의 요구를 받아들여 그를 선봉장으로 임명했다. 이때가 원수 4년(기원전 119년)이었다.

이광은 마침내 대장군 위청을 따라 흉노 정벌에 나섰다. 국경의 요새를 출발한 위청은 흉노의 병사를 포로로 잡아 심문한 끝에 군주인 선우가 있는 곳을 알아냈다. 그는 직접 정예 병력을 거느리고 선우를 추격하는 동시에 이광의 군대에게 우장군의 부대와 합류하여 동쪽으로 출격하라는 명령을 내렸다. 동쪽으로 가는 길은 약간 돌아가는 길이었지만, 위청의 대군이 진격하는 길은 수풀이 많지 않아 군대가 주둔하기에 적합하지 않았다. 이에 이광이 위청에게 간청하여 말했다.

"원래 제가 전장군前將軍인데 지금 대장군께서는 제게 동쪽으로 출격하라고 명령하셨습니다. 저는 젊은 시절부터 줄곧 흉노와 싸워온 사람으로서 이제 흉노와 맞서 싸울 좋은 기회를 만났으니 제가 선봉이 되어 선우와 겨뤄보고 싶습니다."

대장군 위청은 황제로부터 이광이 나이도 많고 운세도 좋지 않기 때문에 선우와 직접 대전을 벌이게 했다가는 기대한 성과를 거두지 못할 것이라는 언질을 받은 상태였다. 또한 공손오가 제후의 자리를 잃고 중장군中將軍이 되어 대장군을 따라 흉노 정벌에 나선 터라 위청은 그에게 공을 세워 제후의 자리를 회복할 수 있는 기회를 주고자 했다. 결국 대장군 위청은 이광의 요청을 거절했다.

이런 내막을 알고 있는 이광은 단호하게 대장군의 명령에 따르기를 거부했다. 대장군 역시 고집을 꺾지 않고 명령서를 이광의 군부로 직접 전달하여 명령대로 실행할 것을 촉구했다. 이에 몹시 화가 난 이광은 위청에게 작별 인사도 건네지 않고 군부로 돌아와 군대를 이끌고 우장군 조이기와 합류하여 동쪽으로 출발했다.

길잡이가 없었던 이광의 부대는 여러 차례 미로에 빠지는 고초를 겪다가 대장군 위청과 합류하기로 약속한 날짜가 지나서야 전선에 도착했다. 대장군 위청은 흉노와 접전을 벌였지만 끝내 선우를 잡지 못했고, 돌아가는 길에 남쪽 사막 지대를 지나다가 이광이 이끄는 군대와 마주치게 되었다.

이광은 대장군을 보자마자 자신의 군중으로 돌아와버렸다. 대장군은 술과 음식을 갖춰 이광을 찾아갔고, 그제야 이광과 조이기가 미로에 빠졌던 사실을 알게 되었다. 위청은 자세한 전황을 천자에게 보고하려고 했으나 이광은 아무런 설명도 하려 하지 않았다. 위청은 하는 수 없이 이광 부대의 보좌진들과 대질 심문을 하게 했다. 그러자 이광은 말했다.

"다른 장령들에게는 아무런 책임이 없네. 길을 잃은 것은 전적으로 내 책임이니, 내가 황상께 상소를 올려 상황을 보고하도록 하겠네."

이어서 이광은 부하들에게 말했다.

"나는 젊은 시절부터 줄곧 흉노에 맞서 70여 차례나 접전을 벌였다. 이번에 다행스럽게도 대장군을 따라 출정에 나서 선우와 접전을 벌일 기회가 생겼는데, 대장군께서는 내게 멀리 우회해서 행군할 것을 명하셨다. 그러다가 미로에 빠졌으니 이것이 어찌 하늘의 뜻이란 말인가? 하물며 내 나이 이미 예순이 되었는데 어찌 문서를 기록하는 장졸 따위에게 심문을 받을 수 있겠는가!"

그러고는 곧장 칼을 뽑아서 스스로 목숨을 끊었다.

이광의 죽음을 보고 그의 수하에 있던 대부와 장수들 가운데 통곡하지 않는 자가 없었다. 백성들도 이런 소문을 듣고 남녀노소 할 것 없이 모두들 눈물을 흘렸다. 우장군 조이기는 판관에게 넘겨져 참형을 선고받았으나, 벌금을 내고 사면되어 평민이 되었다.

태사공 사마천은 이광에 대해 『사기』에서 이렇게 기록하고 있다.

"『논어』에 이르기를 '자신의 행실이 바르면 명령을 내리지 않아도 사람들이 따르고, 행실이 바르지 못하면 명령을 내릴지라도 사람들이 따르지 않는다' 라고 했다. 이 말은 바로 이광 장군을 두고 한 말인 것 같다.

이광은 무던하기가 시골사람 같았고 언변도 좋지 못했다. 하지만 그가 죽던 날 천하의 모든 사람들이 그의 죽음으로 인해 슬픔에 젖었다. 그의 충성스러운 마음이 진실로 사대부들의 신임을 얻었기 때문일 것이다. 속담에 '복숭아와 자두는 말이 없지만 그 밑으로 저절로 길이 난다' 는 말이 있는데, 이처럼 사소한 이야기가 오히려 큰 뜻을 설명하고 있다."

이는 『사기』에 기록된 수십 명의 인물에 관한 기록 가운데 가장 뛰어난 편장으로 서한의 명장이었던 이광의 생애를 생동감 있게 기술하면서, 흉노에 맞서 싸웠던 그의 탁월한 공로를 칭송하고 있다.

사마천은 구체적이고 사실적인 서술을 통해 위기에 처해도 두려움이 없고, 어떤 어려운 상황이 닥쳐도 자세가 변하지 않는 이광의 영웅본색과 '비장군' 의 모습을 생생하게 형상화하고 있는 것이다. 또한 온갖 억압을 이겨내다가 마침내 스스로 목숨을 끊은 이광의 마지막 모습을 덧붙여 묘사함으로써 공로만 탐하다가 끝에는 겨우 목숨만 부지하는 여러 소인배들의 진상을 풍자하고 있다.

'복숭아와 자두는 말이 없지만 그 밑으로 저절로 길이 난다'는 속담처럼, 이광은 평생 아무런 관작도 얻지 못했다. 하지만 그의 충성스런 마음과 비장한 절개는 보는이들로 하여금 충의가 무엇인지를 다시 한 번 생각하게 한다. 때문에 수많은 만호후萬戶侯들이 역사의 먼지 속으로 사라져버린 지금도 그 이름은 길이 빛나고 있다. 이것이 의장義將의 진면목일 것이다.

# 2장 어진 사람은 적이 없다

일찍이 춘추전국시대 연燕나라의 곽외는 군주와 선비의 관계에 대해 심오한 견해를 가지고 천고불변의 '지식인 정책'을 펼쳤다. 이는 수천 년 동안 중국 사인士人(벼슬을 하지 않는 선비―역자주) 계층의 성격과 운명을 형성하고 결정짓는 의미심장한 정책이었다.

곽외는 연나라의 부흥을 위하여 소왕昭王에게 "제왕이 되고자 하는 자는 선비를 스승으로 대하고 제후가 되고자 하는 자는 선비를 친구로 대하며, 패자가 되고자 하는 자는 선비를 신하로 대하고 나라를 망치는 자는 선비를 하인으로 대한다"(『전국책戰國策』, 「연책燕策」)는 원리를 제시했다.

이때 이후로 중국의 선비들이 추구하는 인생의 이상적 경지는 제왕의 스승이 되거나 지덕을 겸비한 탁월한 신하가 되는 것이었다. 하지만 그처럼 성공을 거둔 사람은 그리 많지 않았다.

그렇다면 청대의 증국번曾國藩은 어땠는가? 최근에 중국에서는 증국번이란 인물을 소재로 한 영화나 장편소설이 크게 유행하고 있다. 그 원인은 어디에 있는 것일까? 물론 영화나 소설의 작품성이 뛰어난 것도 이유가 되겠지만, 그보다는 소재의 선택이 탁월하여 대중에게 커다란 감동과 자극을 주었기 때문일 것이다.

증국번은 중국 역사에 있어서 학자와 '어진 재상'의 전형을 한 몸에 갖췄던 마지막 인물로서, 복록과 장수를 동시에 누리면서 이상적인 인생이란 어떤 것인지를 구체적으로 보여준 완벽한 인간이었다. 증국번 이후 중국인들은 그러한 인물을 동경만 할 뿐, 직접 만나볼 수는 없었다.

그렇다면 오늘날 중국인들이 증국번에게 그처럼 커다란 열정을 보이는 까닭은 무엇일까? 몇 해 전의『증국번가서曾國藩家書』 열풍에서 최근 소설『증국번』의 유행에 이르기까지 그에 대한 대중적 관심과 열정은 조금도 수그러들지 않고 있다.

어떤 문제를 정치적 시각에서 바라보면 단선적으로 판단을 내릴 우려가 크고, 문화적 시각에서 바라보면 심오한 판단이 가능한 경우가 있다. 이 경우에도 마찬가지다. 증국번에 대한 사람들의 열정을 이해하기 위해서는 먼저 전통적인 중국인의 이상에 대해 이해해야 한다.

일반적으로 전통적인 중국인들이 지향하는 이상은 두 가지로 요약할 수 있다. 하나는 관료가 되는 것이고, 다른 하나는 입신양명하는 것이다. 관리가 되면 실질적인 혜택이 따르고, 입신양명을 하게 되면 영원히 이름을 남길 수 있기 때문이다. 만일 이 두 가지를 이룰 수만 있다면 그보다 더 바람직한 것은 없을 것이다.

관리가 되는 것은 모든 중국인들의 이상이었다. '부귀영화'라는 네 글자는 관리가 되었을 때의 장점들을 그대로 압축한 표현이라 할 수 있다. 지극히 현실적인 중국인들의 시각으로 볼 때 남자가 높은 벼슬을 하고 후한 봉록을 받을 수만 있다면 그의 일생은 결코 헛되지 않은 것이다. 예로부터 중국인들이 관리를 경외하고 숭배한 것도 바로 이런 이유에서이다.

그러나 관리가 되는 것만으로는 아직 충분히 고상한 경지에 이르렀다고 하기 어렵다. 관리라는 신분에 현인이나 성인의 형상이 더해져야 더욱 완벽한 삶이 되는 것이다.

중국인들은 예로부터 선현이나 선철先哲에 대한 신비감과 경외심을 보이면서 이들을 천도의 대변인 또는 신명神明의 상징으로 우러렀다. 때문에 일반 백성들도 성현을 우러러 보았지만 선비들은 더더욱 그랬다. 선비들의 가장 큰 소망은 황제가 되는 것이 아니라 '황제의 스승'이 되는 것이었다.

사실 명名과 이利는 하나로 결합되어 있어 관직과 명예를 추구하다 보면 실리가 따라오는 것이 보통이다. 일생을 곤궁하고 초라하게 상갓집 개처럼 불안한 나날을 보낸 공자孔子의 경우는 특수한 경우이고, 일반적으로 역대 관리들은 장원급제하여 고관이 되기만 하면 많은 재물을 거둬들일 수 있었다. 그래서 중국인들은 흔히 명예와 이익을 동일시하곤 한다.

많은 재산을 모은 상인도 전통적 관념에 의해 천한 신분으로 경원시되었고, 땅을 많이 소유한 지주들도 사람들로부터 무시당하기 일쑤였

다. 하지만 청대 말기 통치세력 가운데 최고의 실력자이자 널리 이름
을 떨친 '성상聖相'이었으며, 또한 학술계의 거두이자 '황제의 스승'
으로서 관직에 따른 권력과 명예 그리고 실리를 완벽하게 한 몸에 지
녔던 증국번은 전통적으로 중국인들의 이상적 모델이 될 수 있었다.

증국번이 명예와 실리를 한 몸에 지니고 있었던 것은 분명한 사실이
다. 그는 자신에게 주어진 모든 시간과 에너지를 조금도 헛되이 낭비
하지 않았다. 그는 적당히 쾌락을 누리고 위세를 누렸으며 남다른 공
적을 세우고 탁월한 문재文才를 발휘하면서도 천수를 누림으로써 모
든 중국인들이 선망하고 추구하는 대상인 이른바 공명이록功名利祿을
완벽하게 갖췄다.

따라서 100여 년의 세월이 지난 오늘날에도 증국번이 새롭게 사람
들의 주목을 받는 것은 그리 이상한 일이 아니다. 공명이록 가운데 어
느 한 부분도 제대로 따라하지 못하는 보통 사람들이 그의 삶 전체를
모방한다는 것은 불가능한 일이다.

역사에서의 증국번은 대체 어떤 인물이었을까? 이에 대해 갖가지
의견이 분분하다. 그만큼 그가 복잡다단한 인물이었다는 말이다. 그는
중국 전통 관료들의 특징을 모두 지니고 있었을 뿐만 아니라 문인으로
서의 고아한 품격과 광박한 학문을 갖추고 있었다.


## 공명이록을 이루다

증국번은 호남성 상향 사람으로 청 가경嘉慶 16년(1811년)에 태어나
청 동치同治 11년(1872년)에 사망했다. 일찍이 여러 차례 자신을 '경독
전가耕讀傳家'(농사와 면학이 대대로 전해오는 집안 - 역자주) 출신이라 자

부했던 것으로 미루어 그의 가정은 지주 집안도 아니고 학자 집안도 아닌 중국 전통의 이상적인 가정 형태, 즉 전답이 많고 의식이 넉넉할 뿐 아니라 독서나 저술, 작시도 가능했던 집안이었음을 알 수 있다. 이처럼 이상적인 가정의 상황이 중국문화 속에서 어떤 정신을 구현해냈는가 하는 문제는 차치하고, 그의 가정이 농사라는 실實과 독서라는 허虛가 원만히 결합된 삶의 공간이었음에는 의심의 여지가 없다. 허와 실이 조화로운 결합을 이루고 있는 이러한 가정구조는 허실을 겸비한 증국번의 인성에 중대한 영향을 미쳤을 것으로 추측할 수 있다.

증국번의 조부는 글은 잘 몰랐지만 실무 능력이 뛰어나서 가산을 불릴 수 있었다. 덕분에 그의 부친은 독서에 뜻을 둘 수 있었지만 온갖 시련을 겪고 나서야 간신히 수재秀才(역사 관리 등용 시험의 하나-역자 주)에 합격했다. 그 후로 증국번 대에 이르면서 벼슬길은 순조롭게 이어졌다.

증국번은 여섯 살 때 서당에서 공부를 시작하여 여덟 살 때는 오경을 익히고 팔고문을 지었으며 열네 살 때는 장사로 가서 동자시에 응시하여 최고 성적을 받기도 했다. 이어서 수재에 급제한 2년 뒤인 스물두 살에는 중국의 저명한 학부인 악록서원에서 공부하게 되었으나, 그해에 북경으로 가서 회시會試에 응시했다가 낙방하고 말았다. 그 후 그는 경사經史의 학문에 매달려 스물여덟 살에 다시 회시에 응시하여 진사에 합격했다. 이때부터 그의 관운은 탄탄대로를 걸었다.

청 조정의 총애를 한 몸에 받으며 승진을 거듭하던 증국번은 서른일곱의 나이에 이미 2품 관원이 되어 있었다. 그는 고향인 호남에서 서른일곱 살에 2품의 관직에 오른 사람은 청 왕조 전체를 통틀어 자기

한 사람뿐이라며 자랑스러워했다. 관리가 되는 것이 그의 인생에 있어서 최고의 목표였음을 알 수 있는 대목이다. 이 기간에 그는 공부工部와 형부刑部, 이부吏部의 시랑직을 역임하면서 순조로운 관직생활을 유지했다.

그러나 역사가 그에게 특수한 계기를 제공하지 않았더라면 그는 지금의 증국번으로 성장하지 못하고 무수한 봉건관료들처럼 속세에 이름이 묻힌 채 평범한 일생을 마감했을지도 모른다. 그는 태평천국 농민기의군이 출현함으로써 역사라는 광활한 무대의 전면에 나설 수 있게 됐던 것이다.

1851년, 중국 역사의 마지막 대규모 농민기의인 태평천국의 난이 발생했다. 홍수전이 이끄는 태평천국 기의군은 광서 계평현 산악지대에서 겹겹의 포위망을 뚫고 도도히 흐르는 한줄기 거센 강물처럼 북으로 진격하여 불과 2년 만에 남방의 요충지인 강녕江寧을 점령하고 지명을 천경天京이라 바꿔 도성으로 삼았다. 정부군은 태평천국이란 이름만 들어도 혼비백산하면서 감히 맞부딪칠 엄두도 내지 못하고 맥없이 무너졌다.

상황이 이렇다 보니 청 정부로서는 새로 군대를 조직하고 병력을 모아 기의군을 공격한다는 것이 거의 불가능해 보였다. 결국 청 조정이 생각해낸 것은 동한 말년 황건적의 난을 진압할 때 조정이 사용한 방법이었다. 지방의 관료와 지주가 연합하여 단련團練(지주계급의 지방 무장조직 – 역자주)라는 무장단체를 결성하게 하고 그 지휘권도 해당 단련을 조직한 사람에게 완전히 위임함으로써 단련 스스로 기의군 진압에 나서게 하는 것이었다. 간단히 말해서 지방의 사병을 이용하여 반란군을 진압하는 정책이었다.

1853년, 양자강 유역의 현직 관리들에게 각자 단련을 조직하라는 함풍 황제의 명령이 하달되었다. 호남 상향이 고향이었던 증국번은 이에 적극 호응하여 그해 고향으로 돌아가 호남의 순무로 있던 장량기와 함께 단련을 조직했다.

증국번은 동향同鄉의 유생儒生 나택남의 도움으로 수천 명으로 이루어진 병력을 조직한 다음, 이를 점차 확대해나갔다. 청조의 팔기병과 녹영병의 부패상에 대해 잘 알고 있었던 증국번은 군대를 조직하면서 평민들 가운데서 병사를 선발하되 관료의 자제들은 끌어들이지 않았다. 또한 가족적 분위기를 중시한 그는 군대를 가족적인 혈연관계의 성격을 지닌 조직으로 발전시킴으로써 전투력 향상을 꾀했다. 이들 단련에는 정부군이나 다른 단련과 비교할 때 다음 몇 가지 뚜렷한 특징을 지니고 있었다.

첫째, 병사들이 모두 소박하고 건장한 호남의 향민이라 훈련이 쉬울 뿐만 아니라 용맹하고 싸움에 능했다. 또한 영악한 도시 사람들이나 잔꾀 많은 노병老兵들은 절대 받아들이지 않음으로써 조직에 나쁜 영향이 미치지 않게 했다. 또한 군관은 증국번의 지식인 친구들 가운데 '위도衛道'와 '충군忠君'을 위해 기꺼이 헌신할 수 있는 사람들을 위주로 선발했다. 아울러 청 조정 팔기군의 귀족 군관들처럼 권력과 이익을 놓고 다투지 않도록 철저하게 단속하고 관리했다.

둘째, 부자나 형제 등 혈연관계가 있는 병사들을 동일한 조직으로 편성함으로써 혈연관계를 통해 사병들이 자체적으로 통제하고 전투 시에는 서로 돕게 했다. 그리고 승리만이 생존을 보장한다는 의식을 갖게 했다. 아울러 전투에서의 패배는 곧 가족 전체의 멸족으로 이어 진다는 사실을 상기시켰다. 증국번의 이러한 묘책은 확실히 효과를 나타냈다. 국가의 군대가 가족의 군대로 바뀌면서 '싸움에 나설 때도 친형제와 함께하고 전투에 나서는 것도 부자가 함께하다' 보니 전투력이 크게 향상되었던 것이다. 증국번이 처음 시도한 이러한 방법은 중국 근대 군벌의 효시가 되었다.

셋째, 조직 면에서 각 군영의 병사들은 해당 영내의 군관 한 사람에게만 복종하게 하되, 군대 전체가 증국번 한 사람에게 복종하게 했다. 이로 인해 조직의 지휘 체계와 효율이 크게 향상되어 증국번 개인의 군대처럼 조직화되었다.

한편 전투력에 부정적인 영향을 주지 않기 위해 만족滿族을 군관에 기용하는 것을 단호하게 반대했지만, 만족으로부터 신뢰를 얻기 위해 특별히 만족인 탑제포를 상군의 대장으로 추천하고 다륭아를 호북 장군으로 천거하기도 했다. 이처럼 만반의 준비를 마친 증국번의 상군은 태평군과의 일전을 위해 호남성을 출발했다.

## 공명정대함을 유지하다

하지만 함풍 4년(1854년) 5월, 증국번의 상군은 악주에서 태평군과 접전을 벌여 뜻밖의 패배를 당하고 말았다. 근거지 호남성을 떠날 당시 증국번은 수륙군과 상군 병력을 포함하여 총 1만 5,000명의 병력을 갖추고 있었으나, 악주 전투에서 수군은 철저히 붕괴되어 전군이 괴멸되는 지경에 이르렀다. 그때까지 한 번도 패전의 고배를 마셔본 적이 없었던 증국번으로서는 견디기 힘든 충격이었다. 심적 고통을 참다 못한 그가 물에 뛰어들어 자살을 시도하자 부하 하나가 재빨리 뛰어들어 목숨을 건졌다. 그 후 증국번은 심기일전하여 대대적으로 상군을 정비했고, 석 달 후에 악주에서 태평군을 상대로 재차 전투를 벌여 악주를 함락하고, 그해 10월에는 격렬한 전투를 치룬 끝에 무한武漢을 되찾을 수 있었다. 이로써 악주에서의 치욕스러운 패배는 만회한 셈이었다. 한층 기세가 오른 그는 "장강 유역에서 반도를 완전히 소탕하고 금릉金陵을 되찾자"고 목청을 높였다.

함풍 5년(1855년), 증국번은 구강으로 진격했다. 이 무렵 증국번을 예의 주시하고 있던 태평천국 기의군은 그가 공격해 온다는 소식이 전해지자 석달개를 대장으로 한 지원군을 대거 파견했다. 지혜와 용기를 겸비한 명장 석달개는 증국번의 수군을 파양호로 끌어들인 다음 호수로 들어가는 입구를 봉쇄하고 증국번의 선단船團에 화공을 펼쳐 대파했다. 증국번의 두 번째 치명적인 패배였다. 심혈을 쏟아 부어 조직한 수군이 참패를 당하고 자신이 타고 있던 배가 불타는 바람에 간신히 몸만 빠져나올 수밖에 없었던 증국번은 참을 수 없는 수치와 분노를 감당하지 못해 또다시 강물에 투신하려 했다. 다행히 부하가 물에 뛰어들려는 그를 만류했다. 증국번이 두 차례에 걸쳐 투신자살을 시도했지만 두 번 다 성공하지 못했던 것은 정말로 죽을 생각이 있어서 그랬던 것이 아니라 병사들의 느슨해진 마음을 다잡기 위해 일부러 꾸며낸 행동이었다는 추론도 있다. 충분히 가능한 일이다.

석달개가 한창 사기충천해 있던 증국번의 군대를 무너뜨릴 무렵, 태평군의 또 다른 대오는 청의 강남대영과 강북대영을 연이어 격파했다. 태평군의 기세는 하늘을 찔렀고 전국을 공포의 도가니로 몰아넣었다.

그러나 이때 태평군 내부에 심각한 분열이 생기면서 권력과 이익을 두고 싸우는 양상을 보이기 시작했다. 이로 인해 양수청과 위창휘, 진일강 등의 명장들이 연이어 피살되고 2만여 명의 정예군이 내분으로 죽어갔으며, 석달개도 10만의 정병을 이끌고 진영을 이탈해버렸다. 전성기를 지난 태평천국군은 서서히 내리막길을 걸었던 것이다.

증국번은 이런 기회를 놓치지 않고 무한을 재탈환한 데 이어 진수성과 격전을 벌인 결과 안경을 수복하는 데 성공했다.

함풍 10년(1860년) 8월, 증국번은 강남의 군무를 총괄하는 양강총독에 임명되었다. 더욱 막강한 지휘권을 손에 쥐게 된 그는 병력을 세 갈래로 나누어서 태평군에 대한 맹공을 퍼부었다. 이홍장이 이끄는 회군은 상해를 지키면서 강남으로 진격했고, 증국전이 이끄는 주력군은 천경으로 쳐들어갔으며, 좌종당은 절강으로 진격해 들어갔다. 이미 심각한 내부 분열로 전투력이 현저히 떨어진 태평군은 패전할 수밖에 없었다. 게다가 영국인이 지휘하는 '상승군'의 지원에 힘입어 증국번은 무석과 상주, 소주蘇州 등지를 연이어 탈환했다. 그러던 동치 3년(1864년) 6월 3일, 홍수전은 사망하고 말았다.

천경에 진입한 증국번의 상군은 마구잡이로 살인과 방화를 저질러 '진회하秦淮河에 시신의 머리가 이리저리 나뒹굴' 정도였다. 상군은 보이는 족족 재물을 갈취하고 '부녀자들과 옥백을 모두 상군 소유로 돌렸다.' 상군을 이끌어 태평천국 기의군을 섬멸하는 사명을 완수한 증국번은 능수능란한 권모술수로 '성상'의 지위를 향해 나아갔다.

장장 12년에 걸친 태평군과의 싸움은 결코 순조롭지 않았다. 증국번은 여러 차례의 패전과 두 차례의 투신자살 기도를 경험했고, 한번은 이수성이 이끄는 대군의 기습을 받고 두려움에 떨면서 여차하면 자결할 마음을 먹은 적도 있다. 또한 그는 청 조정에 충성을 다했는데도 조정으로부터 무고한 의심을 받기도 했다. 무한을 처음 함락시켰을 때 승전보가 북경에 전해지자 함풍제는 크게 기뻐하며 증국번을 칭찬했다. 그러자 측근의 신하가 말했다.

"일개 백면서생이 많은 사람을 감복시키고 무한을 수복한 것이 반드시 나라의 복일 수만은 없을 것입니다."

이 말을 들은 함풍제는 아무런 대꾸도 하지 않았다. 증국번의 모반을 의심하기 시작한 것이다. 남들의 의심과 시기를 피해 증국번은 부친의 장례를 핑계로 상군의 주요 장수로 활약했던 두 아우를 데리고 귀향하여 모든 직무에서 물러났다. 그로부터 1년이 지나 태평군이 또다시 쌀과 직물의 산지인 절강을 공격하자, 당황한 조정에서는 그를 불러들여 군정의 실세인 병부상서의 직을 맡게 했다. 얼마 후 자희태후慈禧太后(서태후―역자주)가 전권을 거머쥐고 만족은 무능하다면서 한족 중용정책을 펼치기 시작했다. 이는 증국번의 대권 장악에 중요한 역사적 계기가 되었다.

함풍 12년(1862년), 증국번은 양강총독으로 부임하여 네 개 성의 군정을 통솔하게 되었다. 그리고 얼마 후 그는 다시 태자태보와 협판대학사의 자리에 오르게 되었고 이때부터 증국번의 일거수일투족은 청 조정에 결정적인 영향을 미치게 되었다.

증국번이 용기 있게 물러난 것은 결과적으로 청 조정의 두터운 신임을 불러왔고 그에게 대권을 쥐어주는 결정적인 계기가 되었다. 태평군과의 싸움에서 승리한 후에도 그는 여전히 말과 행동을 삼갔다. '금은

이 바다와 같고 온갖 재화로 가득 찬' 천경의 재물창고를 텅 비게 할 정도로 무자비하게 자행됐던 상군의 재물 약탈을 두고 조야의 관원들 사이에 의론이 분분했고, 좌종당 등은 이를 이유로 그를 탄핵하는 상소를 올리기도 했다.

약탈한 재물을 내놓을 생각도 없고 내놓을 방법도 없었던 증국번은 천경을 점령한 후 서둘러 네 가지 조치를 시행했다. 첫째, 지나치게 커져버린 권력이 오히려 자신을 억압하지 않을까 두려워 권력의 일부를 자진해서 반납했다. 둘째, 비대해진 상군 조직이 의심을 받을까 두려워 상군의 병력 4만 명을 감축했다. 셋째, 청 조정이 남경의 방위업무를 의심하지나 않을까 두려워 기병旗兵(청조의 팔기군에 속한 병사 – 역자 주) 병영을 건립하고 조정의 기병을 남경에 주둔시키며 모든 급료를 지급했다. 넷째, 공원貢院을 설립하여 강남의 인재들을 대거 선발했다.

이 네 가지 시책이 실행되자 조정에서는 지위고하를 막론하고 이구동성으로 그를 칭송하며 그의 공업功業을 높이 평가했다. 조정에서도 천경에서의 재물 약탈 사건을 놓고 더 이상 추궁을 하지 않게 되었다. 뿐만 아니라 이러한 정책의 시행은 그의 겸손하고 성실한 일면을 부각시킴으로써 조정의 두터운 신임을 얻는 계기가 되었다. 이리하여 조정에서는 그에게 태자태보의 직위를 하사하고 쌍안화령雙眼花翎[7]을 상으로 내렸으며 자손 대대로 전승되는 일등 후작의 작위를 하사했다.

---

**7** 화령은 예모에 꽂는 공작새의 깃털이다. 공작의 꼬리에는 눈 모양의 화려한 무늬가 있는데 이 무늬가 있는 깃털을 두 개 꽂은 것을 쌍안화령이라 한다. 세 개 꽂은 것은 삼안화령이라 하는데 이는 청나라 최고의 훈장이다.

황제의 두터운 은총을 받으면서 확실한 지위를 확보하게 된 것이다.

증국번은 또 염군을 소탕하기 위해 나섰다. 염군은 맨 처음 회북 일대에서 산발적으로 군사를 일으키더니 점차 세력을 넓히면서 태평군의 지원을 받아 강력한 세력을 형성하고 있었다. 청 조정에서는 몽고 귀족인 승격림심으로 하여금 염군을 진압하게 하여 증국번과 같은 한족에만 유능한 인재가 있는 것이 아니라는 점을 확인시키고 싶었지만, 승격림심이 염군에게 사살되자 증국번을 기용할 수밖에 없었다. 증국번은 승격림심처럼 염군을 바싹 추격하는 방법을 쓰지 않고 대신 염군이 활용할 만한 인구나 물자를 흩뜨리고 진지를 지키는 봉쇄정책으로 대응했다. 염군이 포위망을 벗어나는 바람에 아무런 공도 세우지 못했지만, 나중에 그의 제자인 이홍장이 염군을 진압시켜 보충할 수 있었다.

증국번은 양무운동의 주요인물이기도 했다. 그는 서양의 선박과 화포를 사들이는 데 적극적으로 찬성했을 뿐만 아니라, 이홍장 등을 파견하여 '오랑캐의 장점을 본받게 하고' 서양인들의 기술제도를 배우게 했다. 동시에 과학기술 인재들을 망라하여 무기 산업을 육성하고 광산 채굴 등을 제창했다. 그는 또 유능한 인재를 선발하여 해외로 유학을 보내는 한편 국내에 학관學館을 설립하는 등 인재 양성에도 힘썼다.

증국번이 이른바 '성상'이 될 수 있었던 것은 그가 봉건 도학道學의 탁월한 이론가이자 실천가였기 때문이다. 증국번은 주희의 이학理學을 적극 추종했을 뿐만 아니라 이를 깊이 연구하여 새로운 이론을 제시하기도 했다. 그는 학문의 목적은 인성을 회복하고 천지간에 존재하는 '이理'와 '기氣'를 회복하여 정기의 집합체인 인간이 봉건도덕의 영혼을 지니는 것이라 생각했다. 이 점은 정주 이학의 사상과 일맥상

통하는 것으로 봉건도덕을 옹호하는 이론이었다.

그는 또 선진 시대의 '내성외왕內聖外王', 즉 안으로는 수신을 통해 성인의 품성을 갖추고 밖으로는 제왕의 능력을 지녀 세상을 널리 구제한다는 사상을 일생의 좌우명으로 삼았다. 그는 이러한 사상을 추앙하는 데 그치지 않고 실행에 옮겨 언행일치를 이루었다.

그는 훈고학 방면에서도 탁월한 능력을 보였다. 각종 학술에 대한 조예가 깊어서 권위를 가지고 매우 커다란 영향력을 발휘했다. 게다가 직접 수많은 제자들을 배양하고 뛰어난 지식인들을 발탁함으로써 학술계에 막강한 힘을 행사했다. 그리하여 수많은 사람들이 그를 '성상'으로 추앙하게 되었다.

## 천지의 정기를 배양하다

모택동은 『강당록講堂錄』에서, 중국 역사에는 커다란 공을 세운 사람도 많고 훌륭한 사상과 품덕으로 사람들에게 영향을 미친 사람들도 적지 않지만 이 두 가지를 겸비한 사람은 송대의 범중엄과 청대의 증국번 두 사람뿐이라고 말한 바 있다.

장개석도 "천지의 정기를 배양하고, 고금의 완벽한 인물을 본받아야 한다"라고 말했는데, 여기서 '완벽한 인물'이란 증국번을 가리킨다. 장개석은 증국번을 자신의 스승으로 삼고 싶다고 말하면서, 가장 성공한 점은 자신이 성공함으로써 남도 성공하게 하고 자신이 발전함으로써 남도 발전시킨 것이라고 지적했다.

양계초도 세상사에 무관심하긴 했지만 증국번이 살아 있었다면 어지러운 세상을 구하고도 남았을 인물이라며 그를 높이 칭송했다. 이

밖에도 증국번을 숭배했던 인물들로 그의 제자였던 이홍장과 양무운동의 주요 인물이었던 장지동, 군벌 원세개, 신문학운동의 기수인 진독수 등을 들 수 있다. 증국번이 이처럼 추앙을 받는 이유를 '허'와 '실'이라는 측면에서 다음 몇 가지로 요약해볼 수 있다.

첫째, 증국번은 경독耕讀을 같이 했던 인물로 학자와 재상을 겸비한 전형적인 인물이었다. 경독을 겸비한다는 것은 중국인의 이상적인 치가治家 사상에 기반한 것이다. 농사인 '경'은 곧 근본이기 때문에 '경'이 없다는 것은 근본을 잃는 것이나 마찬가지다. 또한 '경'만 있고 도덕적 수양을 높일 방법이 없다면 더더욱 발전의 길은 없다. 요컨대 '독'은 중국인의 자아 향상과 자기 발전의 필수 불가결한 수단이자 방식이었다.

증국번은 농민 출신으로 평생 동안 '경'을 근본으로 삼아 가족들을 다스렸고, 농사를 떠난 관료의 길을 거부했다. 이처럼 나아가서는 공격하고 물러서서는 지킬 줄 아는 불패의 전략은 중국인의 전통에 잘 융합한다고 할 수 있다.

중국 지식인들의 이상은 제왕의 스승이 되는 것이지만 그 차선책은 '문무를 익혀 제왕처럼 사는 것'이었다. 또한 중국 지식인들이 진정으로 추구하는 대상은 "세사를 널리 통찰하는 것이 모두 학문이고, 인정에 통달하는 것이 문학"이라는 경지에 이르는 것이지, 독서를 위한 독서나 학문을 위한 학문에 그치는 것이 아니었다. 증국번은 학문과 문학을 겸비한 인물이었다. 그는 한편으로는 '성상'으로서 천하를 경영하고 중국 동남방을 제압한 바 있지만, 또 한편으로는 경학에서도 두각을 나타낸 동성파 고문古文의 마지막 대가이기도 했던 것이다. 결국 그는 학자와 성상, 제왕의 스승이라는 중국 전통 지식인의 이상을 완벽하게 실현한 셈이었다.

둘째, 사실 근대 이래로 계속되는 증국번에 대한 추앙을 '실'의 관점에서 분석해보자면 "세사를 널리 통찰하는 것이 모두 학문이고, 인정에 통달하는 것이 문학"이라는 취지에 기인하고 있다. 한편으로는 모택동이 말한 것처럼 교리를 전하고 벼슬하는 것을 겸했다는 데에 있다고도 할 수 있다. 이것이 바로 중국 전통 지식인의 마음속에 항상 내재해 있던 명리名利의 관념인 것이다.

셋째, 증국번은 일생 동안 엄청난 일 처리의 경험을 사람들에게 제공했다. 대부분 기록되어 남아 있지만, 이 가운데 학술적인 내용은 그리 많지 않고 상당 부분이 집안과 마을에서 흔히 찾아볼 수 있는 일들에 관한 기록이다.

특히 『논어』를 통속적으로 해석한 『증씨논어曾氏論語』는 중국인들에게 잘 알려져 있는 책이다. 그가 실사구시적으로 서술한 다양한 일 처리의 경험은 중국 전통사회에서는 대단히 유용한 것이었고 일반인들도 쉽게 배워서 실행할 수 있는 내용이었다. 게다가 서술 방식도 보통 사람들에게 아무런 무리가 없는 평이한 것이었다. 그러므로 보통 사람들도 거리감 없이 친밀하게 다가갈 수 있었던 것이다.

넷째, 증국번의 일 처리 경험은 구체적으로 몇 가지로 요약할 수 있다.

첫 번째는 근면함이다. 그가 중인에 불과하면서도 경학의 대가이자 산문가로 대성할 수 있었던 것도 근면함 덕분이었다. 그는 공부도, 일도 근면하게 했으며, 신체 단련에도 남달리 근면했다. 그의 일기에는 이런 대목이 나온다.

"요 며칠 잠이 그리운 걸 보니 수양이 퇴보하고 있는 것 같다. 어린 애처럼 잠을 좋아하는 습성을 떨쳐버리고 각오와 결심을 새롭게 해야 겠다. 잠이 덜 깼어도 자리에서 일어날 수 있으려면 항상 긴장할 필요 가 있다."

그는 이처럼 자기에 대한 요구가 남달랐던 인물이다.

두 번째는 끈기와 적응력이다. 그는 아무리 어렵고 험한 곤경에 처 한다 하더라도 끈기 있게 버티고 적응해야 한다고 생각했다. 거칠고 힘든 환경이 범인을 영웅으로 만들고 돌을 옥으로 변화시킨다는 것이 그의 지론이었다.

버티기만 하면 언젠가는 이기는 것이다. 실제로 그가 황제의 허락만 믿고 스스로 단련이라는 민병 조직을 만들어 태평천국의 반도들을 진 압한 것을 보면 고통과 어려움을 이겨내는 끈기와 의지력을 충분히 알 수 있다.

세 번째는 인내다. 그는 수많은 곤경과 위기상황을 인내하며 합리적 인 해결책을 찾아냈다. 사실 인내와 끈기는 불가분의 관계에 있다. 끈 기가 없는 사람에게 인내를 기대하기 어렵다. 증국번에게 있어서 인내 는 무조건 참고 양보하는 것이 아니라 적절한 시기를 기다리는 합리적 인 책략이었다.

평범한 민간인 출신인 그가 큰일을 이루기 위해선 수많은 곤경과 위 기 상황을 겪어야 했는데, 이러한 어려움은 대부분 밑에서 생겨난 것 이 아니라 위에서 내려온 것이었다. 이런 상황에서 인내할 줄 모른다 면 어떻게 발전을 기대할 수 있겠는가?

1858년 4월, 증국번의 병력은 남경 바로 위에 있는 안경을 공격할 준비를 갖추고 있었다. 당시 남경은 태평천국의 수도였고 안경은 중요한 군사 요충지였기 때문에 청군의 강남대영은 안경을 빼앗지 못하면 실패할 수밖에 없었다. 그러나 청 조정에서는 그를 오히려 남경 아래에 있는 강소와 절강에 배치했다. 그곳이 대대로 부유한 지역이라 여러 성을 먹여 살릴 수 있기 때문이었다. 증국번은 조정의 이러한 전략이 크게 잘못돼 있으며 명령대로 실행할 경우 강남대영의 전철을 되풀이하게 될 것이고, 일단 실패하고 나면 그 책임이 자신에게 돌아오리라는 것을 잘 알고 있었다. 그렇다고 해서 조정의 명령을 거부할 수도 없는 노릇이었다. 처음 조정의 중임을 받은 것이라 자신의 능력만 믿고 거역하는 듯한 인상을 줄 수는 없었다. 그리하여 1859년 6월, 그는 대영을 안휘성 남부의 기문으로 옮기고 새로운 군대를 조직하여 몇 개월 후에 동부를 지원하겠다는 계획을 세워 조정에 보고했다. 하지만 실제적인 군사력의 중심은 여전히 안경을 공격하는 데 두고 있었던 것이다.

네 번째는 분배의 미덕이다. 장개석은 증국번의 가장 훌륭한 점이 자신의 성공을 다른 사람들에게 나누어줄 줄 안 것이라고 평가했다. 자신뿐만 아니라 다른 사람도 발전시키는 것은 범상한 안목으로는 불가능한 것이다.

증국번의 부하들은 대부분 하층 평민 출신들이었지만, 이 가운데 그의 격려를 받은 이홍장이나 좌종당처럼 도원이나 순무 등 일급 관원으로 출세한 사람이 수십 명이나 된다. 그는 제후를 분봉하는 식의 형식적인 권력의 분배를 지양하고 다른 사람들의 발전과 성장을 지원했던 것이다. 다른 사람들의 세력이 확장되고 발전하는 것이 결국은 자기 역량의 발전이기 때문이었다. 그는 자신은 염군에게 패했으면서도 이들을 공격하는 데 제자인 이홍장을 추천하여 결국 큰 승리를 이끌어냈고, 모든 공을 이홍장에게로 돌렸다.

다섯 번째는 물러설 줄 아는 지혜이다. 증국번은 "공덕을 이룬 다음에는 조용히 물러서는 것이 천하의 도리다"라는 말을 몸소 실천한 인물이었다. 그는 남경을 공격함으로써 혁혁한 무공을 쌓았지만 동시에 청 조정의 시기를 샀다.

당시의 명사였던 왕개운은 여러 차례 증국번을 찾아가 제왕학을 설파하면서 스스로 자립할 것을 권했지만 증국번은 완곡하게 이를 거부했다. 그는 오히려 경사로 올라가 자신이 거느리고 있는 상군을 해산하고 이홍장의 회군으로 이를 대체하겠다는 청을 올려 조정의 허락을 받아냈다. 그에겐 일찍이 상군의 해산에 대비한 재정적 준비가 되어 있었던 것이다. 이처럼 증국번은 중요한 자리에 있으면서도 부적절한 욕심으로 인한 근심을 피했다. 후대 사람들이 그를 추앙하는 가장 큰 원인은 충분히 쿠데타를 일으킬 수 있는 상황과 능력이 갖춰져 있었는데도 그렇게 하지 않았던 것 때문인지도 모른다.

결국 긴 세월 동안의 갖가지 비판과 역사의 모진 비바람, 그리고 현대 중국의 온갖 정치적 동란을 경험하고 나서 마침내 중국인들은 증국번이란 인물을 재발견하게 되었다.

증국번은 결코 '지주계급의 회자수劊子手'(군영에서 사형을 집행하던 사람-역자주)가 아니었다. 그는 중국인의 전통적 도덕과 가치관을 그대로 간직했고 이를 행동으로 실현했던 인물이었다.

서양의 저작물들이 이론만으로 되어 있어 실제와 동떨어진 공허한 면모를 보이고 있을 때에도 증국번의 학문은 실용적이고 실천적이었다. 중국인들이 증국번의 새로운 모습을 중시하는 이유도 바로 여기에 있는 것이다. 증국번은 당시에 이미 중국문화의 코드가 되어 있었다. 그의 모든 사고와 행위가 중국문화의 체현體現이었던 것이다. 한마디로 말해서 그는 중국인의 전통적 이상을 실현한 기인이라 할 수 있다.

동치 11년(1872년) 2월, 뒤뜰을 거닐던 증국번은 갑자기 다리가 저려 아들의 부축을 받으며 방으로 돌아와서 단정히 앉아 휴식을 취하던 중 조용히 세상을 떠났다.

그는 자신이 세상을 떠나고 100여 년의 세월이 지난 후에도 사람들이 자신에 대해 지대한 관심을 가지리라고는 생각지 못했을 것이다. 그렇다면 장구한 중국 봉건사회의 말기에 어떻게 그 같은 인물이 출현할 수 있었던 것일까?

황제가 지위고하를 다투지 않는 것처럼, 사람들은 이정과 주희를 성인의 반열에 올려놓고 추앙하면서도 그들을 모방하려 하지는 않는다. 또 제갈량 같은 어진 재상은 사당 안에 들어앉아 무수한 사람들의 공경을 받고 있고 음식과 제사를 향유하면서 신으로 추앙받고 있다. 이들과는 달리 증국번은 공경받을 만한 성현도 아니고 공양받을 만한 신도 아닌 평범한 인간, 그것도 세속의 명예와 이익을 한 몸에 체현했던 인간적인 사람일 뿐이다. 그런 그에게 오늘날 중국인들이 매료되는 이유는 무엇일까?

국내외적으로 어지러웠던 근세를 보내고 새로운 국가건설을 통해 활기로 가득한 신중국 시대를 열어가면서 중국인들은 이상적 모델로 삼을 만한 인격을 발견하지 못했다. 이로 인해 이지력理智力이 고갈되고 감정이 메말라버린 듯한 느낌을 지울 수 없었다. 그러다가 문득 고개를 돌려 그동안 잊고 있던 만족 왕조인 청대의 역사에서 정신적 지주로 삼을 만한 인물을 찾기 시작했고, 마침내 증국번이란 인물을 발견해낸 것이다. 중국인들은 그의 생애를 통해 이상적 인생에 대한 답을 제시했고, 중국인들의 가슴에 이상적 모델로 기억되고 있다.

# 7 | 충신이 좋은 신하인가

예로부터 중국에는 "충신은 두 군주를 섬기지 않고 열녀는 두 지아비를 섬기지 않는다"라는 말이 있다. 얼핏 듣기에는 맞는 말 같다. 그러나 중국의 속담 가운데 "훌륭한 새는 나무를 가려 둥지를 틀고, 훌륭한 신하는 군주를 가려 섬긴다"라는 말도 있다. 이 두 속담은 상반되지만 나름대로 타당성을 지니고 있어 어느 것이 옳고 그른지 판가름하기가 쉽지 않다. 절대적으로 옳거나 그른 속담은 없다고 하는 것이 정확한 말일 것이다.

도원결의의 주인공인 관우는 의인의 전형이었다. 조조는 높은 관직과 후한 봉록을 내리고 미녀와 재물을 보내면서 회유하려 했지만 그는 조금도 동요되지 않고 오로지 의형제인 유비의 행방을 찾는 데 여념이 없었다. 그리고 온갖 어려움과 우여곡절을 겪은 끝에 마침내 의형인 유비를 찾는 데 성공했다. 관우가 후세 사람들에게 칭송과 추앙을 받게 된 주된 이유는 사람들이 그를 도덕적 영웅이자 '의'의 화신으로 간주하기 때문일 것이다.

그렇다면 '의'란 무엇인가? '의'는 약속을 천금같이 여기는 데서 나오고 "말에는 반드시 신의가 있어야 하고 행동에는 반드시 열매가 있어야 한다"는 명제를 실천하는 것이다. 인간의 품성 수양에 있어서 '의' 혹은 '의기'를 중시하는 것은 대단히 바람직스러운 미덕이다. 한 번 약속한 것은 반드시 지키고 정의를 위해 모든 것을 버릴 줄 아는 군자는 수없이 뜻을 뒤집으면서 사사로운 이익만 도모하는 소인들과는 차원이 다른 존재인 것이다.

그러나 '의'를 추구하는 과정에서 사태의 추이에 따른 임기응변을 모르고 '대의'를 위해 개인적 '소의'를 희생할 줄 모르는 것은 그리 바람직한 태도가 못 된다. 그래서 맹자는 "한 번 내뱉은 말도 반드시 지켜야 하는 것은 아니고 행동에서 반드시 열매가 있어야 하는 것은 아니다"라고 하여 정반대의 의견을 제시했던 것이다. 이를 현대적 의미로 해석하자면 원칙을 지키되 상황에 따른 구체적 분석과 대응이 뒤따라야 한다는 견해로 받아들일 수 있을 것이다. 맹자의 견해를 실제 행동으로 옮겼던 무수한 중국의 인물들 가운데 당唐나라의 명신名臣 위징만큼 적절하고 깊이 있게 실천한 사람도 없을 것이다.

위징이 태어난 북주北周 정제靜帝의 대상大象 2년(580년)은 천하가 큰 혼란에 처해 있던 시기였다. 위징의 부친도 박학다식한 인물로서 수 왕조에서 지방관을 지냈지만, 너무 일찍 세상을 떠나는 바람에 위징은 어려서부터 매우 빈궁한 생활을 해야 했다. 그렇지만 위징은 가슴속에 큰 뜻을 이루고 말겠다는 웅지를 품고 있었다. 이를 위해 그는 각고의 노력으로 독서에 힘을 썼고 학문과 정치적 재능의 기초를 착실히 닦았다.

## 대의를 위해 소의를 희생하라

수나라 양제의 황음무도荒淫無道한 정치가 전개되면서 각지에서 영웅호걸들이 기병하여 수 왕조에 대항하기 시작하자, 위징은 먼저 원보장의 기의군에 참여했다. 나중에 위징의 사람됨을 잘 아는 또 다른 기의군의 수령인 이밀李密이 그를 막하로 불러들여 군중의 문서를 관장하게 했다. 이때 그의 나이 서른여덟이었다.

당시 이밀의 와강군은 세력이 막강하여 수 왕조의 주요 양곡 창고인 하남의 낙구창과 회락창, 여양창 등을 점령한 후 창고를 개방하여 굶주린 백성들을 구제함으로써 기의군의 전성시기를 맞았다. 그러나 수나라의 대장인 왕세충이 낙양을 지키기 위해서 기의군과 목숨을 건 사투를 벌였다. 위징은 기의군의 부족한 점을 냉정하게 파악하여 이밀에게 간언을 올렸다.

"기의군이 계속 승리하고 있긴 하지만 잃은 것도 적지 않습니다. 군대를 운영하는 비용도 넉넉지 않고 비축된 물자도 한계가 있지요. 따라서 지금으로서는 무모하게 공격하는 것보다 적군의 군량이 떨어져 철수를 시작할 때쯤 추격하여 무찌르는 것이 바람직할 것 같습니다."

그러나 이밀은 속전속결을 주장하며 대규모 공격에 나섰고 왕세충의 화공에 처참하게 패했다. 추격을 받던 이밀의 패잔 병력은 이연李淵에게 투항했다. 처음에 이연에게 중용되었던 이밀은 나중에 보잘것

없어지게 되었다. 이에 앙심을 품고 다시 낙양으로 돌아가 군사를 모으고 기병하여 이연에 대항했지만 얼마 후 대패하여 죽고 말았다.

위징은 이연의 이당李唐 정권에 희망이 있다고 판단하고 이연을 찾아가 자신을 받아들여줄 것을 요청했다. 당 왕조의 신하가 된 위징은 나중에 이연의 동의를 얻어 군주의 예를 갖춰 이밀을 위해 성대한 장례를 치러주고 「당고형국공이밀묘지명唐故刑國公李密墓志銘」이란 제목의 제문을 지어 그를 유방에게 패한 항우에 비유하며 공적과 인품을 서술했다. 문책을 두려워하지 않고 자신이 전에 섬기던 군주를 애도하는 충심을 보고 모든 사람들이 위징을 칭송했고, 그가 이밀을 배반하고 이연에게 투항한 것이 아님을 인정했다.

나중에 위징은 기의군의 수령이었던 두건덕의 권유와 협박에 못 이겨 1년 반 동안 그의 군중에 있다가, 얼마 후 두건덕과 왕세충이 모두 이연의 아들 이세민에게 패하자 다른 사람들과 함께 또다시 이연에게 귀의했다.

원래 위징은 이밀의 잔존부대를 이끌고 당에 귀순한 공로가 있긴 했지만 협박에 못 이겨 1년 반 동안 농민군의 대오에 들어가 있었기 때문에 또다시 당 왕조에 중용되기는 어려웠다. 태자 이건성은 위징이 유능하고 인품을 갖춘 인물이라는 소문을 듣고 그를 불러다 도서와 경적을 관리하는 세마라는 작은 관직을 주었다. 이 시기에 위징은 문장으로 어느 정도 이름을 떨치긴 했지만 실제로는 아무런 역할도 하지 못했다. 단지 이건성에게 병력을 이끌고 나가 유흑달을 공격함으로써 군공을 세우고 몰래 호걸들과 교우하도록 건의한 것이 전부였다. 태자는 그의 건의를 받아들여 만족할 만한 성과를 거두었다.

이당 정권이 천하의 대세를 장악한 후 이세민은 '현무문 정변'을 일으켜 형인 태자 이건성과 동생인 제왕齊王 이원길을 죽이고 스스로 태자가 되었다. 이세민도 위징이 보통 인물이 아니라는 사실을 알고서 그를 불러놓고 말했다.

"그대는 무엇 때문에 우리 형제 사이에 끼어들었던 것이오?"

워낙 교언영색巧言令色을 모르는 위징은 사실 그대로 대답했다.

"사람에겐 누구나 주인이 있기 마련이지요. 만일 태자께서 제 말을 들었다면 오늘 같은 결과가 발생하진 않았을 것입니다. 제가 이건성에게 충성을 다한 것이 무슨 잘못이 있단 말입니까? 관중도 환공의 허리띠를 활로 쏘아 맞춘 적이 있지 않습니까?"

이세민은 위징의 솔직하고 일리 있는 대답을 듣고는 대담한 기백에 감복하여 그를 즉시 사면하고 주박主簿으로 봉했다. 이로써 위징은 더 이상 주인 없이 떠돌지 않게 되었다.

이세민은 황제로 즉위하자마자 위징을 간의대부로 승관시켰는데, 매우 합리적이고도 당연한 조치였다. 당 태종은 다른 사람의 의견에 기꺼이 귀를 기울이는 겸허하고 소박한 태도로 위징의 명성을 창조해냈고, 위징은 황제의 비위를 거스르면서까지 직간을 서슴지 않아 태종이 간언을 받아들이게 했다. 위징이 간언한 것과 태종이 이를 받아들인 것은 중국 역사에 보기 드물게 아름다운 미담으로 전해진다.

그 당시 간의대부라는 직책은 전문적으로 황제에게 의견을 제시하는 것으로, 보잘것없는 것 같으면서도 대단히 중요한 역할을 하는 지위라는 특징을 갖고 있었다. 간의대부가 아무런 권한도 없으면서 막강한 권력을 발휘할 수 있었던 것은 황제가 간의대부의 의견을 얼마나 잘 받아들이느냐 하는 데 달려 있었다.

태종이 위징을 간의대부로 임명한 것은 그의 능력을 인정하는 동시에 그의 사람됨을 존중하고 신임한다는 사실을 의미했다. 그 후로 위징은 상서승으로 승관하여 태종의 일거수일투족을 수행하면서 수시로 간언을 올렸다.

국가를 다스리는 주요 방법으로 위징은 부세와 요역을 가볍게 하고 백성들을 최대한 쉬게 할 것을 주장했다. 그는 수 왕조가 멸망한 원인이 부세가 무겁고 요역이 많아 백성들을 지치고 피곤하게 한 데 있다고 생각했다. 따라서 정관 연간에는 조정에서 부과하는 부세와 요역이 전에 비해 월등히 가벼워졌고, 이것이 사회안정과 경제발전에 중요한 기초가 되었다.

## 공정과 인으로 설복시키다

태종이 막 즉위하고 천하가 간신히 안정 국면으로 접어들기 시작했지만 온갖 병폐가 여전히 백성들을 괴롭히고 있었다. 어느 날 태종이 위징에게 물었다.

"현명한 군주가 나라를 잘 다스리려면 100년의 세월은 필요하지 않겠소?"

"성명成名한 사람이 나라를 다스리는 것은 소리가 메아리가 되어 돌아오는 것과 같습니다. 1년이면 충분히 효과를 볼 수 있고 3년이면 너무 늦습니다. 그런데 100년을 기다릴 이유가 어디 있겠습니까?"

상서우복야 봉덕이가 나서서 말을 받았다.

"자고이래로 인심은 강물과 같아서 세월이 지나면 간사해지기 마련입니다. 진秦이 가혹한 형벌을 쓰고 한이 패도를 이용했던 것은 인심을 교화하는 데 성공하지 못했기 때문이지요. 위징은 지금 서생의 기질을 만족시키는 방법으로 나라를 다스리려 하는데 결코 성공하지 못할 것입니다."

위징도 지지 않았다.

"대란이 휩쓸고 간 다음에는 나라를 다스리는 것이 오래 굶주린 사람이 먹을 것을 찾는 것처럼 아주 빨리 이루어집니다. 만일 인심이 물처럼 위에서 아래로만 흐른다면 지금 살아 있는 사람들은 오래전에 귀신이 되었을 텐데, 어떻게 치국을 얘기할 수 있겠습니까? 황제의 도를 행하면 황제가 되고, 왕도를 행하면 왕이 되는 것이지요. 대업은 사람의 행하는 바에 달려 있는 것이지 백성들을 교화시킬 수 있느냐의 여부에 달려 있는 것이 아닙니다."

태종은 위징의 의견을 받아들여 적극적으로 효과적인 조치들을 취한 결과, 3년도 안 돼서 대당제국은 태평성대를 누릴 수 있게 되었다.

법령 집행에 있어서 위징은 정확하면서도 관대한 처리를 주장했다. 그는 가혹한 형벌을 반대하면서 사사로운 감정에 얽매이지 않는 정확한 법률의 적용을 강조했다. 한번은 태종이 노조상을 교주자사로 임명했는데, 노조상은 처음에는 이를 수락했다가 얼마 후 병을 핑계로 부임을 거부했다. 태종이 직접 만나 다시 권유해봤지만 받아들이지 않았다. 태종은 몹시 화가 나서 그를 곧장 죽여버렸다. 나중에 태종은 자신의 처사가 지나쳤다고 후회하며 모든 일을 법률에 따라 처리해야겠다고 생각했다. 이때 위징은 북제의 황제였던 고양이 매사에 자신과 상대방의 입장을 동시에 생각하면서 처신했던 사례를 들어 태종을 비판했고, 태종은 그의 충언에 고개를 끄덕였다.

태종이 진왕秦王으로 있을 당시의 부하였던 복주자사 방상수는 태종의 위세를 믿고 부패행위를 저질러 고소를 당했고, 추궁 끝에 뇌물을 받은 것이 드러나 관직을 박탈당했다. 그러자 방상수는 태종에게 선처를 호소했고 태종은 옛정을 생각하여 그에게 비단 100필을 보내주고 다시는 부패행위를 저지르지 않겠다는 약속을 받아낸 다음 자사의 관직을 계속 유지하게 했다. 위징이 이 사실을 전해 듣고 태종에게 말했다.

"방상수가 엄연히 죄를 범했는데도 폐하께서는 오히려 후한 상을 내리시고 관직을 유지할 수 있게 하셨습니다. 이는 사사로운 정으로 법률을 파괴하는 행위입니다. 폐하께서 진왕으로 계실 당시의 부하들이 적지 않은데, 이들이 모두 방상수처럼 범죄를 저지른다면 그때는 어떻게 하시겠습니까? 상을 내릴 때는 소원한 사람들을 잊지 말고, 징벌을 내릴 때는 가까운 신하와 귀족들과의 정을 염두에 두지 말아야 합니다. 모든 상벌은 공정과 인仁을 원칙으로 해야만 사람들을 설복시킬 수 있을 것입니다."

위징의 강경한 주장에 태종은 동의하지 않을 수 없었다.  ·

위징은 또한 백성들에게 믿음을 사기 위해선 말을 번복해서는 안 된다고 역설했다. 당 왕조의 정책은 애당초 열여덟 살 이상의 남자만 병역에 징집되도록 규정하고 있었다. 한번은 태종이 변경을 수비할 병력을 징집하기 위해 열여섯 살 이상의 남자는 전부 징병에 응하라는 명령을 내리려 하자 위징이 제지하고 나섰다.

당시의 규정에 따르자면 황제의 명령은 조정의 대신들이 만장일치로 서명해야만 효력을 발휘할 수 있었다. 위징은 태종의 방침이 당조 이전의 법령과 상치하며 백성들을 지나치게 혹사시키는 조치라 판단하고 여러 차례 서명을 거부했다. 태종이 위징을 불러 화를 내며 어째서 황제의 조령에 서명을 거부하느냐고 다그쳤다. 위징은 차분한 어투로 대답했다.

"연못을 말려 물고기를 잡고 수풀을 태워 사냥을 하는 것은 닭을 잡아 계란을 꺼내는 것과 마찬가집니다. 병력은 수를 늘리는 것보다 정예병으로 훈련시키는 것이 더 중요한 법인데, 어째서 나이도 안 찬 사람들을 징병하시겠다는 말씀입니까?"

그러자 태종은 자신이 백성들에게 신뢰를 잃은 일을 한 적이 있느냐고 따져댔고 위징은 무수한 사례를 들어 태종의 입을 막아버렸다. 결국 태종은 위징의 의견에 따르지 않을 수 없었다. 아울러 태종은 자신이 쉽게 감정에 좌우된다는 사실을 깨닫고 주위의 대신들에게 특별히 자신이 편협하거나 격정에 치우쳐 결정을 내리면 바로잡아서 조정의 제도를 올바로 이끌어줄 것을 당부했다.

태종은 이전에 없었던 새로운 제도를 제정하여 간관과 사관들에게 정사를 논하는 회의에 참여하게 했다. 이러한 제도는 간관과 사관들이 조정에서 일어나는 일들에 대해 간언을 올리게 하여 재상이나 대신들이 정무를 소홀히 다루지 못하게 하는 효과를 거두었다. 아울러 회의석상에서 황제건 대신이건 간에 과실이나 부당한 행위가 있을 경우 간관이 그 자리에서 이를 지적하고 변론을 할 수 있도록 규정했다. 또한 사관은 황제와 대신들의 상황을 정확히 이해하여 일차적인 자료에 근거하여 기거주起居注(황제의 생활을 자세히 기록한 글 – 역자주)를 작성함으로써 감독기능을 할 수 있었다.

위징은 상대적으로 관대하고 자유로운 환경에서 간관의 직책을 수행할 수 있었고, 그가 올리는 간언의 내용은 치국과 군정과 같은 대계에서 황제의 일상생활에 이르기까지 미치지 않는 곳이 없어서 태종의 '정관지치貞觀之治'[8]를 실현하는 데 결정적인 영향을 미쳤다.

인재의 활용에 있어서 위징은 시대의 차이에 따라 인덕과 능력을 달리 선택해야 한다고 주장했다. 위징이 태종에게 말했다.

"천하가 안정되지 않았을 때는 사람을 쓸 때 능력을 중시하고 덕행과 행실을 덜 고려해야 하지만, 천하가 평정된 이후에는 재덕을 겸비한 인재들을 중용해야 합니다."

위징이 제시한 원칙에 따라 태종은 안으로는 황족이나 권세가들의 천거를 기피하지 않았고 밖으로는 원수를 중용하는 일도 꺼리지 않았다. 한번은 태종이 위징에게 말했다.

"관리를 선택하여 임용할 때는 경솔하게 개나 소나 함부로 발탁해서는 안 될 것이오. 군자를 중용하면 수많은 군자들이 함께 따라오겠지만, 소인배를 중용하면 소인배들이 마구 몰려들 것이기 때문이오."

## 사람을 거울로 삼으면 득실을 안다

또한 개인의 향락에 있어서도 위징은 태종의 일거수일투족을 철저하게 감독하면서 간언을 게을리 하지 않았다. 일례로 태종이 추진하던

---

8 당나라 태종의 연호인 정관 시대에 이룩한 빛나는 정치를 일컫는 것으로, 중국의 황금시대로 꼽힌다.

대규모 토목공사의 문제를 지적하며 적극적으로 저지한 일도 있었다. 한번은 태종이 남산으로 사냥을 나가려고 수레를 준비해놓았다가 이를 취소한 일이 있었다. 위징이 그 이유를 묻자 태종이 말했다.

"원래는 사냥을 나가고 싶었지만 그대에게 야단맞을 일이 두려워 포기한 것이오."

정관 4년(630년), 태종이 낙양궁을 축조하려 하자 중모현中牟縣의 현승인 황보덕참이 이를 저지하는 상소를 올렸는데, 그 말이 매우 거칠었다. 태종은 이에 격분하여 황보덕참을 처벌하려 했지만, 위징은 상소문의 언사가 격렬하지 않으면 군주의 마음을 움직일 수 없다고 설득하여 태종의 분노를 가라앉힐 수 있었다. 또한 태종은 하남과 섬서 일대에 폭우가 내려 큰 수재가 발생했는데도 낙양에 정산궁을 수축하려 한 일이 있었다. 이 소식을 들은 위징이 한걸음에 달려와 태종에게 간언했다.

"수나라가 빨리 망했던 주된 원인은 양제가 정자와 누대를 축조하는 등 대규모 공사로 백성들의 요역을 가중시켜 민중이 봉기했기 때문입니다. 현재 있는 궁전과 누대만 해도 다 사용하지 못할 정도로 많습니다. 수 왕조의 멸망을 생각한다면 이 누대와 궁전들을 부숴버려도 시원치 않을 것이고, 아까워서 부수지 못한다면 더 이상 짓지 않는 것이 마땅합니다. 천하를 얻을 때의 어려움을 잊고 궁전을 확대하고 신축하여 화려함과 향락을 추구하느라 백성들의 노역을 가중시킨다면 수나라와 똑같은 길을 걷게 될 것입니다."

태종은 위징의 간언을 받아들여 궁전의 수축을 중지하고 자재를 전부 수해지역으로 보내 백성들의 주택 건축에 사용하게 했다.

정관 12년(638년), 공경대부들이 태종에게 태산에 올라가 '봉선대례 封禪大禮'[9]를 거행할 것을 권했으나, 위징만은 봉선대례를 행할 때가 아니라며 이에 반대했다. 태종이 위징에게 말했다.

"그렇다면 그대의 생각을 한번 말해보시오. 혹시 내 공로가 아직 부족하다는 것이오? 아니면 내 덕행이 순후淳厚하지 못하단 말이오? 그것도 아니면 나라가 태평하지 못하고 변방의 이민족들이 대당제국을 우러러 보지 않는다는 것이오? 나라가 두루 태평하고 길한 징조가 가득하며 농사도 해마다 풍작을 이루는데 봉선대례를 행하지 못할 이유가 어디 있단 말이오?"

"폐하의 공로가 아무리 높다고 해도 백성들은 아직 폐하의 은덕을 느끼지 못하고 있고, 폐하의 덕행이 아무리 순후하다 해도 폐하의 덕정이 전국에 두루 미치지는 못하고 있습니다. 전국이 안정되긴 했지만 사업을 흥성시키기 위한 자원은 부족한 상태입니다. 변방의 이민족들이 폐하의 높으신 뜻을 우러르고 있긴 하지만 조정은 그들의 요구를 만족시킬 능력이 없습니다. 길한 징조가 많이 나타나긴 하지만 법은 여전히 엄격하고, 몇 년째 계속 풍작이 이어지고 있긴 하지만 양곡 창고는 비어 있는 상태입니다. 이것이 아직은 봉선대례를 거행할 수 없는 이유이지요.

제가 사람을 비유하여 말씀드리겠습니다. 10년째 중병으로 누워 있

---

9 중국의 제왕이 천지에게 제사지낸 의례. '봉'이란 옥으로 만든 판에 글을 적어 돌로 만든 상자에 봉한 후 천신에게 비는 일이고, '선'이란 토단을 만들어 지신에게 비는 일이었다. 진秦나라 시황제가 처음 시행했고, 한나라 무제 때부터 대규모 정치적인 제사가 되어 천하태평의 공훈을 보고하고 국가의 영속을 기원하는 의례가 되었다.

다가 간신히 치료되어 피골이 상접해 있는 사람에게 쌀 한 가마니를 들고 매일 100리 길을 걸으라고 한다면 금세 쓰러질 것이 분명합니다. 수나라의 대란이 10년간이나 지속되다가 폐하께서 전국의 혼란한 국면을 바로잡으신 것이 엊그제 일이라 국고가 아직 충실하지 못한데, 벌써 대업이 이루어졌다며 만천하에 알리는 것은 적절치 못하다고 생각합니다.

게다가 폐하께서 친히 태산으로 행차하신다면 각국의 사절들도 그곳으로 집결해야 하는데, 그러려면 서둘러 먼 길을 달려와야 합니다. 지금 서쪽의 이수와 낙수 유역에서 동쪽의 태산에 이르는 길에는 도처에 산과 강은 물론이요, 늪지대와 황무지가 분포해 있고 도로사정이 열악하여 통행이 여간 어려운 것이 아닙니다. 그런데 어찌 이민족 사절들을 불러들여 우리나라의 허약한 모습을 보여주려 하십니까? 그들에게 많은 재물을 상으로 내린다 해도 만족시키기 어려울 것이고, 2년치 요역과 부세를 면제해준다 해도 백성들의 노고를 덜기 어려울 것입니다.

더구나 가는 길에 날씨가 순조롭지 못해 재해를 만나게 된다면 이 일에 복역하는 민부들 사이에 불만과 원성이 일어날 것이고, 그때 가서는 후회한다 해도 손해를 만회하기 어려울 것입니다. 어찌 이것이 폐하의 봉선대례를 막으려고 획책하는 것이겠습니까? 천하의 만백성이 모두 폐하의 은덕을 갈망하고 있다는 것을 아셔야 합니다."

태종은 위징의 간곡한 설득에 결국 태산에서의 봉선대례 계획을 중단시켰다.

또 태종이 장안을 떠나 낙양의 현인궁에 갔을 때 그곳에서 바치는 음식과 물건이 미흡하여 마음에 들지 않아서 몹시 분개한 적이 있었다. 위징은 태종의 이런 태도가 계속되다간 안 좋은 일이 생기기 십상이라 생각하고 망설임 없이 태종에게 직간했다.

"양제는 한없이 향락을 추구하다가 멸망하고 말았습니다. 지금 폐하께서 물건들이 마음에 들지 않는다고 역정을 내시면 아랫사람들은 앞으로 폐하를 만족시키기 위해 바칠 물건을 구하는 데 최선을 다하려들 것입니다. 물건에는 한계가 있지만 사치욕은 무한한 법이지요. 이러다가는 수나라의 치욕을 되풀이하게 될 것입니다."

태종은 위징의 지적에 두려워하며 검약한 생활에 만족하게 되었다.

위징은 태종의 인격수양 문제도 매우 중시했다. 한번은 위징이 겁없이 직간을 올렸다.

"윗사람들의 행실이 바르면 명령하지 않아도 저절로 이행되지만, 윗사람의 행실이 바르지 못하면 명령을 내려도 복종하지 않는 법입니다."

위징은 순자의 말을 인용하면서 간언을 계속했다.

"군주는 배이고 백성은 물입니다. 물은 배를 띄우기도 하지만 배를 뒤집기도 하지요."

위징의 말에 놀란 태종은 이를 마음에 새기고 태자에게도 전하면서 절대 잊지 말 것을 당부했다. 그리고 난 뒤 태종이 위징에게 어떻게 해야 '혼군昏君'(사리에 어둡고 어리석은 임금-역자주) 되지 않고 '명군明君'이 될 수 있느냐고 물었다. 그러자 위징은 수조 때의 대신이었던 우세기의 이야기를 들려주었다. 우세기는 양제의 비위를 맞추기 위해 듣기 좋은 말만 하고 귀에 거슬리는 말은 전혀 하지 않았으며, 희소식만 전하고 안 좋은 소식은 일절 전하지 않았다. 위징은 "두루 폭넓게 들으면 밝아지고, 편벽되게 들으면 어두워진다"는 유명한 결론으로 태종의 물음에 답했다.

위징의 진면목을 보여주는 사례 중에서도 가장 유명한 것은 충신忠臣과 양신良臣에 관한 변론이다. 한번은 태종이 다른 대신들의 참언讒言을 그대로 믿고 위징이 자신의 친척을 싸잡아 비난했다고 나무랐다가, 위징의 해명을 듣고서야 자신이 잘못 생각했음을 깨달은 적이 있었다. 위징은 이런 기회를 놓치지 않고 태종에게 말했다.

"폐하께서 저를 충신이 되게 하지 마시고 양신이 되게 하시면 좋겠습니다."

"충신과 양신이 어떻게 다르다는 게요?"

"차이가 아주 크지요. 양신은 훌륭한 명성을 누릴 뿐만 아니라 군주에게도 훌륭한 위망威望을 가져다주어 자손만대에까지 이어지게 하는 데 비해 충신은 결국 미움을 받아 죽기 십상이고 군주에게는 혼군이라는 악명을 남겨주며 나라를 망치고 말지요. 결국 충신이 얻는 것은 공허한 이름뿐입니다."

위징의 말에 크게 감동한 태종은 연신 그를 칭찬하며 비단 500필을 상으로 내렸다.

물론 태종도 인간이라 위징의 간언을 항상 기쁜 마음으로 받아들인 것은 아니었다. 때로는 몹시 분개했고 심지어 그를 죽이려는 마음을 먹은 적도 있었다. 한번은 태종이 헌상된 매 한 마리를 받고 좋아하면서 이를 팔 위에 올려놓고 놀고 있었다. 그러다가 멀리서 위징이 다가오는 것을 본 태종은 몹시 긴장하며 위징이 이를 보거나 울음소리를 들을까봐 서둘러 매를 품속에 감췄다. 그 모습을 다 보고 있던 위징은 태종이 하찮은 것에 마음을 빼앗기지나 않을까 걱정하여 일부러 정사를 보고하는 척하며 시간을 끌었고, 결국 매는 태종의 품속에서 질식사하고 말았다. 위징이 물러가자 태종은 재빨리 품속에서 매를 꺼냈지만 이미 죽은 뒤였다. 태종은 이 일에 몹시 기분이 상했지만 아무 말도 하지 못했다.

위징이 늙어서 병으로 눕게 되자 태종은 수차례 사자를 보내 병세를 묻고 약을 보내주었다. 또한 태자를 대동하여 직접 문병을 하기도 했고 형산 공주를 위징의 아들 위숙옥에게 출가시키기도 했다. 위징이 세상을 떠나자 태종은 조정의 9품 이상 관원들에게 전부 조문하도록 지시하고 그를 기리는 비문을 친히 써서 돌에 새기기도 했다. 그것으로도 위징에 대한 그리움을 달랠 수 없었던 태종은 좌우 대신들에게 유명한 말을 던졌다.

"사람들은 의관을 바로 보기 위해 구리로 거울을 만들지만, 옛것을 거울로 삼으면 왕조의 교체를 볼 수 있고 사람을 거울로 삼으면 정사의 득실을 알 수 있다. 이제 위징이 세상을 떠나고 나니 짐에겐 거울이 하나 없어진 셈이로구나!"

사람들은 흔히 "충신은 두 임금을 섬기지 않고 열녀는 두 지아비를 섬기지 않는다"라고 말한다. 이런 관점에서 본다면 위징은 충신도 아니고 열녀도 아니다. 그러나 그는 천고에 길이 남을 양신임에 틀림이 없다. 그는 개인의 명리를 위해 황제와 조정의 비위를 맞추려 애쓰지 않았기 때문이다. 그의 마음속에는 위로는 군주를 편안하게 하고 아래로는 백성들을 행복하게 해야 한다는 한 가지 원칙밖에 없었다. 누구나 행할 수 있는 '작은 충성'이 아니라 큰 사람만이 행할 수 있는 '큰 충성'을 보여주었던 것이다.

맹자는 일찍이 은나라 주왕이 시해당했던 사건에 대해 "주라는 한 사내를 죽였다는 얘기는 들었어도, 군왕을 시해했다는 얘기는 들어보지 못했다"라고 하여 나라에는 충성을 다하되 군주에게는 충성을 다할 필요가 없고, 백성들에게 충실하되 사람들에게 충실할 필요는 없다는 원칙을 분명히 한 바 있다. 이런 관점에서 보아도 위징의 충정은 유가에서 말하는 성인에 가깝다고 할 수 있을 것이다.

# 8 섬김에도 기술이 필요하다

중국 봉건 왕조시대의 관료사회에서는 '죽어야 할' 이유가 너무나 많았다. 상관의 심기를 거스르면 반드시 죽어야 했고, 충성으로 나라의 은혜에 보답해도 죽어야 했다. 이것이 "높은 곳에서는 추위를 이길 수 없다"는 이치이다. 한대의 명장 주아부周亞夫는 일편단심으로 황제에게 충성을 다했고 탁월한 공적을 세웠던 인물이지만, 군주를 섬기는 기술이 부족했던 까닭에 억울하게 옥중에서 굶어 죽는 비참한 최후를 맞아야 했다.

주아부는 한 왕조의 개국공신인 장군 주발의 아들로서 명장의 후손이라고 할 수 있다. 그 역시 병법에 통달하고 군대의 통솔에 능했기에 명장이라고 할 수 있었다. 한 문제文帝의 후원后元 2년(기원전 162년)에는 조후에 봉해지기도 했다.

　기원전 166년, 흉노의 노상老上 선우가 14만 명의 기병을 이끌고 조나와 초관을 침략하여 북방의 여러 군과 현을 휩쓸고 감숙성 진원 동남쪽까지 쳐들어왔다. 흉노의 기병 정찰대가 한나라의 수도인 장안에서 300리 떨어진 곳까지 침투하자 조정의 대신들은 크게 놀랐다. 이런 상황에서 문제는 흉노를 달래면서 화친을 준비를 하는 한편 적극적으로 싸울 준비도 서둘렀다. 그래서 주아부는 하내에서 관중關中으로 가서 장안을 호위하는 중요한 임무를 맡게 되었다.

　주아부가 유명한 장군이 된 것은 세류에 주둔하고 있을 때였다. 기원전 158년 흉노의 기병이 두 갈래로 나뉘어서 침입하였는데, 그 첨병이 태원군까지 들어오는 바람에 그 당시 봉화가 감천과 장안에까지 미쳤다고 한다.

　한漢 문제文帝는 영면을 거기장군으로 임명하여 호구를 지키게 하고, 소의蘇意를 장군으로 임명하여 구주를 지키게 하며, 장무를 장군으로 삼아 북지에 주둔하면서 방어하도록 했다. 동시에 장안의 동, 서, 북 3면에 중무장한 병력을 파견해서 흉노가 장안을 기습하는 것에 대비했다. 당시 장안의 병력을 살펴보면, 서려가 북쪽의 극문을 지키고 유찰은 패상을 지키고 주아부는 세류에 주둔하고 있었다.

　한 문제는 매우 근검하고 조심성이 많은 황제로서 중국 역사상 보기 드문 임금이었다. 신중을 기하기 위해서 그는 직접 서군과 북군을 시찰하였다. 가는 곳마다 온 군영이 떨치고 나와서 천자를 맞이했다. 문제는 이러한 광경을 볼 때마다 만약 지금 흉노가 쳐들어오면 어떻게 될까 못내 우려하곤 했었다. 그런데 주아부의 군영에 도착해서는 상황이 전혀 달랐다.

사마천의 『사기』의 「강후주발세가降侯周勃世家」에 당시의 상황이 자세하게 묘사되어 있는데, 그 대강의 내용을 소개하면 이렇다.


문제가 친히 군사들을 위문하기 위해서 패상과 극문의 군중에 이르렀는데, 수레가 궁문으로 곧장 들어가도 누구 하나 막는 자가 없었고, 장군 이하 여러 장수들이 모두 말을 탄 채 나와서 영접했다.

그러나 세류의 군영에 도착하자, 병사들이 모두 예리한 무기를 들고 갑옷 차림에 화살을 당기려 하고 있었다. 천자의 선발대가 문 앞으로 다가가자 즉시 군사가 막아서서 들어갈 수가 없었다. 그리하여 병사에게 "천자가 곧 도착하신다!"라고 말하자, 문을 지키던 도위는 이렇게 대답했다.

"군영에서는 오직 장군의 명령만 따르지, 천자의 어명도 듣지 말라고 장군께서 가르치신 바 있소."

잠시 후 천자의 수레가 도착했지만 도위는 문을 열어주지 않았다. 문제는 어쩔 수 없이 수하에게 천자의 징표를 갖고 주아부를 찾아가서 "천자께서 직접 군사들을 위로하려 하십니다"라고 전하게 했다. 주아부는 그제야 문을 열도록 명령했다. 문을 지키던 군관이 천자의 수하들에게 말했다 .

"장군께서 명령하기를, 군영 내에서는 그 누구도 수레와 말을 달릴 수 없다고 하였소. 명령을 어기는 자는 죽이겠소."

그래서 천자는 하는 수 없이 수하에게 말고삐를 잡고 천천히 가도록 했다. 영내에 들어가니 주아부가 무릎을 꿇고 영접하는 것이 아니라 갑옷 차림으로 길게 읍만 하면서 말했다.

"신하가 갑옷 차림이라서 큰 예를 올리지 못합니다. 다만 군대의 예의로 인사드립니다."

문제는 주아부의 이러한 정신에 감동해서 엄숙한 표정으로 경의를 표하고는 사람을 보내서 주아부에게 "짐이 정중히 장군을 위문하는 바이오"라고 말하게 했다. 위문이 끝나자 천자의 행차는 곧 떠나갔다.

수행하던 대신들은 이러한 광경을 보면서 모두 주아부의 안위를 걱정하며 손에 진땀을 쥐었다. 주아부가 나라를 지키면서 잘못한 점은 없지만, 황제에게 무례했고 다른 군영보다 황제에 대한 공경함을 갖추지 못했기 때문이었다. 그런데 한 문제는 주아부의 군영을 보고 나서 오히려 감동하여 말했다.

"그야말로 진정한 장군이다! 먼저 둘러보았던 패상과 극문의 주둔군은 주아부의 군영에 비하면 마치 애들 장난 같구나. 그 두 장군은 쉽게 기습당해서 포로가 될 수 있으나, 주아부 장군 같은 사람이라면 어느 누가 격파할 수 있겠는가!"

대신들은 문제가 주아부를 칭찬하자 비로소 마음이 놓였다.

문제는 주아부가 나라와 임금을 위하여 그렇게 하는 줄 알고 있었지만, 속으로는 너무 지나친 것이 아닌가 생각했다. 그래서 황제의 존엄성이 손상되고 자기의 허영심도 다친다면, 설사 그가 주아부를 중용하더라도 좋아하지 않을 것임은 당연한 일이었다.

다행히 문제는 명군이라서 주아부에 대한 불쾌한 마음이 있어도 감정을 억제한 채 나라의 이익을 위해서 드러내지 않았다. 심지어 임종 때 태자 유계劉啓에게 이러한 말을 남겼다.

"만약 나라에 위급한 일이 있을 때, 특히 반란이 생겼을 때는 주아부에게 중임을 맡길 만하다."

과연 경제景帝 초년에 조조가 번藩의 세력을 축소시킬 것을 제안하면서 불순한 마음을 먹고 있던 오, 초 등의 일곱 국가와 연합하여 반란을 일으켰다. 경제는 문제가 임종 때 남긴 말이 문득 떠올랐다. 그는 주아부를 태위로 임명하여 군사를 거느리고 반란을 평정하도록 했다. 주아부는 거절하지도, 겸양하지도 않으면서 묵묵히 임무를 받을 뿐 아무런 말도 하지 않았다.

경제는 반란군을 평정할 만한 장군을 찾게 되어 매우 기뻤지만, 한편으로는 주아부가 오만해서 젊은 황제를 존중하지 않는 듯한 느낌을 받았다.

주아부는 경제의 기대를 저버리지 않았다. 그는 반란군의 음모를 간파하여 다양한 계책으로 석 달 만에 오왕 유비를 죽이고 오초의 반란을 평정했다. 오초의 반란군 주력 부대가 패배하자, 다른 다섯 나라도 한나라 장수들의 공격에 패했다. 얼마 가지 않아서 반란에 참여했던 번왕들은 스스로 자살하거나 항복하여 죽임을 당했고 반란은 평정되었다. 반란을 평정한 주아부는 사람들에게 크게 치하를 받았을 뿐만 아니라 경제에게 중용되었다.

**물러날 때를 살펴라**

기원전 150년, 주아부는 승상으로 발탁되었다. 승상은 문관의 최고 직위로 천자를 도와 여러 가지 사무를 처리하기 때문에 그 권한과 책임이 대단했다. 하지만 조금이라도 잘못하면 쉽게 패가망신할 수 있어서 주아부 같은 성격의 사람이 오래 머물 자리가 아니었다.

가장 먼저 주아부의 손에 걸린 자는 양왕 유무였다. 유무는 경제와 더불어 두竇 태후가 낳은 자식으로서 형제가 둘뿐이었다. 두 태후는 작은아들 유무를 매우 총애해서 항상 상을 내렸다고 한다. 유무 역시 궁궐에 들어가면 경제의 수레를 맴돌았고 궁궐을 나서면 같은 수레에 앉아서 사냥에 나섰다고 한다. 그런데 이러한 인물이 공교롭게도 주아부와 등을 지게 된 것이었다.

양왕 유무가 주아부를 미워하게 된 것은 공적인 일 때문이었다. 당시 주아부는 반란을 평정하는 일을 책임지고 있었으므로 군대를 거느리고 하남 일대로 갔다.

그때 오나라와 초나라의 연합군은 전력을 다하여 양나라를 공격하고 있었다. 주아부와 그의 수하 장수들이 형세를 분석한 결과 오초 연합군의 기세가 등등해서 정면으로 대적하기가 힘들었다. 그래서 연합군이 양나라를 공격하도록 그대로 방치했다.

그러자 양왕은 경제에게 구원을 청하였고, 경제는 주아부에게 양나라를 지원하라고 명령했다. 그러나 주아부는 어명을 받들지 않고 대신 기병을 파견하여 오초 연합군의 군량 보급선을 차단했다. 오초 연합군은 오랜 공격으로 지친데다가 군량의 보급선까지 끊어지자 한나라 군사의 주력 부대와 결전을 벌이려 했다. 주아부는 방어 시설을 구축하면서 쉬고 있다가 일거에 오초 연합군을 격파했다. 그리하여 주아부는 반란군을 평정하긴 했지만 나라를 위하는 일에만 몰두할 뿐 자신을 보살필 줄 몰랐기 때문에 결국 양왕의 원한을 사게 되었다.

이 때문에 양왕은 조정에 들어갈 때마다 모친인 두 태후 앞에서 주아부의 허물을 들추면서 온갖 방법으로 그를 모함하려고 애썼다. 시간이 오래가면 가짜가 진짜가 되는 법인데, 양왕이 한 말이 전부 가짜는 아니었다. 사실에 대한 이해가 실제와 어긋났을 뿐이라서 두 태후도 점차 양왕의 참언讒言을 믿게 되었으며, 따라서 경제 앞에서 주아부를 모함하는 데 동조하게 되었다.

기원전 153년, 유영을 황태자로 봉하였는데, 그의 생모 율희가 점차 총애를 잃게 되자 경제는 유영을 폐하고 왕씨 황후의 아들 유철을 태자로 봉하려고 했다.

중국 봉건사회에서 태자를 세우는 것은 중요한 대사였다. 나라의 운명이 태자 한 사람의 손에 달려 있어서 조금이라도 소홀히 하면 큰 재난이 닥칠 수도 있기 때문이었다. 더군다나 장자를 폐하고 작은아들을 태자로 세우는 것은 일반적으로 허락되지 않는 일이었다.

갓 승상의 자리에 앉은 주아부는 태자가 아무런 과오도 범하지 않았는데 함부로 폐한다면 혼란을 가져올 것이라고 판단했다. 그는 성격이 곧은 사람이라서 아무런 기교도 없이 곧이곧대로 경제와 고집스레 다투었다. 결국 경제가 태자를 폐하고 세우는 것은 집안의 일이니 외부 사람이 참견하지 말라고 하자 주아부는 어쩔 수 없이 그만두었다. 주아부는 경제를 설득하지 못하였을 뿐만 아니라, 오히려 거만하고 황제를 멸시한다는 인상을 주어 경제에게 분노를 샀다.

기원전 147년, 두 태후는 경제에게 왕씨 황후의 오빠 왕신을 제후로 봉할 것을 요구했다. 왕씨 황후는 사람됨이 매우 간사해서 오로지 두 태후의 환심을 사는 데 전력하여 자신의 지위를 확고히 지키고 있었다. 그리고 외척을 제후로 봉하는 일이 선례가 없었던 것도 아니었다. 경제는 주아부가 동의하지 않을 것이라 생각해서 먼저 그를 설득하기로 했다. 과연 주아부는 반대하면서 이렇게 말했다.

"고조 황제는 여러 대신들과 피를 마시며 맹세하기를, '유씨가 아니면 왕으로 봉할 수 없고, 공로 없는 자는 제후로 봉할 수 없다. 이 규정을 지키지 않은 자는 천하가 다 함께 공격하라' 고 하셨습니다."

주아부가 고조 유방의 말을 빌리기만 했어도 괜찮았을 텐데, 거기다 직설적으로 덧붙였다.

"왕신이 황후의 오빠라고 하지만 아무런 공로도 없습니다. 만약 그를 제후로 봉한다면 고조가 정한 규약을 어기게 됩니다."

이 말은 경제를 매우 화나게 했다. 그러나 주아부의 말이 정당하고 빈틈이 없었기 때문에 경제 또한 함부로 화를 낼 수 없어서 묵묵히 속만 끓였다.

주아부는 왕신을 제후로 봉하는 일에 반대하여 경제와의 갈등이 더욱 심해졌으며, 왕신의 미움까지 사게 되었다. 양왕과 왕신은 매우 친한 사이였으므로, 주아부는 그들의 공동의 원수가 된 셈이었다. 결국 두 사람이 연합하여 안팎에서 주아부를 모함하게 되었다.

이 일이 있고 나서 얼마 후에 흉노 부락의 여섯 명이 와서 투항했다. 경제는 대단히 기뻐하면서 그들을 모두 열후列侯로 봉하려고 했다. 그 중 한 사람은 흉노에게 투항했던 한나라의 장수 노관의 손자인데 이름은 타지였다.

노타지가 기회를 틈타 남쪽으로 귀순하면서 이 여섯 명도 함께 귀순하게 되었던 것이다. 그러나 주아부는 노타지 등을 제후로 봉하는 데 동의하지 않았다. 그는 경제에게 이렇게 말했다.

"그의 선조는 한나라를 배신하고 흉노에게 투항하였습니다. 지금 그가 흉노를 배반하고 한나라에 투항하는데, 폐하께서 만약 이러한 사람을 제후로 봉한다면 어떻게 임금에게 충성하지 않는 신하를 꾸짖을 수 있겠습니까?”

경제는 이번에는 “승상의 제의는 받아들일 수 없소”라고 하면서 주아부의 건의를 거절하고 여섯 사람을 제후로 봉했다. 사실상 주아부의 제안은 옳고 그름을 가릴 수 있는 것이 아니었다. 이 일은 시아버지와 시어머니 말이 모두 맞는 격이라서 구체적인 상황에 따라 결정해야 할 일이었다. 경제가 주아부의 의견을 거절한 것은 전적으로 그의 말이 옳지 않아서가 아니다. 매사에 그의 말만 들을 수는 없으니 자신의 주장도 한번 세워보자는 반발심에서 나온 것일 수도 있다. 주아부는 경제가 자신의 말을 받아들이지 않자 병을 핑계로 사직했다. 경제도 더이상 만류하지 않고 그의 사임을 허락했다.

## 지나친 소신은 화를 부른다

일이 이 정도에서 끝났다면 괜찮았을 것이다. 주아부가 경제의 마음에 거슬렸지만 공로가 크고 명망도 높았기 때문에 경제가 그에게 마음을 놓을 수 없다는 문제가 있었다.

경제는 주아부를 불러서 그가 만족하고 있는지, 아니면 다른 야심을 품고 있는지 떠보려고 했다.

어느 날 경제는 주아부를 식사에 초청했다. 주아부는 관직에서 물러났으나, 아직 수도에 있었으므로 황제가 부르자 곧 궁궐로 들어갔다. 주아부는 궁중에 들어가서 경제가 홀로 앉아 있는 것을 보고 예를 갖추어 인사를 드렸다. 경제는 그와 몇 마디 인사를 나눈 뒤에 음식을 차리게 했다. 경제가 주아부와 같이 식사할 것을 권하자, 거절하기가 난

감했던 주아부는 순순히 응했다. 배석자 없이 단독으로 군주와 얼굴을 맞대고 있자니 당혹감을 감출 수 없었다.

그런데 상 앞에 다가가서 보니, 자기 앞에는 오직 술잔뿐이고 수저가 놓여 있지 않았으며, 오리고기라고 올라온 것도 큰 고깃덩이라서 도저히 먹을 수가 없었다. 주아부는 경제가 일부러 자신을 희롱하고 있다고 생각하고 화를 내려 했다. 그는 고개를 돌려 연회를 주관하는 관리에게 말했다.

"젓가락을 가져오너라!"

그 관리는 사전에 경제의 분부가 있었기 때문에 못 들은 척했다. 주아부가 다시 입을 떼려고 하자, 경제가 갑자기 끼어들었다.

"자네는 아직도 만족하지 못하는 건가?"

주아부는 그 말을 듣고 부끄럽기도 하고 분하기도 하여 좌석 아래 꿇어앉으면서 모자를 벗고 사죄했다. 경제는 그제야 "그만 일어나게"라고 말했다.

주아부는 일어나서 아무 말도 하지 않고 그 길로 돌아갔다.

며칠 후 갑자기 사자가 주아부를 찾아와서 궁궐로 들어와 대부對簿하라고 했다. '대부'란 사실을 따져 죄를 밝히는 것을 말한다. 주아부는 사자의 전갈을 듣자 죽음이 눈앞에 닥쳤음을 알았으나, 도대체 자신이 무슨 죄를 범한 것인지 갈피를 잡을 수가 없었다.

주아부가 궁궐로 들어오자 심문관이 그에게 편지 한 통을 주었다. 그런데 주아부는 그 편지를 보고도 두서를 잡을 수가 없었다. 일전에 주아부는 자신이 늙었다고 생각해서 아들에게 죽은 후 장례에 쓸 집기들을 준비하도록 했었다. 그래서 아들은 황실에서 쓰는 순장용 갑옷과 방패 500개를 준비하고 조정에서 사용하는 목재들을 사들이게 했다. 그런데 주아부의 아들이 인색해서 구입한 물품들을 사람을 시켜 옮기게 한 후에도 일당을 지불하지 않았다. 그러자 인부들이 황실용 기물을 몰래 구입하고 갑옷과 방패를 황제에게 바치지 않았다는 글을 올려 주아부를 모함한 것이었다.

경제는 상소를 보자 매우 분노하면서 이를 절호의 기회라고 여기고 주아부를 불러 대부하게 했던 것이다. 이런 사정을 모르고 있던 주아부는 어떻게 대답해야 좋을지 몰랐다. 그러자 심문관은 그가 불복하는 것으로 간주하여 경제에게 그대로 보고했다. 경제는 크게 화를 내면서 말했다.

"내가 왜 그의 대답을 기다려야 한단 말이냐!"

그러고는 주아부를 정위廷尉에게 넘겨서 심문하게 했다.

주아부가 투옥되자, 그의 아들이 깜짝 놀라 이유를 물었다. 영문을 알게 된 아들은 황급히 부친에게 사연을 알렸다. 아들의 설명을 들은 주아부는 아무 말도 없이 긴 한숨만 내쉴 뿐이었다.

정위가 모반을 하려고 했는지 따지자 주아부가 대답했다.

"내 아들이 구입한 물건들은 모두 장례에 쓸 것이오. 어찌 그것이 모반과 관련이 있겠소?"

주아부의 대답에 정위는 말문이 막혔다. 그러나 주아부를 사지로 몰려는 황제의 뜻을 잘 알고 있는 정위는 구실을 찾느라 전전긍긍했고, 결국 놀랄 만한 판결이 나왔다.

"그대가 살아서는 모반하지 않는다 해도 죽어서는 반드시 모반하게 될 것이다!"

이 말을 들은 주아부는 그제야 사태의 전말을 분명히 깨닫게 되었다. 죄를 뒤집어씌우자면 어찌 핑계를 찾지 못하겠는가? 그는 더 이상 할 말이 없었다. 투옥된 주아부는 닷새 동안 단식하다가 피를 토하고 죽었다. 일대 명장의 최후가 이토록 처참할 줄이야 누가 알았으랴! 주아부의 경제에 대한 충성심은 의심의 여지가 없었다. 다만 그의 지나칠 정도로 강직한 성격이 화를 불렀던 것이다. 군주를 섬김에 있어서도 기술이 필요한 이유가 여기에 있다.

# 9 간언을 경청하라

춘추전국시대 제나라에는 유명한 재상이 두 명 있었다. 하나는 환공 시기의 관중이고 또 하나는 경공 시기의 안영晏乩이다. 관중은 시대를 잘 타고난데다 군주를 잘 만나 환공을 도와 패업을 이룰 수 있었다. 그러므로 일반인의 시각으로만 보자면 그의 공업功業은 안영이 따라잡을 수 없었다. 안영은 관중 못지않은 지혜를 지녔음에도 불구하고 시대와 군주를 제대로 만나지 못해 제나라를 패망의 운명에서 구해내지 못했고, 자신의 이상도 실현할 수 없었던 비운의 지식인이자 정치가였다. 그러나 안영이 후대 사람들에게 남긴 교훈은 관중을 넘어서고 있다. 특히 그의 직언 및 간언諫言의 기교는 어느 책사도 따라가지 못할 것이다.

안영은 하루에 세 차례나 경공의 과실을 지적하기도 했는데, 이것이

‘일일삼과一日三過’이다.

어느 날 경공이 공부公阜에 가서 노닐다가 멀리 제나라의 북쪽 경내를 바라보며 탄식하듯 말했다.

“아! 옛사람들이 모두 지금까지 죽지 않고 살아 있다면 세상이 어찌 되었을까?”

“옛날 상제께서는 사람이 죽는 것은 좋은 일이라고 여겼습니다. 죽음이란 어진 사람에게는 영원한 안식이 되고, 어질지 못한 사람에게는 영원한 금지 조치가 되기 때문이지요. 만약 옛사람들이 모두 죽지 않았다면 정공과 태공이 제나라를 통치하고 있을 것이며, 환공, 양공, 문공은 그들을 보좌하고 있을 것입니다. 그러면 대왕께서는 삿갓에 갈의葛衣를 걸치고 농사나 지으셨을 것인데, 이렇게 유유자적하면서 죽음을 기피하실 수 있겠습니까?”

‘이자는 참으로 말을 할 줄 모르는 사람이로군!’

경공은 불쾌한 기색을 보이며 속으로 이렇게 생각했다.

잠시 후 양구거가 여섯 필의 말이 끄는 수레를 타고 나는 듯이 달려왔다. 경공이 물었다.

“저자는 누구인가?”

“양구거입니다.”

“그대는 사람을 보지도 않고 어떻게 양구거인지 아는가?”

“무더운 날씨에 아랑곳하지 않고 마차를 빨리 몰아대면 잘못해서 말이 죽을 수도 있습니다. 죽지 않는다 하더라도 몸을 상하게 되지요. 그런 일을 할 자가 양구거 말고 또 누가 있겠습니까? 때문에 누구인지 확인하지 않더라도 양구거임을 알 수 있지요.”

양구거는 경공의 총애를 입고 있었는데, 경공은 그가 무슨 일을 하든 나무라지 않았다. 그래서 안영이 이렇게 말한 것이었다.

경공이 다시 말했다.

"양구거는 나와 뜻이 가장 잘 맞고 말을 안 해도 서로 통하는 사람일세."

안영이 비꼬면서 말을 받았다.

"아닙니다. 그는 대왕과 마음이 잘 맞는 것이 아니라 애써 대왕의 비위를 맞추고 있는 것뿐입니다. 군왕과 신하 사이에는 분명한 역할이 있습니다. 장단을 맞추고 조화를 이루려면 군왕이 달다고 하면 신하는 시다고 하고, 임금이 싱겁다고 하면 신하는 짜다고 하여 서로를 보완함으로써 완벽을 추구해야 하지요. 그런데 양구거는 대왕께서 달다고 하면 자신도 덩달아 달다고 하니, 이것이 어찌 조화를 이루는 방법이라고 말할 수 있겠습니까?"

경공은 안영이 일부러 삐딱하게 말을 받는다고 생각하여 기분이 몹시 불쾌했다.

잠시 후 해가 뉘엿뉘엿 기우는데 갑자기 서쪽 하늘에 혜성이 나타났다. 이를 본 경공은 즉시 대신 백상건에게 명령하여 당장 제사를 올림으로써 혜성이 불러올지도 모를 재난을 방비하게 했다. 이에 안영이 말했다.

"소용없는 일입니다. 혜성은 하늘의 계시입니다. 해와 달 주위의 구름이 변하고 풍우가 그 때를 지키지 않으며 갑자기 혜성이 나타나는 것은 모두 인간 세상에 닥칠 재난을 감지한 하늘이 미리 흉조를 내보여 불경한 사람들에게 경고하고 인간이 해야 할 올바른 일을 일깨워주는 것입니다. 그런데 대왕께서는 하늘의 경고를 제대로 파악하고, 스스로의 잘못을 고치려 하기보다는 제사를 통해 해결하려 하십니다. 지금이라도 대왕께서 예악과 법도를 널리 세우시고 간언을 받아들여 덕정을 펴신다면 굳이 사람을 시켜 제사를 올리지 않아도 혜성은 저절로 사라질 것입니다. 그런데 지금 대왕께서는 주색에 빠져 쾌락만 추구하실 뿐 정사는 제대로 돌보지 않으시고, 소인배들을 가까이하며, 그들의 아첨에 혜안이 흐려져 광대들을 총애하고 계십니다. 또한 예악과 법도를 폐하고 어진 선비들을 배척하시니 어느 세월에 혜성이 사라지겠습니까? 설사 대왕께서 제사를 올려 이 혜성을 없앤다 하더라도 곧이어 또 다른 혜성이 나타날 것입니다."

이 말에 몹시 분노한 경공은 얼굴이 새파랗게 질려버렸다.

그러나 나중에 안영이 죽자 경공은 궁실에서 나와 등을 돌린 채 눈물을 흘리며 애도했다.

"아! 지난날 선생과 함께 공부에 나들이 나갔을 때 선생께서 하루에 세 번이나 과인을 질책했었소. 이제 누가 나서서 그렇게 과인을 꾸짖어줄 수 있을지 모르겠구려! 과인은 아직도 부족한 점이 많아 깨우침이 필요하거늘 내게 깨우침을 줄 사람이 아무도 없구려."


### 황제를 꾸짖다

경공에게는 수많은 결점이 있었지만 후대의 군왕들이 쉽게 따를 수 없는 장점을 하나 갖고 있었다. 안영이 격한 언사로 간언을 올렸을 때에도 그는 대체로 이를 받아들였고, 설사 그렇지 않았다 하더라도 최소한 그 자리에서 안영의 목을 베지는 않았다는 점이다. 군왕이 신하의 간언을 받아들여 스스로를 바로 세우려 한 점은 분명 높이 평가할 만하다. 이런 점에서 경공은 전통사회에서 덕치의 전범이라 하기에 충분한 것이다.

한번은 경공이 술에 취했다가 사흘이 지나서야 깨어났다. 이에 안영이 경공을 찾아가 물었다.

"대왕께서는 약주를 너무 많이 하시어 병이 나신 게 아닌지요?"

경공이 무안한 표정을 지으며 그렇다고 대답하자 안영이 말했다.

"옛사람들은 마음이 후련해질 정도로만 술을 마셨습니다. 덕분에 남자들은 무리지어 쾌락을 탐닉하느라 할 일을 망치는 적이 없었고, 여자들 또한 무리지어 즐기느라 길쌈에 방해가 되는 바가 없었지요. 남녀가 모여 함께 즐거움을 나눌 때도 서로 술을 권하되 다섯 번이면 족했고, 이를 넘기는 자는 처벌을 받기도 했습니다. 군왕이 된 자는 마땅히 백성들의 귀감이 되도록 노력해야 합니다. 그래야 밖으로는 정치에 불만을 토로하는 사람이 없게 되고, 안으로는 제멋대로 악행을 저지르는 사람들이 없게 되지요.

한데 최근에 대왕께서는 하루 동안 술을 마시고 사흘을 자리에서 일어나지 못하십니다. 그로 인해 밖에서는 나라를 다스리는 것에 대한 백성들의 원망의 소리가 그치지 않고, 안에서는 가까운 신하들이 나쁜 일을 꾀하고 있습니다. 대왕께서 계속 이러신다면 법을 준수하면서 스스로를 단속하는 사람들을 부추겨 마음대로 행동하게 할 것입니다. 또한 상을 받고자 노력하는 사람들은 선행을 하지 않게 될 것이며, 악행을 저지르는 자들은 국법의 지엄함을 비웃을 것입니다. 그러다 보면 군왕은 덕행으로부터 멀어지고, 백성들은 상벌을 하찮게 여겨 나라를 세운 뜻의 근본을 잃어버리게 되지요. 그러니 대왕께서는 부디 술을 절제하시기 바랍니다.”

또 하루는 경공이 노나라로부터 장인을 불러 신발을 만들게 했다. 황금으로 끈을 만들고 이를 다시 은으로 장식하여 구슬을 매달게 했다. 또한 좋은 옥으로 그 매듭을 짓게 했는데, 그 크기가 자그마치 한 자나 되었다.

음력 10월, 경공은 이 신발을 신고 조회에 나왔다. 안영이 조회에 나오자 경공은 자리에서 일어나 그를 맞으려 했지만 신발이 너무 무거워 제대로 걸음을 뗄 수가 없었다. 경공은 간신히 발만 쳐든 채 안영에게 말했다.

“바깥 날씨가 많이 차갑소?”

“대왕께서는 어찌하여 날씨가 춥냐고 물으십니까? 옛 성인들은 옷을 지을 때 겨울에는 따뜻함과 간편함을 중시했고 여름에는 간편함과 시원함을 중시했습니다. 모든 것에는 그에 맞는 이치가 있습니다. 그런데 대왕께서 스스로 이치를 흐리고 계십니다. 신고 계신 그 신발은 너무 차갑고, 무게도 보통사람들이 감당하기 벅찰 만큼 무거워 보입니다. 이는 신발의 기능과 생활의 이치에 전혀 맞지 않는 것이지요. 노나라 장인은 날씨에 따른 절도를 모르고 경중을 헤아리지도 못해 사람들의 정상적인 습관을 해쳤으니 이것이 첫 번째 죄입니다. 또한 군주로 하여금 제후들의 놀림감이 되게 했으니 이것이 두 번째 죄이지요. 게다가 아무런 성과도 없이 재물만 낭비하여 백성들로부터 원망을 샀으니 이것은 세 번째 죄입니다. 부디 대왕께서는 그자를 잡아들여 엄중히 죄를 다스리십시오.”

경공은 그의 말에 일리가 있다고 생각했지만 차마 노나라 장인을 벌로 다스리지는 못했다. 경공이 인정에 호소하며 그를 놓아주는 게 어떠냐고 묻자 안영은 단호하게 반대했다.

"선한 일을 한 사람에게는 마땅히 상이 내려져야 하고, 악한 일을 한 사람에게는 벌이 주어져야 합니다. 상벌의 기준이 분명하지 않다면 백성들이 혼란에 빠지게 될 것입니다."

이에 경공은 아무런 대꾸도 하지 못했다. 이윽고 안영이 나가자 경공은 관리들에게 명하여 노나라 장인을 잡아들이도록 했다. 그러고 나서 사람을 시켜 국경 밖으로 내쫓고는 다시는 제나라에 발을 들여놓지 못하게 했다. 경공은 그 요란한 신발을 벗어버리고 다시는 신지 않았다.

향락을 몹시 탐했던 경공이 한번은 사람을 시켜 서곡이라는 이름의 아주 넓고 깊은 연못을 만들고 그 주변에 높다란 누각을 짓게 했다. 누각의 대들보에는 용과 뱀이 아로새겨져 있고 기둥에는 새와 짐승이 새겨져 호화로웠다.

또한 경공도 화려한 상의에 꽃이 수놓인 하얀 비단치마를 입었다. 눈부실 만큼 휘황찬란한 옷차림이었다. 게다가 구슬로 장식한 띠에 끈 달린 관을 쓰고는 머리를 풀어헤친 채 남쪽을 향해 서 있었는데, 그 모습이 대단히 득의양양하고 오만해 보였다. 안영이 경공을 알현하자 경공이 물었다.

"환공을 보좌하여 패자로 만들었을 당시에 관중은 어떤 모습이었는지 그대는 아시오?"

안영은 고개만 쳐든 채 아무런 대답도 하지 않았다. 경공이 다시 물었다.

"옛날 관중이 패자가 되었을 때 그 모습이 어땠소?"

"소신은 물의 성질을 잘 아는 자만이 용이나 뱀과 한패가 될 수 있다고 들었습니다. 지금 대왕께서는 누각의 대들보에 용과 뱀을 새기고 기둥에 새와 짐승을 새기셨습니다. 그런데 이는 단지 건물을 짓기 위한 것일 뿐 패왕의 위업을 이루려 하는 마음은 아닐 것입니다. 대왕께서는 화려한 궁실과 아름다운 의복, 허리띠에 매달린 옥구슬과 풀어헤친 머리를 자랑하고 계신데, 이것들은 집 한 칸이면 모두 담을 수 있는 것들이지요. 일국의 군왕이자 만백성의 어버이 되신 몸으로 바른 것에 힘쓰지 않고 사악하고 사소한 것에만 마음을 쏟으신다면 군왕의 정신은 사라지고 남는 것이 없을 텐데 무엇으로 패왕의 대업을 꾀하시겠습니까?"

이 말을 들은 경공은 참괴함을 금치 못했다. 하지만 안영의 말에 틀림이 없었기에 어떠한 대꾸도 할 수 없었다. 곧이어 전당에서 내려온 경공은 안영에게 가까이 다가서며 겸연쩍은 표정으로 말했다.

"이 건물이 다 지어졌다고 양구거와 예관裔款이 알려오기에 이렇게 몰래 화려한 옷을 입어보면서 잠시 즐겼던 것뿐이오. 아울러 그대를 불러 자랑하고 싶었소. 과인은 그대의 가르침을 따라 이곳을 떠나 옷도 갈아입을 생각이오. 그러니 너무 과인을 책망치 마시오. 과인의 이런 각오를 어떻게 생각하시오?"

"양구거와 예관은 대왕을 미혹시켜 사악하고 무의미한 일을 하게 만드는 자들인데 대왕께서 어떻게 실상을 파악할 수 있겠습니까? 나무를 벨 때 그 뿌리까지 없애지 않으면 새로운 가지가 다시 돋아나는 법입니다. 대왕께서는 어찌 이 두 사람을 제거하여 더 이상 미혹되지 않도록 조치하지 않으십니까? 부디 양구거와 예관을 멀리하시어 패왕의 대업을 이루셔야 할 것입니다. 지금은 향락과 사치에 빠지시기 보다는 백성들을 살피시고 군왕의 정신을 회복하셔야 합니다. 그럴 때 대왕께서 꿈꾸시는 대업을 이루실 수 있을 것입니다.”

## 감언이설을 경계하라

한번은 경공이 큰 관에 기다란 두루마기를 입은 기괴한 복장으로 조회를 주재했는데, 그 모습이 몹시 거만하고 득의양양해 보였다. 게다가 날이 저무는데도 도무지 조회를 끝낼 생각을 하지 않는 것이었다. 안영이 앞으로 나아가 경공에게 말했다.

“성인의 의복은 몸에 딱 맞고 지나치게 화려하지 않습니다. 이러한 모습은 모범이 되어 백성들을 인도할 수 있지요. 또한 성인의 행동은 도덕과 예의에 부합하고 삶에도 도움이 되기 때문에 백성들이 앞 다투어 그 행동거지를 본받는 것입니다. 그런데 지금 대왕께서 하고 계신 복장은 지나치게 화려하여 백성들을 인도할 수 없을 뿐만 아니라 지나치게 오만한 모습이라 조당에 서 계시는 것이 도움이 되지 않습니다. 이는 백성과 신하 모두에게 결코 본이 될 수 없습니다. 또 날이 저물었는데도 회의를 끝내지 않으시는 것은 예법에도 맞지 않으니 대왕께서는 이제 그만 물러나 쉬시지요!”

안영의 말에 경공은 그대로 하겠다고 약속하고 회의를 끝냈다. 입고 있던 옷도 즉시 벗어버리고는 다시 입지 않았다.

한번은 경공이 안영과 함께 치수에서 한가로이 경관을 감상하고 있다가 갑자기 깊은 한숨을 내쉬며 감개 어린 목소리로 말했다.

"아, 이 나라가 오래도록 보전되어 자손대대로 전승될 수 있다면 얼마나 좋을까!"

"현명한 군주는 아무 이유 없이 사람들에게 옹립되기를 원치 않는 법입니다. 백성들 또한 까닭 없이 군왕에게 귀속되기를 바라지 않는다고 들었습니다. 대왕께서는 정사를 제대로 돌보지 않고 일을 처리함에 있어서 공정함을 잃었으며, 백성들을 등지고 도리에 어긋나는 일을 하신 지 오래입니다. 그러고서도 나라가 영원히 보전되기를 원하신다니 이는 가당치 않은 일입니다.

소신이 듣건대 모든 일을 끝까지 밀고 나갈 수 있는 사람만이 천하를 오래도록 보전할 수 있다고 했습니다. 여러 제후들이 공존하고 있는 상황에서는 시종일관 선을 행할 수 있는 사람만이 패자가 될 수 있습니다. 이는 처음부터 끝까지 배움에 열심인 사람이 나중에 스승이 되는 것과 마찬가지 이치지요. 옛날 선왕이신 환공께서는 현명한 선비들을 기용하고 널리 교훈을 펼치신 덕분에 멸망 직전에 처한 나라를 존속시킬 수 있었습니다.

덕치가 이루어진다면 멸망할 나라도 되살아날 수 있고 위태로운 나라도 안정을 되찾을 수 있지요. 이런 이유로 백성들은 환공을 진심으로 지지하고 천하의 모든 사람들이 그의 공덕을 숭상하고 존경했던 것입니다.

또 환공께서 군사를 이끌고 포악한 무리들을 토벌하러 멀리까지 원정길에 나섰을 때에도 장수와 병사들은 고되고 힘든 싸움에 아랑곳하지 않았고 누구 하나 그분을 원망하지 않았습니다. 그런 환공께서도 쇠락의 길을 걷게 된 것은 개인의 수양과 덕정에 소홀하고 향락을 추구하면서 여색에 빠져 참언을 그대로 믿고 따랐기 때문입니다. 그 결과 백성들의 삶은 고통의 나락으로 빠졌고 세상 사람들 모두가 그의 행실을 비난하게 되었던 것이지요. 그런 까닭에 그가 궁 안에서 죽었을 때 아무도 그 사실을 알리지 않아 시신이 썩고 구더기가 들끓어도 이를 수습하는 사람이 없었던 것입니다. 그의 마지막 모습은 걸이나 주 같은 폭군보다도 비참했습니다.

『시경詩經』에서는 '시작이 없는 일이나 사람은 없다. 극히 소수의 사람들만이 끝까지 일을 잘 마무리할 수 있는 법이다'라고 지적하고 있습니다. 처음부터 끝까지 변함없는 모습을 보이지 못하는 사람은 절대로 훌륭한 군주가 될 수 없습니다.

지금 대왕께서는 백성들 대하기를 원수같이 하고 선한 행동을 보면 더러운 것을 피하듯 재빨리 피하고 계십니다. 이처럼 나라를 어지럽히고 어진 사람들을 해치시니 백성들의 원성이 자자할 수밖에 없지요. 백성들을 함부로 대하고 신하들을 함부로 죽이시다가 결국 그 화가 대왕의 몸에 미치지 않을까 두렵습니다. 소신은 이미 늙어 더 이상 대왕의 부름을 받을 수 없습니다. 대왕께서 계속 이러한 행태를 그만두지 못하신다면 저는 이만 관직을 버리고 세상을 떠나 절개를 지키며 살고 싶습니다."

안영이 세상을 떠난 지 16년이 지난 어느 날, 경공은 여러 신하들과 술자리를 함께 하고 있었다. 술기운이 오르자 경공은 자리에서 일어나 과녁을 향해 화살을 쏘았는데 화살이 과녁을 빗나가고 말았다. 그러나 신하들은 약속이라도 한 듯이 일제히 자리에서 일어나 훌륭한 솜씨라고 칭송했다. 순간 경공은 얼굴을 찡그리며 크게 탄식하면서 들고 있던 활을 내던져버렸다.

이때 현장弦章이 장내로 들어오자 경공은 감개 어린 목소리로 그에게 말했다.

"현공! 안영이 세상을 떠나니 과인의 잘못을 꾸짖는 소리를 다시는 들을 수 없구려!"

"지금 대신들은 대왕의 비위를 맞추기 위해 안간힘을 쓰고 있습니다. 대왕이 즐겨 입으시는 옷을 그들도 입고, 대왕이 즐겨 드시는 음식을 그들도 먹고 있지요. 마치 노란 빛깔의 음식을 먹으면 몸뚱이가 노란색으로 변하고 초록색 음식을 먹으면 몸뚱이가 초록색으로 변하는 투명한 자벌레처럼 말입니다."

"그 말이 맞는 것 같구려. 과인이 더 이상 아첨꾼들의 감언이설에 넘어가서는 안 될 것 같소!"

그리고는 현장에게 50수레 분량의 물고기를 하사했다.

현장은 궁궐에서 나와 황제가 하사한 물고기를 실은 수레가 길을 가득 메운 것을 보았다. 현장은 수레꾼의 손을 어루만지며 말했다.

"당시 안영이 여러 차례 군왕이 내린 하사품을 사양했던 것은 군왕을 돕기 위해서였다. 그래서 그는 군왕의 과실을 단 한 차례도 눈감아 준 적이 없었다. 지금 대신들은 자신들의 이득을 위해 군왕의 비위를 맞추느라 혈안이 되어 있다. 내가 만일 이 물고기를 받는다면 나는 더 이상 대왕을 제대로 섬길 수 없을 것이다. 이는 또한 안영의 뜻을 거스르고 아첨꾼들의 욕망에 영합하는 일이 될 것이다."

그리고는 경공이 내린 물고기를 단호하게 거부하고 돌려주었다. 군자들이 이런 그를 두고 말했다.

"현장의 청렴한 행동은 안영의 훌륭한 품성을 계승한 것이다."

경공에 대한 안영의 간언은 때와 장소를 가리지 않았고, 간언의 내용도 다양했다. 그러나 안영은 시종일관 경공으로부터 신임을 받았다. 그는 머리가 잘리는 형을 당하지 않았을 뿐만 아니라 천수를 다했고 죽은 뒤에는 무한한 명성을 누렸다.

말 한마디 잘못하여 머리가 잘리고 멸문의 화를 당한 사람들이 비일비재하던 당시로서는 기적과 같은 일이다. 이런 점에서 안영은 운이 좋은 사람인지도 모른다.

후대에도 대신들의 간언을 기꺼이 받아들일 줄 알았던 황제들이 적지 않다. 안영에 대한 경공의 관용에는 미치지 못한다 하더라도 황제가 자신의 과오를 깨닫고 바로잡을 수 있었던 것만으로도 아름다운 일이 아닐 수 없다.

인의는 맹목적인 너그러움과 의로움이 아니다. 여기에는 반드시 용기와 이를 바탕으로 한 실천이 뒤따라야 한다. 고대 중국의 봉건 왕조 사회에서 제왕의 심기를 건드리면서까지 간언에 충실했던 사인士人이나 대신들의 용기는 인의에서 나온 것이다.

# 3장 | 인재는 쓰지 않으면 우환이 된다

# 10 | 충신과 양신을 구별하라

중국의 전통사회에는 충신과 양신이라는 두 가지 유형의 신하가 존재했다. 군왕의 입장에서 보면 충신과 양신은 모두 없어서는 안 될 존재들이다. 충신과 양신은 각각 그 역할이 다르고 군왕에게 미치는 영향이 다르기 때문이다. 중국 고대 왕조 사회의 무수한 신하들 가운데 주휘朱暉는 차라리 목숨을 내놓을지언정 자신의 의지를 굽히지 않은 대표적 충신이었다. 춘추전국시대의 안영 역시 주저없이 간언諫言을 올려 군왕의 잘못을 지적하고 합당한 이치를 깨닫게 한 충신이라 하겠다.

주휘는 자가 문계文季이고 남양 완 사람으로서, 한나라 장제章帝 원화元和 연간에 상서복야의 직위를 맡고 있었다. 당시는 곡물 가격이 폭등하여 국가재정이 어려워져서 일상적인 지출마저도 감당하기 어려운 형편이었다. 이로 인해 조정에서 골머리를 앓고 있을 때 상서尙書

인 장림이 나서서 말했다.

"양곡이 비싸진 것은 화폐가치가 떨어졌기 때문입니다. 따라서 돈을 풀지 말고 묶어두고 대신 직물로 세금을 거둬들여 이를 시장에 유통시키면 양곡 가격이 떨어질 것입니다. 또한 소금은 일상생활에 절대로 없어서는 안 될 필수품인 만큼 가격이 아무리 높아도 사람들은 사서 쓸 수밖에 없습니다. 소금을 국가가 전매한다면 수입이 크게 늘어날 것입니다. 아울러 무제 시기의 '균수법均輸法'10을 모방하여 교지交趾와 익주를 오가면서 싼 물건은 사들이고 비싼 물건은 팔아 이윤을 취해야 합니다."

장제는 대단히 일리 있는 생각이라 판단하고 이 제안을 즉시 상서에 보내 심의하게 했다. 그러나 주휘는 이런 조치가 도리에 맞지 않는다고 생각하여 실행을 미루었다. 며칠이 지나자 또 다른 사람이 장림의 제안이 조정의 어려움을 해결하는 데 매우 유익하다며 실행을 촉구하는 상소문을 올렸다. 장제는 이 조치를 서둘러 실행에 옮기라는 조서를 내리기로 마음먹었다. 주휘가 소식을 듣고 달려와 장제에게 말했다.

"예로부터 천자는 물자가 있고 없음을 따지지 않았고, 제후는 물자가 많고 적음을 따지지 않았으며, 나라의 봉록을 받는 사람을 이용하여 백성들과 이득을 다투지 않았습니다. 균수법이라는 것은 장사꾼들이 물건을 파는 것과는 엄연히 다른 것입니다. 국가가 소금을 전매한다면 백성들의 원성을 사게 될 것이고, 세금을 직물로 거둬들인다면

---

10 국가가 지방의 산물을 조세로 징수하여 다른 지방에 운송·판매함으로써 국가의 재정 수입 증대와 물가 안정을 이루기 위한 경제정책으로 한漢과 북송北宋에서 실시했다.

관리들이 잔악한 도적으로 변할 것입니다. 이는 영명한 군주가 취할 바가 못 되는 조치들이지요.”

이렇게 말하는 그의 어조가 어찌나 단호한지 논박할 여지를 찾을 수 없었다.

그러나 장림의 견해가 더 옳다고 성급히 판단한 장제는 주휘를 꾸짖으며 말을 가로챘고, 주휘는 자신의 간곡한 간언이 받아들여지지 않자 함께하는 다른 관리들을 이끌고 스스로 감옥으로 들어갔다. 이런 소식을 들은 장제는 곧 조서를 내려 말했다.

“과인은 서로 다른 의견을 듣고자 했던 것인데 주휘 등은 어찌 죄 없이 투옥을 자청하는 것이오?”

그러고는 당장 그들을 방면하도록 명령했다. 주휘는 감옥에서 나온 뒤로 병을 핑계로 관아에 나가지 않으면서 장림이 제기한 안건을 심사하는 것을 거부했다. 이에 당황한 주휘의 부하들이 그를 설득하기 시작했다.

“이처럼 다급한 시기에 어찌 병을 핑계로 업무를 외면하십니까? 장차 큰 화가 닥치지 않을까 염려됩니다!”

“내 나이 이미 여든이오. 그동안 나는 황상의 은혜를 입어 상서성 같은 중요 부서에서 일해왔으니, 어려울 때에는 죽음으로써 은혜에 보답해야 할 것이오. 마음속으로 해서는 안 된다는 것을 분명히 알면서도 행동으로 이를 거스르고 그 뜻을 따른다면 이는 신하 된 도리를 저버리는 것이오. 앞으로 나는 관아에 나가지 않은 채 아무것도 듣거나 보지 않으며 이대로 황상의 처분만 기다릴 것이오. 나의 뜻에는 더이상 변함이 없을 것이오.”

그러고는 입을 다문 채 더 이상 아무 말도 하지 않았다. 결국 장제는
주휘의 고집을 꺾지 못했고 그의 뜻에 따르는 수밖에 없었다.


## 인의로 신하를 대하다

춘추전국시대의 안영 또한 강경한 태도로 경공에게 여러 차례 간언
을 올렸던 인물이므로, 곧은 신하라 하기에 부족함이 없을 것이다. 한
번은 술에 취해 기분이 좋아진 경공이 대신들에게 말했다.

"과인은 오늘 그대들과 흉금을 털어놓고 즐겁게 술을 마시며 얘기
를 나누고 싶소. 그러니 모두들 예법에 구애받지 말고 편하게 술을 들
도록 합시다!"

이 말에 안영이 불안한 기색으로 경공에게 말했다.

"대왕의 말씀은 옳지 않습니다. 신하들은 본래부터 대왕께서 예법
에 따라 행동하시지 않기를 마음속으로 바라고 있습니다. 그렇게 되면
힘이 센 사람은 힘으로 윗사람을 이기려 들 것이고, 용맹한 사람은 군
주를 죽이려 할 것입니다. 그런데 그들이 왜 그렇게 하지 못하는 줄 아
십니까? 예법에 따라 구속되기 때문이지요. 동물들은 힘으로 세계를
지배합니다. 그리하여 강자가 약자를 지배하다보니 끊임없이 우두머
리가 바뀝니다. 지금 대왕께서 예법을 버리라 하시는데, 이는 동물들
과 같아지자는 말씀이나 다름없습니다.

만일 군신들이 자신의 세력을 믿고 강자가 약자를 능욕하여 수시로
군주가 바뀐다면 대왕께서는 앞으로 어떻게 왕위를 지키시겠습니까?
인간이 동물보다 뛰어난 것은 예법이 있기 때문입니다. 그래서 『시경』
에서는 '사람이 되어 예가 없으면서 어찌 일찍 죽지도 않는가?' 라고

말했던 것입니다. 이는 예법이 없어서는 안 되는 것임을 역설하는 말이지요."

경공이 술에 취해 안영의 말을 들으려 하지 않자 그는 구체적인 실례를 보이기로 마음먹었다. 잠시 후 경공이 밖으로 나가기 위해 자리에서 일어섰다. 안영은 그 모습을 보고도 일어서지 않았고 경공이 제자리로 돌아올 때도 움직이지 않았다. 모두들 잔을 부딪치며 서로 술을 권할 때도 안영은 혼자 먼저 잔을 비워버렸다. 그의 이런 모습에 얼굴빛이 변할 정도로 화가 난 경공이 안영을 노려보며 말했다.

"방금 그대는 과인에게 예법을 망각해서는 안 된다고 하지 않았소? 그런데 어째서 과인이 자리를 드나들 때도 일어서지 않고 서로 술잔을 부딪칠 때도 혼자 마셔버리는 것이오? 이것이 예법에 맞는 행동이란 말이오?"

안영은 그제야 자리에서 일어나 경공에게 지극히 공손한 자세로 몇 차례 큰절을 올리고 나서 말했다.

"제가 어찌 대왕께 드린 말씀을 잊을 수 있겠습니까? 소신은 예법이 없을 때 어떤 일이 일어나는지를 보여드리고자 했던 것입니다. 대왕께서 예법을 버리신다면 방금 소신이 했던 것과 똑같은 일들이 무수히 일어나게 될 것입니다."

경공은 그제야 큰 깨달음을 얻고는 몹시 부끄러워하는 얼굴로 말을 받았다.

"예를 생략하면 그런 일이 벌어진다니 미처 생각하지 못한 일이오. 어서 자리에 앉으시오. 그대의 가르침에 따르도록 하겠소."

술잔이 세 차례 오간 뒤 경공은 이내 술자리를 끝냈다. 이 일이 있은 후 경공은 법제를 정돈하고 예의를 정비하여 나라를 다스렸고, 백성들은 하나같이 예법을 준수하고 본분을 지켰다.

어느 해인가 16일 동안 쉬지 않고 큰비가 내렸다. 그런데도 경공은 궁중에서 밤낮으로 술만 마시며 백성들의 생사를 염두에 두지 않았다. 안영이 창고를 열고 곡식을 방출하여 굶주림에 허덕이는 백성들을 구제해야 한다고 여러 차례 건의했지만 경공은 들은 척도 하지 않았다. 오히려 그는 백거를 시켜 온 나라를 돌아다니며 가무에 능한 사람들을 불러 모으게 했다. 이런 소식을 듣고 화가 난 안영은 자기 집의 양식을 전부 백성들에게 나누어주고 쌀을 담을 수 있는 그릇도 거리에 내놓아 백성들이 마음대로 사용할 수 있게 했다. 그리고 걸어서 경공을 찾아가 말했다.

"큰비가 16일이나 계속해서 내렸습니다. 마을마다 수십 채의 가옥이 무너졌고 골목마다 먹을 양식이 없어 굶주리는 사람이 부지기수입니다. 무명으로 된 적삼조차 없어 노인들은 추위에 오들오들 떨고 있고 쌀 지게미조차 얻어먹지 못해 주린 배를 곯고 있습니다. 저들은 극심한 곤궁에 빠져 있지만 어디에도 도움을 청할 곳이 없습니다.

그런데도 대왕께서는 저들을 구제할 생각은 하지 않으시고 밤낮으로 술을 드시며, 심지어 사람을 시켜 전국 각지에서 재색을 겸비한 기녀들을 물색하라 하시는군요. 궁중의 말은 창고의 곡식을 먹고 있고, 개도 고기를 배불리 먹고 있으며, 대왕의 후궁들은 술과 밥을 마음껏 먹고 있습니다. 대왕께서 궁중의 개와 말, 후궁들을 너무 후하게 대하시는 것은 아닌지요? 또한 이들에 비해 백성들에게는 지나치게 야박하신 것이 아닌지요? 모든 마을이 곤궁하여 추위와 굶주림에 허덕이고 있는데도 이런 실정을 조정에 알릴 수 없다면 백성들이 군왕을 좋아할 리 없고, 굶주림에 시달려도 배고픔을 하소연할 데가 없다면 군왕에게 감사한 마음을 가질 수 없을 것입니다. 신은 백관의 대열에 서 있으면서 백성들이 기아와 빈곤에 빠졌는데도 군왕에게 보고할 방도가 없었습니다. 군왕이 주색에 빠져 백성들을 구제하지 못했으니 그 죄가 산보다 클 것입니다.”

말을 마친 안영은 경공을 향해 절을 올려 하직인사를 하고 황급히 왕궁을 빠져나왔다.

경공이 재빨리 그를 뒤쫓아갔지만 길이 질퍽거려 따라잡을 수 없었다. 경공은 서둘러 마차를 준비시켜 안영을 뒤쫓아 그의 집에 도착했지만 그의 모습은 보이지 않고 동이 난 곡식 창고와 길가에 널려 있는 빈 그릇들만이 눈에 들어왔다. 마차가 큰길 어귀에 다다랐을 때에야 경공은 안영을 발견할 수 있었다. 마차에서 내린 경공은 안영에게 다가가 정중히 사과했다.

“과인이 잘못했소. 그대가 과인을 저버리고 도와주지 않는다 해도 할 말이 없소. 그러나 경이 백성들을 돌보지 않을 수는 없지 않겠소! 백성들을 구제하는 일을 모두 그대에게 맡기고 싶소.”

말을 마친 경공은 길 한복판에 선 채 고개를 숙여 안영에게 절했다.

곧바로 도성으로 돌아온 안영은 관원들을 시켜 백성들을 방문하게 했다. 양잠은 가능하지만 당장 먹을 것이 없는 집에는 양식을 나눠주고, 농업과 양잠이 모두 불가능한 집에는 1년 동안 무상으로 식량을 공급하며, 땔감이 없는 집에는 장마철을 넘길 수 있도록 넉넉히 건초를 나눠주게 했다. 또한 관리들을 시켜 백성들이 사는 곳을 순시하고, 집이 부서져 비바람을 피할 곳이 없는 사람들에게는 집을 지을 돈과 재물을 나눠주게 했다. 장례를 치를 여력이 없는 가난한 고아나 과부를 도와 장례를 치르되 사흘 내로 끝마치게 하고, 이 기간을 넘긴 자들은 명령 불복종으로 죄를 다스렸다. 경공 역시 궁전 깊숙한 곳에서 나와 술과 좋은 음식을 줄이고, 말과 개에게는 좋은 음식을 주지 않았으며, 신하들의 봉록을 줄이고, 술자리를 함께 하던 대신들에게 내리던 상도 크게 줄였다. 사흘이 지나 관리가 찾아와 보고를 올렸다. 빈민 1만 7,000가구를 구제하는 데 96만 종鍾의 쌀과 1만 3,000수레의 땔감이 방출되었고, 가옥이 파손된 2,700가구를 구제하는 데 3,000냥이 소요되었다는 것이었다.

사태가 가라앉은 뒤에도 경공은 내궁의 음식을 줄이고 거문고를 타거나 북을 두드리지 않았다. 또한 안영의 건의를 받아들여 아첨꾼들을 파면하고 노래와 춤으로 경공을 유혹하던 기녀들을 물러나게 했다. 이때 궁을 떠난 사람이 무려 3,000명이 넘었다.

결국 주휘와 안영이 만났던 군주들은 그렇게 형편없는 인물들이 아니었다. 과정이야 어찌 됐든 간에 대신들의 간언諫言을 받아들였으니 말이다. 만일 이들이 만난 군주가 합당한 이치로는 도저히 깨우칠 수 없는 인물들이었다면 백성들이 겪었을 재앙은 말로 하기 어려웠을 것이다.

잘못된 군주를 만나면 국가는 물론 백성들 전체가 도탄에 빠지게 된다. 이는 현대사회에서도 마찬가지이다. 그래서 인의를 갖춘 군주를 선택하는 것이 무엇보다 중요한 것이다.

# 11 신하를 벗으로 대하라

서진西晉 회제懷帝의 영가永嘉 4년(310년) 7월, 한조漢趙 제국의 광문제 유연이 병으로 죽자 정변이 발생했다. 유총劉聰이 문무백관의 추대를 받아 제위에 등극하여 연호를 광흥光興으로 바꿨다. 유총은 후에 소무제로 불리게 되었다.

이듬해 한조 제국의 정동대장군征東大將軍 석륵이 서진의 주력부대를 궤멸시키고 진군 10만여 명을 사살하거나 생포했다. 계속해서 유총은 전군 대장군前軍大將軍 호연안에게 명해 서진의 수도 낙양을 공격하게 했다.

한조 제국의 군사적 승리로 잔뜩 오만해진 황제 유총은 여색에 빠진데다가 시도 때도 없이 사냥을 다니곤 했다. 때로는 이른 새벽에 나갔다가 저녁이 되어서야 돌아오기도 했다. 뿐만 아니라 성질도 갈수록 포악해져 제멋대로 횡포를 부렸다. 소무제 가평嘉平 2년(312년) 여름, 유총이 신하 여러 명을 죽이는 사건이 발생했다. 궁중에서 쓰는 물고기와 자라를 제때에 공급하지 못했다는 죄명으로 좌도수사자와 양양왕 유터를 죽였고, 온명전溫明殿과 휘광전徽光殿을 기한 내에 완공하지 못했다는 이유로 공사 감독을 맡은 장군과 망도공望都公 근릉을 살해한 것이다. 이처럼 지나친 처사에 대해 대신들의 불만이 갈수록 증폭되어갔다.

한번은 유총이 분수에서 고기잡이 광경을 감상하다가 한밤중이 되어도 궁으로 돌아갈 생각을 하지 않았다. 이에 중군 대장군中軍大將軍 왕창王彰이 간언을 올렸다.

"지금 우리가 싸움에 이기긴 했으나 아직 천하가 평정된 것은 아닙니다. 새로 우리에게 복속된 백성들은 여전히 서진을 그리워하고 있지요. 폐하께서는 선제께서 이루신 창업의 어려움을 생각하시어 평온함 속에서도 위험을 생각하시고 천하 평정을 이루는 그날까지 마음을 늦추지 마셔야 할 것입니다.

폐하께서는 요즘 자주 유람을 다니시면서 한밤중이 되어도 돌아갈 줄 모르시니 참으로 안타까운 일이 아닐 수 없습니다. 폐하, 제발 잘못된 습관을 고치십시오. 잘못된 습관을 고쳐 올바른 길로 나아가신다면 백성들에게 커다란 복이 될 것이고 국가사직으로서도 큰 다행이 아닐 수 없을 것입니다."

이 말을 듣는 순간 유총은 분노가 치밀어 올랐다. 제위에 오른 뒤로 거침없는 진언을 들어본 적이 없었기 때문이다. 그는 그 자리에서 심한 욕설을 퍼부으며 당장 왕창을 참수하라고 명령했다.

이미 '부인夫人'에 봉해진 비빈이었던 왕창의 딸이 그 소식을 듣고 유총에게 달려와 머리를 조아리며 눈물로 간청하자 유총은 그녀의 얼굴을 보아 참수만은 면해주기로 하고 왕창을 감옥에 넣었다.

유총의 모친 장 태후는 유총이 내린 형벌이 지나치게 가혹하다고 여겨 사흘 동안 식음을 전폐했고, 유총의 황제皇弟와 황자皇子 유찬도 달려와 왕창을 용서해 달라고 간곡히 호소했다. 왕창을 용서하지 않으면 그 자리에서 자결하고 말겠다는 것이었다. 그러자 유총이 버럭 소리를 질렀다.

"과인이 걸과 주, 유왕과 여왕 같은 혼군昏君이라도 된단 말인가? 왜들 이렇게 귀찮게 구는 건가!"

그러자 태재 유연년과 100여 명의 대신들이 일제히 관모를 벗고 눈물을 흘리며 유총 앞에 무릎 꿇고서 간언을 올렸다.

"폐하의 덕망은 하늘이 내리신 것이라 동으로는 낙양을 평정하고 남으로는 장안을 예속시키셨으니, 그 높으신 공은 이미 견줄 자가 없습니다. 옛날에는 요와 순이 있었고 지금은 폐하가 계십니다. 사서를 뒤져봐도 폐하의 공덕을 넘어설 자가 아무도 없습니다. 하지만 최근에 폐하께서는 사소한 일로 왕공들을 죽이고 황상의 뜻에 어긋난다 하여 직언하는 대신들을 옥에 가두곤 하십니다. 소신들은 이를 납득할 수 없어 마음이 불안하고 간장은 끊어지는 듯합니다. 폐하, 부디 이 점을 통찰하십시오!"

이토록 많은 대신들이 왕창을 용서할 것을 간청하자 유총은 감히 맞설 수가 없어 하는 수 없이 이들의 의견을 받아들이기로 마음먹었다. 그는 마음을 비우고 편안한 목소리로 말했다.

"어제 과인이 술이 너무 많이 마신 탓에 이런 일이 생겼던 것이오. 과인의 본심이 아니니 너무 걱정하지 마시오. 그대들의 충고가 없었다면 과인은 아직도 나의 잘못을 알지 못했을 것이오. 그대들에게 진심으로 감사하는 바이오!"

이렇게 말하고 나서 유총은 모든 대신들에게 주단 100필씩을 하사하고 시중에게 명해 왕창을 석방시켰다. 그리고 왕창에게 직접 사과했다.

"선제께서 살아 계실 때 그대는 선제의 오른팔이었소. 2대에 걸쳐 공을 세웠는데 어찌 과인이 그대를 잊을 수 있겠소? 과인의 이번 과실을 공께서 너그럽게 용서해주길 바라오. 그리고 앞으로도 계속해서 과인에게 충언을 다하고 나라를 위해 근심해주시오. 이제 그대를 표기장군으로 승관함과 동시에 양군공에 봉하도록 하겠소. 앞으로 과인에게 조금이라도 잘못이 있으면 곧바로 지적해주기 바라오!"

가평 3년(313년) 2월, 태후와 황후가 잇달아 세상을 떠났다. 그해 3월 유총은 귀빈 유아劉娥를 황후에 책봉하고 이 일을 경축하기 위해 그녀를 위한 봉의전을 새로 건립하기로 했다. 소식을 들은 정위廷尉 진원달陳元達은 이는 백성들을 괴롭히고 재물을 낭비하는 일이라 판단하고 즉시 간언을 올리기로 마음먹었다. 이때 유총은 소요원의 이중당을 거닐고 있었다. 물론 진원달은 유총의 난폭하고 성급한 성정을 익히 알고 있었고 자신의 간언이 어떤 결과를 초래할 것인지도 잘 알고 있었다. 그러나 그는 조정의 안정을 위해 자신의 안위를 돌보지 않고 소요원으로 뛰어 들어가 유총에게 말했다.

"신이 듣기에 옛날의 성왕은 나라를 자기 집처럼 사랑했기 때문에 하늘도 그를 자식처럼 보우保佑하셨다고 했습니다. 진은 정치가 부패하고 잔학하여 백성을 하찮게 여겼던 까닭에 하늘이 진왕의 제위를 끊었습니다. 하늘은 지금 우리 대한大漢을 돌보고 계시고 백성들은 어깨 위의 짐을 덜 수 있기를 학수고대하고 있습니다. 때문에 고조 광문 황제께서는 거친 옷을 입으시고 침상에는 요를 겹으로 깔지 않으셨으며 후비는 비단을 입지 않았던 것입니다.

그런데 폐하께서 즉위하신 뒤로 병사들은 끊임없이 전쟁터로 향하고 있고, 백성들은 굶주림에 역병까지 겹쳐 계속 죽어가고 있는 실정입니다. 그러다 보니 변경에서는 피폐한 병사들이 고통에 시달리고 나라 안에서는 굶주린 백성들이 마음 가득 원망을 품고 있습니다. 백성들의 부모 된 자로서 어찌 백성들을 냉담하게 바라만 보고 있을 수 있겠습니까? 폐하께서는 이미 40채가 넘는 궁전을 갖고 계신데도 새로 책봉되신 황후를 위해 또다시 봉의전을 건립하려 하십니다. 난이 평정되지 않은 상황에서 이처럼 대규모 토목공사를 하시는 것은 결코 합당치 못한 일일 것입니다.

옛날 한 고조의 대업을 계승한 문제는 세상의 부를 손에 거머쥐고 있으면서도 얼마 되지 않는 비용을 아끼기 위해 노대 세우는 작업을 중지시킨 바 있습니다. 이 일은 지금까지 아름다운 미담으로 전해지고 있지요. 지금 폐하께서 차지하고 계신 영토는 문제 시기의 두 개 군에 불과한 정도인데다 맞서야 할 적도 흉노와 남월만이 아닙니다. 그런데도 대왕께서는 기어이 사치를 부리려 하십니다. 신은 심히 걱정스러운 마음으로 죽음을 무릅쓰고 간언을 올리는 바입니다.”

예상했던 대로 유총은 크게 노하여 발을 동동 구르며 소리를 질렀다.

“궁전 하나 더 지으려는 것뿐인데 그것마저도 네놈에게 먼저 물어

봐야 한다는 게냐? 네놈을 죽이지 않으면 하루 종일 나를 들볶을 테니 무슨 일을 할 수 있겠느냐? 여봐라, 당장 이자를 끌고나가 참수하되, 그 처자식들도 전부 동쪽 저자거리로 끌어내 목을 베도록 하라!"

진원달은 미리 준비해둔 것이 있었다. 그는 유총의 명령이 떨어지기 무섭게 미리 가져온 쇠사슬로 자신을 나무에 묶은 다음 자물쇠를 채우고 나무를 끌어안으며 큰 소리로 외쳤다.

"이 모든 간언이 오로지 사직을 위한 것인데도 폐하께서는 오히려 저를 죽이려 하십니까! 죽은 자에게도 지혜가 있다면 소신은 위로는 하늘에 폐하의 실정을 고하고, 아래로는 선제께 폐하의 포악함을 호소할 것이니, 그 누구도 폐하의 앞날을 보장할 수 없을 것입니다!"

이 말에 유총은 더욱 화를 억누르지 못하고 당장 그를 끌어내 목을 베라고 소리를 질러댔다. 그러나 쇠사슬이 진원달의 몸을 단단히 묶고 있어서 아무리 끌어내려 해도 끌어낼 수가 없었다. 진원달의 소식에 부랴부랴 현장으로 달려온 대사도와 광록대부, 표기장군, 하간왕 등이 절박한 광경에 일제히 유총 앞에 무릎 꿇고 머리를 조아리며 얼굴이 피범벅이 되도록 땅에 이마를 짓찧으며 말했다.

"진원달은 개국 초에 조정에 투신한 자로 선제께서도 칭찬하신 인물입니다. 그는 남다른 충심을 지녔기 때문에 폐하의 과실을 지적하지 않을 수 없었던 것입니다. 반면에 저희들은 하나같이 비겁하고 구차하여 이 한 몸을 지키는 데만 급급했고, 폐하를 위해 아무것도 한 일이 없으니 참으로 참괴하기 그지없습니다. 진원달이 직언으로 폐하의 심기를 건드린 일은 방자한 면도 없지 않으나, 폐하께서는 그의 충심을 헤아려 너그러이 용서해주시기 바랍니다. 간언 때문에 고관을 죽이신다면 후세 사람들이 뭐라고 하겠습니까? 폐하, 부디 재삼 숙고해주시 기 바랍니다.”

유총은 문득 지난해에 왕창을 죽이려다 군신들로부터 저지당했던 일이 생각나 입을 다문 채 아무 말도 하지 않았다. 소식을 들은 황후 유아 역시 몰래 사람을 보내 형 집행을 막고 유총에게 따로 상소를 올 려 말했다.

“소첩은 지금의 소덕전만으로도 지내기에 충분하니 부디 저 때문에 봉의전을 건축하지는 말아주십시오. 천하가 아직 안정되지 않았으므 로 마땅히 백성들의 힘을 아끼셔야 합니다. 그의 간언은 나라를 위한 것이니 폐하께서 그를 격려하셔도 모자랄 판국에 어찌 그를 죽이려 하 십니까? 폐하께서 저를 위해 새로 궁전을 지으시고 또 저를 위해 충신 을 죽이심으로써 나라가 빈궁해지고 모든 충신들이 입을 다문다면, 이 모든 일이 저 때문에 생겨난 일이 되어 천하의 죄가 모두 이 한 몸에 쏟아질 것입니다. 제가 무엇으로 이를 감당하고 또 무슨 면목으로 폐 하를 모시겠습니까? 차라리 제가 당하堂下에서 자결하여 폐하를 위해 속죄할 수 있게 해주십시오!”

상소를 다 읽고 난 유총은 안색이 창백해졌다. 게다가 대신들이 끊 임없이 머리를 조아리며 간청하자 난감해진 그는 갑자기 목소리를 누 그러뜨리며 차분히 말했다.

“최근에 과인이 몸 상태가 좋지 못해 희로애락의 감정이 일정치 못 한 상태인데다 이를 조절하기가 쉽지 않소. 진원달은 충신임에 틀림이 없소. 그를 대할 면목이 없구려!”

유총은 무릎을 꿇고 있는 대신들을 일일이 일으켜 세우고 진원달을 당상堂上으로 불러 황후의 상소문을 보여주며 말했다.

"궁 밖에는 목숨을 걸고 과인을 보좌하는 그대가 있고, 궁 안에는 똑같이 목숨을 걸고 과인을 보필하는 황후가 있으니 과인이 무엇을 걱정하겠소?"

이어서 유총은 모든 신하들에게 관급에 따라 비단과 양곡을 하사하여 격려하고 이번 일을 잊지 않기 위해 '소요원逍遙園'을 '납현원納賢園'으로, '이중당李中堂'을 '괴현당愧賢堂'으로 개명했다.

얼마 후 유총이 진원달에게 말했다.

"그대가 나를 두려워하는 것이 마땅한데, 어찌 된 일인지 과인이 오히려 그대를 두려워하게 되었구려."

이에 진원달은 황급히 머리를 조아리며 사죄했다.

"신하를 스승으로 대하는 자는 왕이 되고 신하를 벗으로 대하는 자는 천하의 우두머리가 된다고 했습니다. 소신이 우매하여 긴히 쓰일 데가 없으나 다행히 환공의 도량을 지닌 폐하를 만나 미련스러운 충성심이나마 바칠 수 있게 되었습니다. 지금 폐하께서는 대성大聖의 기운에 순응하여 멀리는 상과 주가 망하게 된 폐단을 내치시고 가까이는 효무제께서 한漢나라를 되살리신 미덕을 본받으시니, 이는 천하의 백성들에게 참으로 다행스러운 일이 아닐 수 없습니다!"

좋은 약이 입에 쓴 것처럼 결정적인 간언은 항상 통치자들의 심기를 건드려 충신들은 스스로를 해치는 경우가 많았다. 그러나 집단과 조직의 운명은 이처럼 스스로를 돌보지 않는 우직한 인물들에 의해 발전되어왔다는 사실을 잊지 말아야 할 것이다.

# 12 | 강인하지만 부러지지 않는다

순자는 일찍이 "부드러운 것은 연약해 보이나 다른 물건을 묶을 수 있고, 강인한 것은 매우 튼튼해 보이나 부러지기 쉽다"라고 말한 바 있다. 현대에는 '부드러움의 처세술'로 받아들여질 만한 명제이다. 중국 역사상 강경한 태도로 윗사람의 심기를 거스르며 직간을 일삼았던 인물들의 말로가 순탄치 못했던 것은 사실이지만, 여기에도 예외가 없는 것은 아니다. '백색테러'[11]가 횡행하던 당나라 무측천의 집권 시기에 적인걸狄仁杰은 강인하면서도 부러지지 않는 행태를 보였다. 이는 기적과 같은 일이었다.

적인걸은 자가 회영懷英으로 태원 사람인데, 고종 때 시어사로 있다

---

[11] 권력자나 지배 계급이 반정부 세력이나 혁명 운동에 대해 행하는 탄압.

가 무측천 때에 지관시랑이 되었다. 청렴하고 강직했던 그는 권세에 위축되지 않고 상관의 과오에 직간을 서슴지 않았으며 매사에 시비곡 직을 정확히 따졌던 것으로 유명했다.

의봉儀鳳 연간에 적인걸은 대리승 직을 맡고 있었다. 그가 한 해에 다루는 송사에는 무려 1만 7,000여 명이 연루되었지만, 단 한 명도 그의 판결에 억울함을 호소하는 자가 없었다. 당시 무위대장군 권선재가 실수로 소릉에 있는 측백나무를 잘랐다가 대리사大理寺의 감옥에 갇힌 일이 있었다. 적인걸은 법에 의거하여 그의 관직을 박탈한다는 판결을 내렸다. 적인걸이 고종 황제에게 판결 내용을 상주하자 고종은 즉시 그를 대중 앞에서 참수하라는 명령을 내렸다. 이에 적인걸은 고종의 뜻을 거스르며 항변했다.

"국법에 따르자면 권선재의 죄는 사형에 처해질 수 없습니다."

고종이 화를 내며 말했다.

"권선재는 소릉의 측백나무를 잘라 과인을 불효자로 만들어버렸으니 반드시 그를 죽여야만 하오."

조정에 있던 모든 문무 대신들은 적인걸을 주시하며 황상의 뜻에 따라 권선재를 사형에 처하겠다는 대답이 나오기를 기다리고 있었다. 그런데 적인걸은 이에 불복하고 거듭 고종에게 아뢰는 것이었다.

"신이 듣건대 황제의 심기를 건드리는 것은 예로부터 상서롭지 못한 일로 여겨왔습니다. 그러나 신의 생각은 다릅니다. 하의 걸왕이나 상의 주왕 같은 혼군昏君의 시대에 심기를 건드렸다면 이는 곧 죽음을 의미했지만, 요임금이나 순임금의 시대에는 오히려 심기를 건드리는 간언이 충신으로 칭송되는 지름길이었습니다. 신은 다행히도 요순처럼 영명하신 황상을 만난 덕에 귀에 거슬리는 충언을 드린다 하여 죽음에 처해질 걱정은 하지 않아도 됩니다.

과거 한 문제 때에 누군가 고조의 사당에 있는 옥환을 훔쳤습니다. 그때 장석지는 옥환을 훔친 자를 처형하여 나무에 목을 매달면 되는 것이지, 그의 가족 전체를 범죄에 연루시켜서는 안 된다고 직간했지요. 영명한 군주라면 합당한 이치로 설복시킬 수 있고, 충신이라면 위세로 굴복시킬 수 없는 법입니다.

오늘 폐하께서 신의 간언을 받아들이지 않으신다면 신은 죽어서도 지하에서 장석지를 대할 면목이 없습니다. 폐하께서 제정하시어 백성들에게 널리 공포하신 법령에는 유배형이나 사형에 관한 상세한 규정이 기록되어 있습니다. 따라서 이를 엄격히 따르는 것이 마땅한데, 어떻게 죽을죄를 저지르지 않은 사람을 사형에 처할 수 있겠습니까? 법에 의거하여 사건을 처리하지 않으신다면 백성들은 법령을 신뢰하지 않을 것이고, 모든 일을 처리함에 있어서 그에 적합한 행동 기준을 상실하고 말 것입니다. 만일 폐하께서 법령을 개정하려 하신다면 오늘부터 그렇게 하십시오.

당시 장석지는 무제께 이렇게 되물었습니다. '만일 고조의 사당에 있는 옥환을 훔쳤다 하여 도둑의 가족 전체를 몰살시킨다면 고조의 장릉을 도굴했을 경우에는 어떻게 처벌하시겠습니까?' 라고 말입니다. 오늘 폐하께서 소릉의 측백나무 한 그루 때문에 장군을 죽이신다면 1,000년 후에 사람들이 폐하를 어떻게 평가하겠습니까? 신이 감히 권선재의 목을 베라는 뜻을 받들지 못하는 것은 폐하를 불의에 떨어뜨리고 폐하께 걸주와 같은 혼군昏君의 오명이 붙어다닐까 우려해서입니다.”

천수天授 2년(691년) 9월, 적인걸은 지관시랑과 판상서, 동봉각난대 평장사 등을 겸직하고 있었다. 당시는 무측천의 백색테러로 인해 사람들 사이에 미묘한 위기감이 팽배해 있을 때였다.

어느 날 불행히도 적인걸은 혹리酷吏 내준신의 모함을 받고 옥에 갇히는 신세가 되고 말았다. 당시에는 심문을 받으면서 곧바로 모반을 인정하면 감형이 되어 사형이 잠시 늦춰지는 규정이 있었다. 적인걸은 모반을 인정하라는 내준신의 모진 심문을 받고 잠시 생각에 잠기더니 탄식하듯 말했다.

"대주大周가 들어서고 나서 만물이 새롭기만 하니 오래된 신하인 나는 기꺼이 죽임을 받아들이겠소. 내가 모반을 꾀했다는 것이 사실이오!"

적인걸이 순순히 자백하자 내준신은 그에 대한 감시를 늦추었고 이로써 적인걸은 한 가닥 희망을 품을 수 있었다.

적인걸이 반역 음모를 꾸몄다고 자백한 후 내준신은 그의 사형집행일을 기다릴 뿐 특별히 감시하지는 않았다. 이런 틈을 타서 적인걸은 살 길을 모색했다. 먼저 간수에게 부탁하여 필묵을 구한 그는 이불 홑청을 뜯어내 그 위에 자신의 억울한 사연을 적어 이를 솜옷 안에 쑤셔 넣었다. 그러고 나서 그 옷을 판관 왕덕수에게 건네며 말했다.

"날이 더워서 그러니 이 솜옷을 가족에게 보내 그 안에 있는 솜을 덜어 달라고 해주시오."

적인걸의 계략을 눈치 채지 못한 왕덕수는 사람을 시켜 적인걸의 솜옷을 그의 집으로 보냈다. 옷을 뜯어 솜을 꺼내던 그의 가족들은 솜 안에 숨겨져 있는 글을 발견했다. 적인걸의 아들 적광원은 이를 다 읽고 나서 즉시 조정에 나가 부친이 억울한 모함을 당했음을 호소했다. 적인걸의 글을 읽어본 무측천은 내준신에게 적인걸의 정황을 물었다. 내준신이 대답했다.

"적인걸은 관복도 벗지 않고 몸가짐도 흐트러져 있지 않는 것으로 보아 자신의 죄를 인정하는 것 같지 않습니다."

이 말을 들은 무측천은 즉시 적인걸을 만나보고 오라며 사람을 보냈다. 이에 내준신은 황급히 적인걸에게 두건을 씌우고 허리띠를 매게 한 다음 사자를 만나게 했다. 아울러 그는 왕덕수에게 죽음을 내리신 것에 감사한다는 내용의 상소문을 써서 이를 적인걸의 친필로 꾸미게 했다. 그런 다음 이를 사자에게 건네 무측천에게 바치도록 했다. 뭔가 미심쩍은 느낌이 든 무측천은 곧장 적인걸을 불러들여 물었다.

"그대는 어찌하여 모반을 인정했소?"

"모반을 인정하지 않았다면 저는 일찌감치 죽었을 것입니다. 지금 이렇게 폐하를 알현할 수도 없었겠지요."

"그럼 어떻게 해서 죽음을 내린 데 대해 감사한다는 상소문을 쓰게 되었소?"

"저는 그런 글을 올린 적이 없습니다."

무측천은 상소문을 적인걸에게 확인시키고 나서 그것이 허위로 작성된 것임을 알게 되었다. 무측천은 적인걸의 억울한 사정을 자세히 조사한 다음 무죄를 확인하고는 사면하여 팽택령으로 임명했다. 이에 무승사武承嗣가 여러 차례 적인걸의 처형을 상소하자 무측천이 단호하게 말했다.

"나는 살리는 걸 좋아하고 죽이는 걸 싫어하며 형을 받은 사람들을

위로하고 싶소. 적인걸 사건은 이미 마무리되었으니 본래의 판결을 뒤
엎는 일은 있을 수 없소."

무측천은 당대에 매우 중대한 업적을 남긴 여성 황제로, 온갖 우여
곡절을 거쳐 제위를 찬탈한 후 통치를 공고히 하기 위해 여러 명을 잔
혹하게 처형했다. 이러한 사회현실 속에서 심기를 거스르는 직간을 한
다는 것은 결코 쉬운 일이 아니었다. 역사와 야담에 수많은 전설을 남
긴 적청천狄靑天(적인걸을 송대의 포청천에 비유한 말-역자주) 적인걸은
이러한 시대에 출현했다. 적인걸의 대담한 직간은 무측천 시기에만 드
물었던 것이 아니라 중국역사를 통틀어도 결코 흔한 일이 아니었다.

## 직간으로 시비곡직을 따지다

수공垂拱 4년(688년), 문창우승으로 있던 적인걸은 경성을 떠나 예
주자사로 부임하게 되었다. 당시에 무측천은 이미 정권을 장악하고 있
었다. 이에 월왕 이정과 한왕 이원가, 노왕 이영기, 곽왕 이원궤, 이원
가의 아들 황국공 이찬, 이영기의 아들 범양왕 이애, 이원괘의 아들 강
도왕 이서, 이정의 아들 낭야왕 이충 등은 비밀리에 모의하여 무측천
을 제거하고 당 왕조의 기반을 다시 세우기로 마음먹었다. 얼마 후에
는 낭야왕 이충이 중왕 등과 함께 군사를 일으켜 이씨 왕조를 되살리
기로 약속했다. 이충이 먼저 기병했지만 약속과 달리 중왕은 이에 부
응하지 않았고, 이충의 아버지인 월왕 이정만이 그에 호응하여 병사를
일으켰다. 무측천은 재상 장광보로 하여금 30만 대군을 이끌고 나가
이들을 토벌하게 했고, 20여 일에 걸친 치열한 격전을 치른 결과 이정
이 패전하여 음독자살로 생을 마감하고 말았다. 이충과 그의 권속들은

하나도 남김없이 죽었다.

이정의 기병이 실패로 끝난 후에 이 사건에 연루되어 벌을 받은 자가 600명을 넘었고, 가산이 몰수된 관리가 5,000여 명에 달했으며, 조정은 관원들을 파견하여 형 집행을 재촉했다. 적인걸은 이들이 협박에 못 이겨 죄를 저지른 것이라 생각하여 동정을 금치 못했고, 이들의 처형을 잠시 늦춰야겠다고 마음먹었다. 그리하여 그는 비밀리에 무측천에게 상소문을 올렸다.

"신은 공개적으로 상소할 생각이었지만 모반자들을 변호한다는 혐의를 받을까 두려워 감히 그러지 못했습니다. 그렇다고 진실을 알면서도 가만히 있을 수 없었는데 또한 신민을 어여삐 여기시는 황제의 뜻을 거슬러서도 안 된다는 생각을 갖게 되었습니다. 신은 상소문을 썼다가 찢어버리기를 여러 차례 거듭했는데도 어찌해야 좋을지 마음을 정하지 못했습니다. 신이 생각건대 저들이 모반에 가담한 것은 사실 스스로 원해서가 아니라 협박에 못 이겨 어쩔 수 없었던 것이니 폐하께서는 저들의 일시적인 과오를 너그러이 용서해주시기를 간절히 바라는 바입니다."

적인걸의 비밀 상소문을 읽은 무측천은 이리저리 이해득실을 따져보고 나서 뜻밖에도 그의 간언을 받아들였다. 그리하여 그녀는 그들의 형을 낮춰 참형을 면하게 해주는 대신 풍주로 유배 보냈다. 이정을 따라 모반에 가담했던 사람들이 호송도중 영주에 이르렀을 때 그 지방의 한 노인이 그들을 반갑게 맞아들이며 말했다.

"적인걸 사군께서 그대들을 살리신 것이오!"

노인의 말을 들은 일행은 적인걸의 공덕비 아래서 울면서 절을 올렸다. 그런 다음 사흘 동안 음주를 금하고 나서야 다시 길을 떠났다. 유배지인 풍주에 도착한 일행은 주머니를 털어 적인걸의 인덕과 공적을 기리는 비석을 세워 그를 칭송했다.

한편 재상 장광보가 이정의 반란을 평정한 후 장광보의 부하 장수들은 자신들이 세운 공로를 내세우며 제멋대로 악행을 저질렀다. 이들은 적인걸의 관할지 내에서도 협박을 일삼으며 재물을 강요했지만, 적인걸은 이들의 무리한 요구에 묵묵부답으로 일관했다. 이에 분노한 장광보가 적인걸에게 말했다.

"일개 주의 자사刺史에 불과한 네놈이 감히 대군의 원수인 나를 무시하는 것이냐?"

"하남 땅을 어지럽힌 자는 월왕 이정 한 사람뿐이었는데, 이정이 평정되고 나니 또다시 수만 명의 이정이 나타났소이다."

이 말에 더욱 화가 난 장광보가 그 말이 무슨 뜻이냐고 따져 묻자 적인걸이 대답했다.

"장군이 30만 군대를 동원하여 난신 하나를 제거하자, 이를 구실로 오만방자해진 장군의 병사들이 사람들에게 마구 폭행을 가하고 무고한 사람을 죽여 백성들을 도탄에 빠뜨렸으니, 이것이 수만 명의 이정이 다시 나타난 것이 아니고 무엇이겠소? 더구나 반란군 중에는 이정의 위세에 눌려 마지못해 그를 따랐다가 조정의 관군이 이르자 성 주위에 샛길을 터놓아 관군의 진입을 돕고 성벽 위에서 밧줄을 타고 내려와 관군에 귀순한 자가 1만 명을 헤아렸는데도 장군은 공적을 쌓고 상급을 타내기 위해 부하들이 그런 병사들을 마구잡이로 살육하도록 내버려두지 않았소? 그 일로 인한 원성이 지금 하늘을 찌르고 있소.

만일 내가 상방검尚方劍[12]을 하사받아 장군의 목에 들이댄다면 장군 역시 파리 목숨이 될 것이오."

적인걸의 매서운 대응에 말문이 막힌 장광보는 적인걸을 몹시 미워하게 되었다.

장광보는 경성으로 돌아오자마자 적인걸이 반란자들을 두둔한다고 무고했고, 적인걸은 다시 복주자사로 내려갔다가 나중에는 낙주자사로 자리를 옮기게 되었다.

천수天授 2년(691년) 9월, 적인걸은 지관시랑으로 승관하여 판상서와 동봉각난대평장사를 겸직하게 되었다. 무측천이 적인걸에게 말했다.

"여남에서의 그대의 공적은 매우 훌륭했소. 그대는 자신을 비방하는 자가 누구인지 알고 싶지 않소?"

"만일 폐하께서 제게 과실이 있다고 여기신다면 저는 반드시 이를 시정할 것이고, 폐하께서 제게 과실이 없다는 것을 아신다면 저로서는 크게 다행한 일일 것입니다. 참언讒言을 올려 저를 비방하는 자가 누구인지는 알고 싶지 않습니다. 제 주위에 있는 사람들은 모두 좋은 벗들일 터이니 그자가 누구인지는 모르게 해주십시오."

무측천은 적인걸의 넓은 아량과 넉넉한 마음에 찬탄을 금치 못했다.

그 후로 적인걸의 관직은 재보에 이르렀다. 관직이 높아져도 강직하고 아첨을 모르는 그의 성격은 변함이 없었고, 무측천 역시 나이가 들수록 그를 더욱 신임하고 존중했다. 무측천의 일생 동안 그녀의 신임

---

12 황제가 지휘권을 부여한다는 의미로 장수에게 하사하는 검. 이를 받은 장수는 병사들의 생사여탈권을 갖게 된다.

을 받은 사람은 별로 없었다. 그녀의 비위를 맞춰 부귀영화를 꾀했던 관리들이 무수히 많았지만, 강경한 논박과 직간으로 조정을 당혹스럽게 만들었던 적인걸이 오히려 신임을 받았다는 사실은 역사의 아이러니가 아닐 수 없다. 인의에 기초한 넉넉한 도량만이 이런 기적을 가능하게 한다.

# 13 │ 이유 없는 시련은 없다

진晉 문공 중이는 춘추오패 가운데 한 명으로 그 명망을 후세에 길이 남기고 있다. 그는 온갖 시련과 고통을 극복하고 진나라를 오패의 반열에 오르게 했다. 애초에 그는 부친인 진 헌공이 총애하던 여희의 모함으로 죽임을 당할 뻔했으나, 간신히 진나라를 탈출하여 19년 동안 나라 밖으로 유랑하면서 성숙한 정치가로 성장하게 되었다.

기원전 636년 진나라가 대외 전쟁에서 패배하자 국내에서도 내란이 그치지 않았고 급기야 군왕이 죽게 되었다. 이때 중이가 진나라로 귀국하여 군왕이 되었으니 그가 문공이다.

귀국하여 군왕이 된 문공은 원대한 포부를 품고 백성들을 호되게 훈련시켰고, 2년이 지나 모든 준비가 갖추어졌다는 판단이 서자 곧 제후국의 패자가 되기로 마음먹었다. 그의 곁에는 당시 함께 유랑생활을 했던 자범이라는 인물이 있었다. 식견이 남달리 넓었던 자범이 문공에게 말했다.

"백성들이 훈련을 거쳤지만 아직도 무엇이 의義인지는 잘 모르고 있는 것 같습니다. 게다가 자신들의 위치를 잘 지키지 못하기 때문에 요긴하게 쓰일 수 없을 것 같군요."

문공은 그의 말에 일리가 있다고 생각하고 백성들을 상대로 '의'에 대한 교육을 실시해야겠다고 마음먹었다. 바로 이때 주나라에서 소숙의 난이 발생했다.

소숙은 주 혜왕의 아들로 그의 모친은 혜후였다. 소숙에게는 태자인 형이 있었는데 나중에 주 양왕이 되었다. 소숙은 제나라로 도망쳤으나 주 양왕이 즉위하자 소숙을 다시 데려왔다. 귀국한 소숙은 주 양왕의 왕후인 적외와 몰래 사통했고, 이 일을 알게 된 주 양왕은 적외를 왕후의 자리에서 폐위시켰다. 이 일로 적외의 친정은 반발했고, 적외의 나라에서는 군사를 보내 주를 정벌하려 했다. 다급해진 양왕은 정나라로 도주하고 말았다.

당시 주나라는 명목상으로는 여전히 제후국들의 종주국이었고, 유명무실하긴 했지만 여러 제후국들은 계속 주나라를 떠받들고 있었다. 문공은 주 양왕을 주나라로 돌아갈 수 있도록 도와주기로 마음먹었다. 이런 일을 통해 진나라 백성들에게 '의'란 무엇인가를 알게 하려는 것이었다.

문공은 좌우 양군을 보내어 우군은 소숙을 공격하게 하고 좌군은 정나라로 가서 양왕을 호위하여 주나라로 돌아가게 했다. 양왕은 문공의 공로에 깊이 감사하여 극진한 예를 표시하려 했지만 문공은 다만 할 일을 했을 뿐이라며 극구 사양했다.

이로써 문공은 실제 행동을 통해 윗사람에게 충성을 다하는 것이 '의'라는 것을 백성들에게 보여주었다. 이러한 행동은 그의 명성을 높였을 뿐만 아니라 백성들이 충성하게 만드는 효과를 거두었다.

문공은 양왕의 귀국을 도와준 다음 백성들에게 은혜를 베풀어 안정된 생활을 할 수 있도록 조치했다. 문공이 이제 백성들을 마음껏 부릴 수 있겠다고 생각했을 때, 자범이 또다시 나서서 그를 저지하면서 문공에게 말했다.

"백성들이 '의'는 알게 되었지만 아직 '신信'이 무엇인지는 잘 모릅니다. 따라서 지금 그들을 부리려 한다면 통제하기가 쉽지 않을 것입니다."

문공은 다시 온갖 방책을 동원하여 백성들에게 '신'이 무엇인지 알게 하려 했다. 그는 먼저 군사를 일으켜 원原나라를 공격하면서 병사들에게 사흘 동안 먹을 수 있는 양식만 휴대하게 했다. 진나라 군대가 원나라를 포위한 지 사흘이 지나자 먹을 것이 바닥났지만 원나라는 여전히 투항하지 않고 있었다. 문공은 군사들에게 퇴각 명령을 내렸다. 군대가 막 철수하기 시작했을 때 성 안에서 첩자가 달려와서 보고했다.

"원나라가 더 버티지 못하고 투항할 준비를 서두르고 있습니다."

이에 문공의 진영에서는 원나라가 투항할 때까지 좀더 참고 기다려보자는 주장이 나왔다. 그러나 문공은 반대했다.

"애시당초 사흘간 쓸 군량만 준비해온 이유는 사흘 동안만 싸움을 하려 했던 것이오. 이미 군사들에게 퇴각명령을 내렸는데 어찌 이를 번복할 수 있겠소? 명령을 내린 대로 철수하지 않는다면 원나라를 점령한다 하더라도 사람들의 신뢰를 잃게 될 것이오.”

문공은 일부러 원나라를 공격하지 않음으로써 백성들에게 ‘신’이 무엇인지를 가르쳤고, 동시에 위엄을 세울 수 있었다. 그 결과 진나라의 민풍民風이 크게 변해 ‘신’을 근본으로 삼았고, 장사를 할 때도 폭리를 취하거나 남을 속이지 않았다.

백성들에게 ‘의’와 ‘신’을 가르치는 일을 모두 마친 문공은 자범에게 이제는 계획을 실행해도 좋겠느냐고 물었다. 자범은 여전히 반대했다.

“아직 안 됩니다. 백성들이 비록 ‘의’와 ‘신’은 알게 되었지만 아직 ‘예’를 모르기 때문에 충분히 공손하지 못합니다.”

문공은 백성들에게 ‘예’를 가르치기 위해 또다시 많은 노력을 기울였다. 그는 우선 성대한 열병식을 거행하면서 모든 것을 군대의 예에 따라 행하게 했다. 백성들에게 예의란 무엇인가를 보여주기 위한 조치였다.

또한 사회 질서를 전문적으로 관리하고 관원을 배치해 문무백관의 등급과 직책을 정하게 했다. 이렇게 함으로써 백성들에게 관원의 직위에 맞는 예의를 갖추는 법을 알게 하려는 것이었다. 이러한 조치를 시행한 결과 백성들은 모든 일의 시비를 예의에 근거하여 판단하게 되었다.

문공은 이번에는 자범을 찾아가 묻지 않았다. 그러자 자범이 스스로 문공을 찾아와 말했다.

“이제는 백성들의 힘과 마음을 쓰실 수 있을 것입니다!”

마침내 문공은 백성들의 힘을 믿고 조나라와 위나라를 공격하는 한편 제나라 땅도 침범했다. 또한 포위된 송나라를 지원하여 구하고 초나라를 성복 싸움에서 대패시킴으로써 결국 춘추오패로 자리 잡게 되었다. '의'와 '신' 그리고 '예'는 유가의 핵심적 가치인 오상五常(인仁, 의義, 예禮, 지智, 신信을 가리킨다-역자주) 가운데서도 가장 중요한 세 가지 덕목으로서, 개인에서 시작하여 가정과 사회, 국가에 이르기까지 이른바 유가의 사회구조에서 수신제가치국평천하를 이루는 원동력으로 작용하고 있다.

# 14 │ 어짊과 능력을 구별하라

춘추전국시대 안영은 관중의 뒤를 이은 제나라의 명재상이었다. 그의 능력이 관중에 미치지는 못했을지 모르지만 제나라의 안정과 번영에 크게 기여한 것이 사실이다. 그가 없었더라면 제나라는 일찌감치 전 씨에게 넘어갔을 것이다. 안영의 사상과 치국치민의 방책은 기본적으로 유가에 매우 근접해 있다. 특히 인재를 변별하고 선발하는 데 탁월한 식견은 현대인들에게도 시사하는 바가 크다고 할 수 있다.

경공이 안영에게 물었다.

"이 나라를 잘 관리하고 백성들을 잘 통치하려면 내가 어떻게 해야 하는 것이오?"

"어진 사람들을 천거하여 그들이 나라를 다스리게 하고, 능력 있는 사람들을 등용하여 그들이 백성들을 관리하게 해야 합니다. 이것이야말로 치국치민의 가장 중요한 방법이지요. 어진 사람과 능력 있는 사람들을 잘 부리기만 하면 백성들은 편안하게 생활하면서 즐겁게 일할 수 있을 것입니다."

"어질고 능력 있는 사람이 있다 해도 과인이 그들을 어떻게 알아볼 수 있겠소?"

"어질고 능력 있는 사람이 드러나지 않는다면 어찌 그를 현자라 할 수 있겠습니까? 대왕께서 평소에 인재를 발탁하는 데 힘을 쓰지 않으신 까닭에 현자를 알아보지 못한다는 것이 문제이지요."

"그렇다면 과인에게 현자를 얻을 수 있는 방법을 좀 알려주시구려."

"인재를 알아보기 위해서는 먼저 그가 어떤 사람들과 사귀는지를 살펴야 합니다. 그의 언행과 습관을 살피되 화려한 언사로 그의 품행을 단정하지 말아야 하며, 다른 사람의 칭찬이나 비방을 듣고 그의 재능을 판단하지 말아야 합니다. 대왕께서 이런 방식으로 인재를 선발하시면 발탁된 사람들은 자신의 태도나 말을 꾸며서 대왕의 신임을 얻으려 애쓰지 않을 것이고, 자신의 생각을 감추어 대왕의 총애를 구하려 하지 않을 것입니다. 사람을 제대로 이해하려면 그가 세력을 얻었을 때 무엇을 주장하는지를 살펴야 하고, 세력을 잃었을 때 무엇을 거부하는지를 보아야 하며, 부귀해졌을 때 무엇에 반대하는지를 따져보아야 합니다. 일반적으로 말해서 가장 뛰어난 인재들은 항상 매우 신중한 태도를 견지하기 때문에 함부로 벼슬길에 오르려 하지 않고, 설사 벼슬길에 들어섰다 해도 쉽게 물러나기 일쑤지요. 그 다음 인재들은 쉽게 벼슬길에 들어섰다 쉽게 물러납니다. 가장 부족한 인재들이 벼슬을 매우 좋아하고 중시하기 때문에 일단 관리가 되면 쉽게 물러나려

하지 않지요. 대왕께서 이러한 기준으로 인재를 선발하신다면 장차 크게 문제될 것이 없을 것입니다.”

“그럼 아첨을 잘하는 신하들은 어떻게 군왕을 섬기는 것이오?”

“대왕께서 그들을 배척하시면 그들도 대왕께 다가오지 않을 것입니다. 그들은 자신의 언행을 치켜세워 스스로를 미화하고 거짓으로 사심이 없는 척하여 남의 환심을 삽니다. 또한 그들은 자기관리에 뛰어나기 때문에 다른 사람들과의 교제 속에서 군왕에 대한 자신의 충심을 나타내 보이고, 다른 사람에게 자기가 군왕의 총애를 받고 있음을 과시하려 합니다. 군왕이 좋아하고 싫어하는 것을 몰래 살펴 이에 영합하려 하고, 군왕의 근신近臣들과 결탁하여 못된 짓을 저지릅니다. 속으로는 관작과 봉록을 중시하면서도 겉으로는 이를 가벼이 여기는 척하며 자신의 거짓된 언행을 덮어버립니다.

또한 그들은 스스로를 낮춰 군왕의 측근에 영합함으로써 자신들의 성정이 겸손하고 온화하여 남들과 쉽게 가까워지는 것처럼 꾸미고, 겉으로는 공정한 척하여 자신이 청렴결백한 것처럼 위장합니다. 그들은 군왕이 자신들의 의견을 받아들이는 것을 좋아하지만 이는 치국과 치민을 위한 것이 아니라 자신들의 관직과 작위을 높이면서 실리와 권력을 얻기 위한 것입니다. 때로는 공명과 부귀를 경시하는 듯한 태도를 보임으로써 더욱 많은 실리를 노리고, 때로는 관작을 사절하는 방법으로 더욱 중요한 관작을 얻어내기도 하지요. 그들은 개인적 이익을 얻는 데 혈안이 되어 있어 남에게 주는 것을 싫어하고, 새로운 사람들과 사귀기를 좋아하되 오랜 벗들에게는 무관심하며, 자신의 재물을 몹시 아끼되 다른 사람에게 베푸는 데는 아주 인색합니다. 빈궁한 친척이나 친구를 만나면 낯선 사람을 대하듯이 하면서도 이익이 있는 곳이면 어디든지 앞 다투어 달려가지요. 그들은 사람들과 내왕하면서 항상 자신을 과시하고, 생활에 필요한 물건들을 산더미처럼 쌓아놓고 살면서도 자신이 가난한 사람들을 불쌍히 여기는 미덕을 갖고 있다고 떠벌립니다. 그들의 말은 구구절절 사리에 들어맞지만 행동으로 실천하지는 않으며, 지금 일어나고 있는 일에 대해 이러쿵저러쿵 제멋대로 비판하고 남의 잘잘못을 따지기 좋아하여 자주 언쟁을 일으킵니다. 능력 있는 사람들은 마구 비방하면서 능력이 없는 사람들에게는 가혹하게 요구하지요. 강직하고 진실해 보이는 그들의 말투는 총명과 겸손으로 위장하여 군왕의 마음을 움직이기 위한 술책에 지나지 않습니다. 이런 것들이 바로 아첨하는 무리들의 특징이지요. 현명한 군주라면 이런 부류의 인간들을 멀리하고 질책하겠지만 우매한 군주는 이런 사람들만 신임합니다."

숙향이 안영에게 물었다.

"그럼 올바른 사람들과 사악한 사람들의 처세 원칙은 어떻게 다른가요?"

"올바른 사람은 권력을 갖고 있다 해도 사람들을 차별하여 대하거나 사사로운 감정에 사로잡혀 한쪽을 편들지 않습니다. 나라를 위해 일하면서 부귀영화를 누려도 어려웠던 지난날을 잊지 않고, 벼슬길이 순탄할 때면 군왕을 위해 정성을 다하고 자신을 채찍질하면서 백성들을 잘 보살피며, 벼슬길이 순탄치 않을 때도 군왕을 원망하지 않고 아랫사람을 교화하여 군왕에게 순종하게 합니다. 군왕을 섬김에 있어서 항상 인의를 지키고 충성을 다하며 직위와 봉록을 따지지 않습니다.

등용되지 않아도 아무런 불만을 갖지 않고 자신의 분수에서 벗어나 정사에 관여하지 않습니다. 친구를 사귈 때도 현능賢能한 사람은 상대방의 품성과 언행을 고려하여 아무하고나 가깝게 지내지 않고, 의기가 투합하지 않으면 주저 없이 그를 멀리합니다. 군주 앞에서 다른 사람을 헐뜯지 않고 백성들을 학대하지 않으며 애써 자신의 지위를 높이려 들지도 않습니다. 때문에 성인군자가 군왕의 신임을 얻게 되면 백성들의 삶이 평안해지고, 설사 그들이 말직에 있다 해도 군왕이 존중을 받게 되는 것이지요. 이런 사람들이 민심을 얻어도 군왕이 그들을 시기하거나 의심하지 않는 것도 바로 이런 이유 때문입니다. 입신양명해도 자신을 망치는 일이 없고 물러나서도 제 몸을 위태롭게 하는 일이 없으니, 이것이 바로 성인군자의 행동이지요.

반면에 사악한 사람들은 그렇지 못합니다. 이들은 군왕의 중용을 받게 되면 백성들을 학대하고, 관직이 낮을 때는 항상 불만을 품고 심지어 군왕에 대한 모반을 꾀하기도 하지요. 그들이 군주를 섬기는 것은 자신의 관직과 작위를 높이고 재산을 불리기 위한 것이지, 결코 충의를 실천하기 위한 것은 아닙니다. 친구를 사귈 때도 사람의 품행을 중시하지 않고 마구잡이로 사귀면서 서로 비위를 맞춰 벼슬을 구하고, 사악하고 간사한 사람들과 어울려 이익을 도모하지요. 남들 앞에서 오만하게 관직을 뽐내고 자신을 치켜세우기 좋아하여 사람들 앞에서 항상 자신을 과시합니다. 이 같은 자들은 군왕의 등용을 받지 못하면 크게 불만을 터뜨리며 함부로 남을 비방합니다. 친구를 사귐에 있어서도 진실함이 없고 쉽게 남을 헐뜯지요. 이런 사람들이 높은 관직에 등용되면 백성들이 이를 우려하게 되고, 낮은 관직에 있게 되면 군왕의 통치가 위태로워집니다. 이런 사람들이 군왕을 모시게 되면 군왕의 노여움을 면치 못하게 될 것이고, 그들을 벗으로 사귀면 재난이 닥칠 것입니다. 벼슬길에 나가면 치욕을 불러오고, 벼슬길에 나가지 못하면 법령을 파괴하는 무리가 되고 말지요. 이런 사람들이 권력이 있는 자리에 오르게 되면 무고한 사람들이 죽을 것이고, 말직에 있게 되면 윗사람들은 거역과 모반의 대상이 될 것입니다. 한마디로 말해서 올바르지 못한 자들의 행동만 골라서 하게 되지요."

이러한 안영의 인재론을 바탕으로 경공은 춘추오패의 하나가 될 수 있었다.

# 4장 | 나를 버리고 남을 위하라

# 15 | 선비는 지기를 위해 죽는다

"선비는 자신을 알아주는 사람을 위해 죽고, 여인은 자신을 사랑하는 사람을 위해 화장을 한다."

사람을 알고 쓰는 데 있어서의 경험을 요약한 말로, 만고불변의 진리이다. 이는 고대사회에만 적용될 수 있는 이치가 아니라 현대사회에서도 상당한 합리성을 지닌 명제로 활용되고 있다.

선비는 자신을 알아주는 사람을 위해 죽는다는 이치는 매우 간단하다. 이는 예로부터 사람을 판단하고 등용하는 고전적 기준이자, 인간의 존엄성을 지키는 표현이었다. 문제는 그처럼 진정으로 자신을 알아주는 사람을 만나는 일이 어렵다는 것이다. 지인을 만날 수 있는지의 여부는 개인의 품덕과 능력, 포부에 달려 있다. 무조건 노력한다고 해서 누구나 도달할 수 있는 경지가 아닌 것이다.

춘추전국시대 제나라의 안영은 높은 학문과 뛰어난 문화적 수준을 갖춘 인물로, 당시 여러 제후국 중에서도 그를 능가하는 사람을 찾기 어려웠다. 그런 안영도 사람을 판단하는 어려움에 대해 늘 탄식하곤 했다.

제나라에 북곽소北郭騷라는 사람이 있었다. 그는 짐승을 잡는 그물을 엮거나 짚신을 삼는 일로 모친을 봉양하면서 생계를 유지했다. 이런 일만으로는 생계를 유지하기 어려웠던 그는 직접 안영을 찾아가 부탁했다.

"저는 선생님의 인의를 우러러왔습니다. 그래서 모친을 봉양하기 위해 선생께 도움을 얻으러 왔지요."

안영이 사람을 시켜 창고에 가득한 돈과 양식을 꺼내 북곽소에게 건네주려 하자, 그는 돈과 재물은 사양하면서 먹을 양식만 받아갔다.

얼마 후 안영은 경공의 의심을 받아 더 이상 조정에 있을 수 없게 되었다. 그는 조정을 떠나면서 북곽소의 집 앞을 지나다가 그에게 작별 인사를 건넸다. 북곽소는 목욕재계를 한 다음 새 옷으로 갈아입고 나와 정중하게 인사를 올리며 물었다.

"선생께서는 지금 어디로 가시는지요?"

"나는 지금 군왕의 의심을 받는 처지가 되어 도망치듯 이곳을 떠나는 중이오."

"그럼 조심해 가십시오."

이렇게 말하면서 북곽소는 별다른 반응을 보이지 않았다. 안영은 수레에 앉아 긴 탄식을 내뱉었다.

"내가 이 지경에 이른 것이 마땅하다는 말인가? 정말로 선비들은 알

수가 없구나. 이제 와서 누구를 원망하랴!"

안영이 가고 나자 북곽소는 즉시 움직이기 시작했다. 그는 먼저 자신의 친구들을 찾아가 말했다.

"내가 안영의 인의를 우러러 예전에 먹을 것을 얻으러 간 적이 있었네. 사람들이 부모를 부양하는 데 도움을 준 사람이라면 그를 위해 기꺼이 어려움을 대신해야 한다는 말을 들었네. 지금 안영이 군왕으로부터 의심을 사고 있으니, 내가 목숨을 걸고 군왕을 찾아가 그의 결백을 증명하려 하네."

말을 마친 북곽소는 정결한 옷차림으로 친구에게 보검과 대나무 광주리를 들게 하여 함께 궁궐을 찾아갔다. 궁궐 앞에서 그가 문지기에게 말했다.

"안영은 천하에 이름난 현자입니다. 그런 분이 지금 군왕의 의심을 받아 제나라를 떠나게 되었으니, 제나라는 반드시 이로 인해 큰 피해를 보게 될 것입니다. 국가의 손실을 눈뜨고 지켜보느니 차라리 죽는 편이 더 나을 것 같아 지금 제 머리로 안영의 결백을 증명하고자 합니다."

그런 다음 그는 친구에게 말했다.

"자네는 내 머리를 대나무 광주리에 담아 군왕께 갖다드리도록 하게. 아울러 내 뜻을 전해주기 바라네."

말을 마친 그는 곧장 검을 뽑아 자결하고 말았다.

북곽소의 친구가 그의 머리를 문지기에게 넘겨주며 말했다.

"이것이 바로 북곽소의 머리요. 그가 나라를 위해서 죽었으니 나는 이제 그를 위해 죽어야겠소."

그러고는 친구 역시 그 검으로 자결하고 말았다.

이런 사실을 전해 들은 경공은 크게 놀라 직접 수레를 몰고 안영의 뒤를 쫓아갔다. 교외에서 겨우 안영을 따라잡은 그는 제발 다시 돌아와 달라고 간청했다. 안영은 하는 수 없이 경공을 따라 제나라로 돌아왔다. 북곽소가 목숨을 바쳐 자신의 결백을 증명했다는 소식을 들은 안영은 길게 탄식하며 말했다.

"내가 제나라를 떠나는 것이 마땅하다는 뜻인가? 갈수록 선비들은 알기가 어렵구나!"

안영이 두 번씩이나 선비를 알기 어렵다고 탄식한 것은 오늘날의 관점에서 보자면 겸손함의 소치일 수도 있을 것이다. 하지만 당시 그의 한탄은 진심에서 우러나온 것이었고, 그 안에 심오한 이치가 담겨 있었다.

첫 번째 탄식은 자신이 범속凡俗한 사람을 선비로 잘못 보았으니 그런 능력으로 어떻게 군왕을 보좌하면서 궁중에 남아 있을 수 있겠는가 하는 뜻이었고, 두 번째 탄식은 자신이 두 눈을 뜨고도 태산 같은 사람을 알아보지 못했으니 역시 군왕을 보좌할 자격이 없어서 떠나는 것이 마땅하다는 뜻이었다. 모두 자신의 수양과 군왕을 보좌할 만한 경지에 이르지 못한 능력을 탓한 것이다. 이처럼 수시로 자신을 반성할 줄 아는 안영의 정신은 본받을 만하다.

### 인재의 마음을 살펴라

안영이 길을 가다가 중모라는 곳을 지나게 되었다. 그곳에서 그는 길가에서 쉬고 있는 남루한 옷차림의 어떤 사람을 만나게 되었다. 그는 비록 남루한 옷을 걸치고 있긴 했지만 자세히 보니 군자의 풍모를 갖춘 인물이었다. 안영이 궁금하여 그에게 물었다.

"그대는 무슨 일을 하는 사람이길래, 어찌 하여 여기까지 오시게 되었소?"

"저는 월석보越石父라고 하는데 다른 사람의 하인으로 일하고 있습니다. 중모에서 노역을 하다가 일을 마치고 돌아가는 길이지요."

"그런데 왜 남을 위해 노역을 하고 있는 건가요?"

"굶주림과 추위에서 벗어나기 위해 남의 하인이 되었지요."

"그런 일을 한 지 얼마나 되셨습니까?"

"이제 3년이 지났습니다."

"내가 그대를 자유롭게 해주고 싶소."

"그렇게만 된다면 더 좋을 것이 없겠습니다."

그리하여 안영은 수레를 끌던 왼쪽 말을 풀어 월석보의 몸값을 지불한 다음, 그를 자기 수레에 태워 함께 제나라로 돌아왔다.

집에 도착하자 안영은 월석보에게 작별 인사도 하지 않고 안으로 들어가버렸다. 월석보는 몹시 화가 나서 안영과 절교하겠다고 말했다. 그러자 안영은 사람을 보내 자신의 생각을 전했다.

"과거에 그대와 친구로 사귄 적도 없는데 3년이나 노복으로 있던 그대를 자유인으로 만들어주었소. 내가 그대에게 무슨 잘못을 했다고 이렇게 빨리 절교하려 드는 것이오?"

"선비는 자신을 알아주지 않는 사람 앞에서는 스스로를 굽히면서 지낼 수 있지만 자기를 알아주는 사람 앞에서는 허리를 곧게 편다고 들었습니다. 따라서 진정한 군자라면 자신이 은혜를 베풀어주었다 하더라도 은혜 입은 사람을 경시하지 말아야 하고, 또 은덕을 입었다고 해서 비굴하지도 말아야 하는 것입니다. 제가 3년 동안 노복으로 있었던 것은 저를 알아주는 사람이 없었기 때문이지요. 선생께서 저를 자유인으로 만들어주었을 때, 저는 선생이야말로 저를 진정으로 이해하는 분이라고 생각했습니다.

그래서 선생과 수레를 함께 탔을 때 선생께서 제게 겸양의 태도를 보이지 않았지만 저는 선생께서 저를 잠시 잊은 것이라 생각했지요. 그러나 선생께서 작별 인사도 없이 집 안으로 들어가시는 걸 보고서 저를 하인으로 대하고 있다는 사실을 알게 되었습니다. 기왕에 저를 하인으로 대하실 바에는 차라리 저를 다시 팔아버리라고 전해주십시오."

안영은 월석보의 말을 전해 듣고서야 비로소 자신의 잘못을 깨닫고는 얼른 집에서 나와 다시 그를 찾아가 말했다.

"지금까지 나는 그대의 겉모습만 보았으나 이제는 그대의 마음속까지 살피게 되었소. 자신의 언행을 반성할 줄 아는 사람은 다른 사람이 범한 잘못을 따지지 않고, 실질적인 일에 치중하는 사람은 다른 사람의 언사에 신경을 쓰지 않는 법이오. 내가 이렇게 사과하니 그대도 내 잘못을 용서해주기 바라오."

이렇게 말하고 나서 안영은 마당에 물을 뿌려 깨끗이 청소를 한 다음 깍듯이 예의를 갖춰 월석보를 집으로 초대했다. 그러나 월석보는 이를 완곡하게 사양하면서 말했다.

"아무리 상대를 공경한다 해도 길을 가는 도중에는 예의를 차릴 수 없고, 아무리 요란하게 예의를 갖춘다 해도 반드시 위와 아래를 구별해야 한다고 들었습니다. 선생께서 저를 대하는 예절이 너무 부담스러워 감히 받아들이지 못하겠습니다."

이때부터 안영은 월석보를 항상 귀빈으로 접대했고 월석보는 유명한 인물로 성장했다.

만일 안영 같은 사람이 오늘날의 보통사람들처럼 달면 삼키고 쓰면 내뱉는 식으로 상대의 존엄을 짓밟았다면 제나라의 재상이 되는 것은 고사하고 한 마을의 촌장도 되지 못했을 것이다. 그러나 남을 받아들일 수 있는 넉넉한 도량을 갖추기 위해서는 반드시 그러한 자질을 갖춰야 한다. 능력이 없는 사람은 결국 자신보다 유능한 사람을 수하에 둘 수 없기 때문이다.


## 신의로 대하라

이런 점에서 고대 중국의 협객들이 보여준 자질과 역할, 그리고 협객에 대한 일부 군왕이나 왕자들의 넉넉한 태도는 우리에게 시사하는 바가 크다.

고대 중국, 특히 춘추전국시대의 협객은 대단히 낭만적인 기질을 지닌 사람들이었다. 예악禮樂이 붕괴되고 도덕과 윤리가 땅에 떨어져 인심이 흉흉한 세태 속에서도 그들은 전통적 이상을 마음에 간직하면서 손에 든 검으로 현실을 구제하려 했다. 철저하게 현실 속에서 살면서도 현실을 초월하려 했던 것이다. 그들이 보여준 갖가지 심리적 기질과 행동특성은 오늘날에도 필요한 부분이 적지 않지만 재현될 방법이 없는 것이 안타까울 뿐이다.

전저專諸도 춘추전국시대의 유명한 협객 가운데 하나였다. 당시 오나라 왕자 광은 오왕 요를 죽이려 했다. 왕자 광의 부친은 오왕 제번으로 그에게는 여제余祭와 이미夷眛, 계자찰 등 세 명의 동생이 있었다.

제번은 계자찰이 가장 현능하다는 것을 알고 왕위를 그에게 넘겨주려는 생각으로 자신의 아들인 왕자 광을 태자로 봉하지 않았다. 제번이 죽은 후에 왕위는 여제에게 이어졌고, 여제가 죽자 이미가 왕위를 이어받았다. 또한 이미가 죽은 후에는 왕위가 계자찰로 이어졌지만 계자찰은 국왕이 되기 싫어 도망치고 말았다. 그리하여 오나라 사람들은 이미의 아들인 요를 오왕으로 세웠다.

당시의 상황으로 볼 때 이는 정리가 통하지 않았기 때문에 발생한 일이었다. 계자찰에게 왕위를 물려주는 것이 제번의 소망이었다면 요에게 왕위를 물려준 것은 합리적이지 못한 일이라 마땅히 제번의 아들인 왕자 광에게 왕위를 돌려주었어야 했다. 이 때문에 왕자 광은 원한을 품고 오왕 요를 살해하려 한 것이다.

왕자 광은 오자서를 통해 전저를 알게 된 후 그가 대단히 용감하고 도의를 중시하는 사람이라는 사실을 알았다. 그래서 그에게 예를 다했고, 그의 모친을 극진히 모셨다. 상당한 시간 동안 검증을 거쳐 전저는 왕자 광이 자신을 진심으로 극진하게 대우하고 있다는 사실에 감격했다. 자신처럼 평범한 사람이 왕자 광에게서 극진한 예우와 함께 존경을 받고 있다는 사실이 감격스럽고 행복할 따름이었다.

어느 날 전저는 왕자 광에게 자신을 이렇게 후대하는 이유가 무엇인지 묻게 되었고 광은 전저를 진심으로 존경한다면서 자신이 왕위를 잃게 된 사연을 설명했다. 그리고 자신이 왕위를 빼앗는다면 이는 지극히 정의로운 일이 될 것이라고 말했다.

얘기를 다 듣고 나서 전저는 자신이 그를 대신해서 오왕 요를 죽이겠다고 약속했다. 왕자 광은 심심한 감사의 뜻을 밝히면서 전저의 자녀들을 자신의 자녀로 삼아 최선을 다해 키울 것이며, 전저가 죽게 되면 수시로 제사를 지내주겠다고 약속했다.

몇 년 후 오왕 요는 출병하여 초나라를 공격했고 왕자 광은 나라 안이 비어 조정이 소란스러워진 틈을 이용해서 오왕 요를 죽이기로 마음먹었다. 그는 오왕 요를 자신의 집으로 유인하여 술에 취하게 한 후 죽일 요량으로 미리 옆방에 병사를 매복시켰다. 오왕 요도 왕자 광에 대해 경계를 늦추지 않고 있던 터라 왕궁에서 왕자 광의 집 대문까지 호위병들을 세워놓고 불의의 사태에 대비했다. 게다가 문 앞에 대기한 사람들은 전부 오왕 요의 친척들이었다.

술이 거나해졌을 때쯤 왕자 광은 발이 아파 신발을 갈아 신어야겠다는 핑계를 대고 옆방으로 들어갔다. 그리고 전저에게 생선 배에 비수를 감춰 들어가 음식을 내놓는 척하면서 오왕 요를 죽이라고 지시했다.

그리하여 전저는 오왕에게 생선 요리를 바치는 척하다가 갑자기 생선 배에서 비수를 꺼내 오왕을 찔렀다. 오왕이 쓰러지는 순간 그의 호위병들이 한꺼번에 달려들어 전저를 죽였다. 이때 왕자 광이 매복하고 있던 병사들을 지휘하여 오왕과 호위병, 친척들까지 모조리 죽이고 마침내 왕위에 오르게 되었다. 왕권을 탈취하자마자 그는 전저의 아들을 고관에 임명했다.


## 지기의 은혜에 보답하다

또한 『전국책』에는 섭정聶政이란 인물에 관해 기록하고 있는데, 이를 통해 그를 존경하고 중용했던 엄중자의 자취를 살펴볼 수 있다.

섭정은 지읍 심정리 사람으로, 사람을 죽인 후에 복수당할 것을 두려워하여 모친과 누이를 데리고 멀리 제나라로 도망해 가축을 도살하는 일로 먹고살았다. 세월이 흘러 한양의 엄중자는 한韓 애후를 섬기면서 재상 협루와 원한 관계에 있다가 협루의 협박에 못 이겨 도망치게 되었다. 그는 열국을 떠돌아다니면서 자신의 원한을 갚아줄 사람을 물색하고 있었는데, 제나라에 갔을 때 섭정이라는 용감한 무사가 원한을 피해 성과 이름을 감추고 백정으로 살고 있다는 소문을 듣게 되었다.

엄중자는 곧장 섭정의 집으로 찾아갔고 여러 차례 방문을 거듭하다가 나중에는 술과 음식을 준비하여 직접 섭정의 모친에게 보내주기도 했다. 식구들이 모두 배불리 먹고 났을 때 엄중자는 황금 100일鎰(24냥)을 마련하여 섭정의 모친에게 바치면서 장수를 기원했다. 섭정은 이처럼 후한 관심과 배려를 이상하게 여기면서 엄중자의 접근을 사절했다. 그러나 엄중자가 집요하게 받으라고 하자 섭정은 완곡하게 거절하면서 말했다.

"다행히 노모께서 건재하시긴 하지만 집안이 가난하여 타향을 떠돌며 백정질로 먹고사는 형편입니다. 그러나 조만간 노모를 잘 모실 수 있을 것 같습니다. 이제 엄 선생의 호의는 더 이상 받아들이기 어렵겠습니다."

엄중자는 다른 사람들의 눈길을 피해 섭정의 귀에 대고 말했다.

"제겐 갚아야 할 원한이 있습니다. 여러 해 동안 열국을 돌아다니다가 선생께서 의로움이 대단하시다는 소문을 들었습니다. 그래서 황금을 준비해 선생의 노모를 봉양하는 비용으로 쓰시도록 하여 선생과 친구가 되고자 했던 것이지, 별다른 뜻은 없습니다."

"제가 뜻을 죽이고 온갖 치욕을 견디면서 백정으로 지내는 것은 오로지 노모를 봉양하기 위한 것입니다. 노모가 살아 계시기만 하다면 남을 위해 목숨을 희생하는 것도 아깝지 않습니다."

엄중자가 거듭 부탁했지만 섭정은 끝내 그의 호의를 받아들이지 않았다. 엄중자는 손님의 예를 다한 후에 섭정의 집을 나왔다. 엄중자는 사람을 잘 알아보는 인물이라 섭정의 모친을 위해 장수를 기원하고 섭정보다 열 배의 정성을 다해 모셨다. 이로 인해 섭정은 자존심을 만족시킬 수 있었다. 그러니 의로움을 중시하는 섭정이 어찌 이에 보답하지 않을 수 있었겠는가?

또다시 세월이 흘러 섭정의 모친은 결국 세상을 떠나고 말았다. 장례가 끝나고 상복을 벗은 후에 섭정은 혼잣말로 말했다.

"에이! 나 섭정은 한낱 시정잡배로서 개나 잡아 먹고사는 사람이지만, 엄중자는 제후국의 경상이라는 신분이다. 그런데도 1,000리가 멀다 하고 찾아와 자존심을 내던지고 나와 교우를 맺었는데, 내가 그를 대한 태도는 정말 가당치 못했다. 그가 내게 베풀어준 존경과 예우는 어떤 공을 세워도 갚기 힘들 것이다.

엄중자가 황금 100일鎰을 모친에게 보냈을 때 내가 사양하면서 받지는 않았지만, 그가 그렇게 할 수 있었다는 것만으로도 지기知己가 되기에 충분하다. 그처럼 현능한 사람이 원한 때문에 분노를 안고 살면서 외지에서 온 하찮은 사람에게 의지한다는데, 어떻게 묵묵부답으로 모른 척하고 있을 수 있겠는가? 그가 이전에 내게 도움을 청했을 때 승낙하지 않았던 것은 노모가 살아 계시기 때문이었지만, 이제 노

모께서 세상을 떠난 마당에 지기를 위해 미천한 힘이나마 쏟지 않을
이유가 없다."

섭정이 그때까지 엄중자의 요청을 받아들이지 않았던 이유는 모친
이 살아 계시기 때문에 엄중자를 대신해서 원수를 갚다가는 노모를 부
양하지 못하는 불효를 저지르게 될 것 같았기 때문이었다. 결국 그는
이익보다는 명분을 중시하는 인물이었다. 그리하여 섭정은 지기의 은
혜에 보답하기로 마음먹고 한양으로 엄중자를 찾아갔다.

"이전에 여러 차례 경의 요청을 받아들이지 않았던 것은 노모께서
살아 계셨기 때문입니다. 이제 노모께서 세상을 떠나셨으니 경의 원한
이 어떤 것인지 말씀해주시지요."

엄중자는 자신의 처지를 상세하게 설명했다.

"내가 갚아야 할 원한은 협루에 대한 것이오. 그는 한왕의 숙부로서
가문의 세력이 막강하고 처소의 경비가 삼엄하여 내가 여러 차례 자객
을 보내 그를 죽이려 시도해보았으나 아직까지 성공하지 못했소. 만일
선생께서 나서주신다면 거기車騎는 물론 장사병을 충분히 배치해서
선생의 거사를 돕도록 하겠소."

"한과 위 두 나라 서로 멀리 떨어져 있는데다 한나라 황친의 국척國
戚(인척)인 재상을 죽이려 한다면 여러 사람이 가는 것은 바람직하지
못합니다. 사람이 많으면 서로 다른 생각이 생기기 십상이고, 그럴 경
우 소문이 새어나가 한나라 사람들 전체가 경을 원수로 생각하게 될
것입니다. 이는 이만저만 위험한 일이 아니지요!"

그리하여 섭정은 도움을 사양하고 엄중자의 처소를 나와 혼자서 한
나라로 향했다. 섭정의 이러한 태도는 엄중자의 입장을 주도면밀하게

고려한 처사로서, 지기의 은혜에 보답하려는 그의 정성과 치밀한 방법
은 감동적이기까지 했다.

섭정은 예리한 칼 한 자루만 손에 들고서 한나라로 갔다. 한나라 재
상 협루는 집안에 틀어박혀서 지내고 있었고 주위에는 완전 무장한 호
위병들이 지키고 있었다. 섭정은 겁내지 않고 곧장 안으로 들어가 단
박에 협루를 찔러 죽인 다음 큰 소동을 벌였다. 섭정은 크게 소리치면
서 10여 명을 더 죽인 후에 스스로 자신의 얼굴을 난자하고 눈알을 파
낸 다음 내장을 쏟으며 자살했다.

한나라 사람들은 그의 시신을 길거리에 내놓고 현상금까지 걸어 그
의 신분을 확인하려 했으나 아무도 그를 알아보지 못했다. 섭정은 협
루를 죽인 일에 엄중자는 물론 자신의 가족들이 연루되지 않도록 하기
위해 스스로 자신의 얼굴을 그어 알아보지 못하게 했던 것이다. 이는
의와 효를 갖춘 행동이었다.

섭정뿐 아니라 그의 누나 역시 섭정 못지않게 비범한 여인이었다.
섭정의 누나 섭영은 누군가 한나라 재상을 살해했는데, 자객의 신분이
밝혀지지 않아 시신을 길거리에 내놓고 현상금을 걸어 신분을 확인하
려 애쓰고 있다는 소문을 듣고서 목을 놓아 울면서 말했다.

"어쩌면 그 자객은 내 동생 섭정일지도 몰라! 아, 엄중자가 내 동생
의 사람됨을 알고 있었구나!"

그리고 즉시 한나라로 달려가 길거리에 버려진 시신이 동생 섭정임
을 확인하고는 시신을 끌어안고 비통함을 가누지 못하며 말했다.

"이 사람은 지읍 심정리에 사는 섭정이란 사람입니다!"

행인들이 말했다.

"이 사람이 바로 우리 재상을 죽인 자객으로 국왕께선 현상금을 걸고 신분을 확인하려 하고 있소. 부인은 그런 소문도 듣지 못했소? 어서 가서 이자의 신분을 확인시키고 현상금을 타지 그러시오?"

"알고 있습니다. 제 동생 섭정이 치욕을 삼켜가며 저잣거리를 떠돌며 살았던 것은 노모께서 살아 계시고 누나인 제가 출가하지 않고 있었기 때문입니다. 이제 노모께서 돌아가시고 저마저 출가했지만, 엄중자가 제 동생이 어려움에 처한 것을 알고서 교우를 맺어 태산 같은 은혜를 베풀어준 것에 보답하기 위해 이런 일을 저지른 것입니다. 선비는 지기를 위해 죽는 법이니 다른 방법이 없었겠지요. 게다가 누이인 제가 아직 살아 있기 때문에 이 일에 연루되는 것이 두려워 남들이 알아보지 못하도록 스스로 얼굴을 난자했던 것입니다. 그러니 제가 어떻게 화가 두려워 동생의 이름을 더럽힐 수 있겠습니까?"

이 말에 한나라 사람들은 크게 감동했지만 섭영은 슬픔을 이기지 못해 동생 섭정의 시신을 껴안고 끝내 그 자리에서 숨을 거두고 말았다. 진과 초, 제와 위 등 여러 제후국 사람들도 이런 소문을 듣고는 감격하여 이구동성으로 말했다.

"섭정도 대단한 사람이지만 죽음을 두려워하지 않고 먼 길을 달려와 동생의 이름을 빛낸 섭영도 절개와 의기가 대단한 여인이다. 하지만 누나가 이럴 줄 알았다면 섭정은 엄중자의 요청에 따르지 않았을 것이다."

섭정의 이름이 빛나는 것은 그가 일개 제후국의 재상을 죽였기 때문이 아니라, 지기의 은혜에 보답하면서 누구에게도 피해를 끼치지 않으려 애썼기 때문이었다. 춘추전국시대에는 협객들의 거사가 적지 않았지만 전저와 형가, 섭정 세 사람만이 청사에 이름을 빛내고 있는 이유도 이러한 의협심에 있는 것이다. 천금으로도 목숨을 거는 의로운 선비를 구할 수 없지만 말 한마디로도 이런 협객을 구할 수 있었던 것은 그를 존중했기 때문이다.

## 청사에 길이 남다

형가荊軻가 진왕을 암살하려 했던 사건은 삼척동자도 아는 유명한 이야기이다. 이 이야기는 중국인들에게 커다란 영향을 미쳤고 중국인들의 민족적 성격을 규정하는 상징적 의미를 갖고 있다.

형가는 위나라 사람이었으나 나중에 연燕으로 이주했다. 연나라 사람들은 그를 형경荊卿이라 불렀다. 그는 독서와 격검擊劍을 좋아하여 위왕과 더불어 나라를 다스리는 이치에 대해 담론하고 수많은 제후국들을 돌아다니며 사람들과 검술에 관해 이야기하곤 했지만, 자기를 알아주는 지기를 만나지 못하다가 연나라로 와서야 처음으로 고점리라는 사람을 만나 지기가 되었다.

고점리는 개를 잡아 먹고사는 사람으로 축築이라는 악기를 잘 다루었다. 두 사람은 한가할 때면 자주 저잣거리에서 만나 함께 술잔을 기울였다. 술이 얼큰해지면 고점리가 축을 두드리고 형가가 큰 소리로 노래를 부르다가 노래가 끝나면 둘이 부둥켜안고 울기도 했다. 주위 사람들의 시선은 안중에도 없었다.

형가는 술에 취해 저잣거리를 떠돌면서도 독서를 게을리 하지 않았다. 사귀는 사람들도 하나같이 호방하며 현능賢能한 인물들이었다. 하지만 당시 사람들은 어느 누구도 형가의 됨됨이를 알아보는 사람이 없었다. 그가 연나라로 온 후에야 안목이 뛰어난 전광이란 처사가 그를 알아보고 극진히 대우하게 되었다. 전광은 형가가 원대한 포부를 가슴에 품은 인물임을 간파하고 있었던 것이다.

얼마 있지 않아 연의 태자 단이 진秦으로부터 도망쳐 왔다. 원래 진왕 영정嬴政(나중에 진시황이 됨-역자주)은 조나라에서 태어나 태자 단과 아주 친하게 지냈는데, 나중에 영정이 진으로 돌아오자 태자 단이 진과 조의 우호관계를 위해 인질로 가게 되었던 것이다.

그러나 영정은 진왕이 된 후로 태자 단을 제대로 예우하지 않았고, 이에 단은 몹시 격분하여 탈출할 기회를 노리다가 마침내 연으로 도망친 것이었다. 이어서 진은 연의 서쪽에 있는 국가들을 공격하여 수많은 성지를 빼앗아 연을 직접적으로 위협하기 시작했다. 태자 단은 보복하고 싶었지만 국력이 약해 어쩔 도리가 없었다.

이때, 진의 대장 번어기가 진에서 범죄를 저지르고 연으로 도망쳐 왔다. 진왕 영정은 즉시 번어기의 일가족을 몰살하고 그를 잡기 위해 현상금을 내걸었다. 태자 단이 번어기를 받아들여 후하게 대우하자 태부 국무鞠武는 이를 경계했다.

진은 오래전부터 연을 공격하려 했지만 구실을 찾지 못해 미루고 있었다. 때문에 일단 번어기가 연에 있다는 사실을 알게 되면 이를 구실로 즉시 공격할 것이라고 판단한 것이다. 그래서 국무는 번어기를 흉노에 보낼 것을 제안했다. 그러나 단은 번어기가 궁지에 몰려 찾아온 만큼 그의 목숨을 위태롭게 할 수 없다면서 그를 계속 보호해주었고 번어기는 단의 행동에 크게 감동했다. 태자의 이런 태도를 본 국무가 말했다.

"연에 전광이라는 사람이 있는데 학문이 넓고 생각도 아주 깊은 인물입니다. 그에게 좋은 방법을 생각해 달라고 부탁해보는 것이 어떻겠습니까?"

태자 단은 연장자인 전광에게 예를 갖춰 깍듯이 대했고, 전광은 태자의 상황 설명을 다 듣고 나서 말했다.

"태자께서는 제가 젊었을 때의 명성만 들으셨지 제가 이미 늙어서 아무짝에도 쓸모없게 됐다는 얘긴 못 들으신 모양이군요! 하지만 한 가지 방법이 있긴 합니다. 이 일을 형가에게 맡기시는 것이 어떨까 합니다."

태자 단은 전광을 배웅하면서 작은 소리로 말했다.

"오늘 우리가 나눈 이야기는 전부 국가의 기밀이니 절대 다른 사람에게 누설하지 마십시오."

전광은 빙긋이 웃으며 고개를 끄떡였다. 전광은 형가를 만나 태자 단에 대해 이야기하면서 그에게 태자 단을 만나줄 것을 요청하고 나서 한마디 덧붙였다.

"들건대 뛰어난 사람은 일을 시킴에 있어 사람을 의심하지 않는다고 하던데 태자 단은 제게 '절대 다른 사람에게 발설하지 말라'고 하더군요. 이는 저를 의심하고 있다는 증거가 아니겠습니까? 누군가에게 일을 시키면서 그를 의심하는 것은 그 사람이 절개와 의협심이 부족하다는 것을 의미합니다. 태자 단을 만나시거든 제가 이미 죽었기 때문에 말이 샐 염려는 하지 않아도 된다고 전해주십시오."

이렇게 말하고 나서 전광은 스스로 목을 베어 자살했다. 전광은 스스로 목숨을 끊음으로써 형가를 자극했던 것이다.

형가는 즉시 태자 단을 찾아가 전광의 죽음을 알렸고, 단은 통곡하며 슬퍼했다. 두 사람은 상의한 끝에 연이 진의 공격을 막아내는 일은 불가능하다고 판단했다.

게다가 진의 대장인 왕전은 이웃 나라들을 닥치는 대로 공격하고 있어 유일한 방책은 진왕을 죽이고 연을 보전하는 것뿐이었다. 그러자 형가는 태자 단에게 진왕을 죽이겠다고 말했다.

태자 단은 형가를 후하게 대우하면서 매일 그를 찾아가 돈과 미녀를 제공했다. 그러나 어느 정도 시간이 지났는데도 형가에게 행동을 개시할 조짐이 보이지 않자 단이 물었다.

"지금 진의 장군 왕전이 이수를 건너려고 하는데, 그렇게 되면 저도 형경을 오래 시봉하지 못할 것 같소."

"그러지 않아도 말하려 했습니다. 제가 빈손으로 돌아가면 진왕이 믿지 않을 것이고, 번어기의 목과 연나라에서 가장 비옥한 독항 땅의 지도를 가지고 가서 진왕에게 헌상한다면 틀림없이 절 믿을 것입니다. 그러면 저는 적절한 기회를 잡아 진왕을 죽일 수 있지요."

태자 단은 번어기를 죽이는 것이 의롭지 못한 일이라 생각하여 그의 생각에 따르기를 거부했다. 그러자 형가는 자신이 직접 번어기를 찾아가 말했다.

"진왕이 당신 가족을 몰살하고, 황금 1,000냥과 1만 호의 식읍을 현상금으로 내걸고 당신을 찾고 있소. 내게는 당신의 원수를 갚을 방법이 딱 하나 있는데, 그것은 다름 아니라 당신의 목을 이용하여 진왕의 신임을 산 다음 접근하여 그를 죽이는 것이오."

번어기는 형가의 말에 동의하고 그 자리에서 스스로 자신의 목을 베어 자결했다.

태자 단은 이 소식을 듣고 헐레벌떡 달려와 그의 시신을 안고 통곡했으나 번어기는 이미 죽은 뒤였다. 하는 수 없이 태자 단은 그의 목을 함에 담고 독항의 지도를 준비하여 형가에게 건넸다. 형가는 금 100냥을 들여 조나라 사람 서부인이 만든 천하에서 가장 날카로운 비수를 사들이고 장인을 시켜 이 비수에 독약을 묻힌 다음 이를 직접 사람에게 시험해보았다.

또한 그는 진무양을 자신의 조수로 고용했다. 진무양은 연나라의 용사로 열세 살 때 이미 사람을 죽인 경험이 있어서 연나라 사람들은 그를 똑바로 쳐다보지도 못할 정도였다. 이처럼 모든 준비가 갖춰지자 곧 출발을 앞두게 되었다.

형가는 또 한 사람과 동행하여 진으로 들어가려 했지만 그 사람이 아주 먼 곳에 거주하고 있어 당장 동행하지 못하고 잠시 출발을 미루고 있었다. 태자 단은 형가의 마음이 변한 것으로 판단하고 그에게 물었다.

"시간이 많지 않습니다. 형경께서는 진으로 가실 의향이 없으신 겁니까? 그렇다면 진무양을 먼저 보내도록 하겠습니다."

이 말에 형가는 버럭 화를 내며 말했다.

"뭘 그리 재촉하시오! 나는 한 번 가면 다시 돌아오지 않을 것이오. 게다가 내가 비수를 꽂아야 할 사람은 예측하기 어려운 강적이라 필요한 사람을 데리고 가기 위해 잠시 시일을 미루고 있는 것뿐이오. 태자께서 늦었다고 생각하신다면 지금 당장이라도 떠나도록 하겠소이다."

태자와 빈객들, 이 일에 관해 알고 있는 모든 사람들이 흰옷을 입고 이수로 나가 그를 전송했다. 제사와 전송이 끝나고 형가가 발길을 떼기 시작하자 고점리는 축을 두드렸고 형가는 이에 맞춰 노래를 불렀다. 고결하고 비장한 음악소리를 듣고 전송하러 나온 모든 사람들이 눈물을 뿌렸다. 형가의 노랫소리는 점점 높아갔고 마침내 노래가 끝나자 고점리의 축 소리도 잦아들었다. 이처럼 먼 길을 떠난 형가는 다시 돌아오지 않았다.

진으로 간 형가는 비수를 지도에 말아 궁중으로 들어갔다. 번어기의 목을 바치고 진왕의 신임을 얻은 그는 진왕이 지도를 살펴보는 틈을 이용하여 진왕의 옷소매를 움켜쥐고 비수를 들이댔다. 그러나 진왕은 재빨리 몸을 일으켜 기둥 뒤로 도망친 다음 검을 뽑아 형가의 허벅지를 내리쳤다.

진왕을 뒤쫓을 수 없게 된 형가는 진왕의 등을 향해 비수를 던졌지만 그마저 구리 기둥에 부딪쳐 떨어지고 말았다. 몸에 여덟 군데나 상처를 입은 형가는 일이 성사되기 어렵다고 판단하고 기둥에 몸을 기댄 채 웃으면서 말했다.

"내가 진왕을 찔러 죽이려 한 것은 태자 단에게 보답하려 했기 때문이다!"

진왕을 찔러 죽이려는 계획은 실패로 끝나고 말았다. 형가의 행동은 오늘날의 관점에서 보면 진보적인 행동이었다고 말할 수는 없지만 당시로서는 대단히 정의로운 행동으로 간주되었다. 특히 형가가 약속을 중시하고 죽음으로써 지기에게 보답하려 한 정신은 후인들의 칭송을 받을 만했다.

춘추전국시대에는 이러한 자객 행위가 끊임없이 발생했는데, 어째서 전저와 형가, 섭정 같은 인물들만 청사에 길이 이름을 남길 수 있었던 것일까? 그 원인은 너무나 자명하다. 천금으로도 목숨을 거는 선비를 살 수 없지만, 말 한마디로 그들의 목숨에 보답할 수 있다. 알아주는 사람만이 자신을 위해 목숨을 던지는 선비를 얻을 수 있는 것이다. 중요한 것은 마음에서 우러나오는 존중과 인간적인 사랑을 베푸는 것이다.

# 16 인품과 지략이 균형을 잡다

순유는 삼국시대 조조의 뛰어난 모사이자 전략가로서, 조조가 중원을 장악하는 데 중요한 역할을 했던 인물이다. 수많은 사적을 남기고 있는 그를 정확히 이해하기 위해서는 먼저 그의 생애를 간략히 살펴보고, 그의 주요한 지략의 핵심들을 분석해보는 것이 바람직할 것이다.

순유(157~214년)는 자가 공달公達이며 동한 말년 영천 영음穎陰 사람이다. 선비 집안 출신으로 인품이 선량하고 단정했던 그는 지모와 지략도 풍부했다. 어려서 부모를 여의고 조부와 숙부 밑에서 성장한 그는 우둔하고 유약해 보였으나 갖가지 지략과 용기로 가득 차 있었다. 열세 살 때 조부 순담이 사망하자, 순담의 수하에 있던 장숙이란 관원이 찾아와 그의 묘를 지키겠다고 자원했다. 순유가 숙부에게 말했다.

"이 사람은 얼굴빛이 심상치 않습니다. 제가 보기엔 간사한 계략이 있는 것 같습니다!"

순구는 그의 생각을 받아들여 장숙의 제의를 거절했다. 과연 순유의 말대로 그는 사람을 죽이고 외지로 도망친 사람이어서 묘를 지키며 몸을 숨기려 했던 것이다. 이런 사실이 알려지면서 모두들 순유를 다른 눈으로 보기 시작했고, 얼마 후 그는 조정에 들어가 황문시랑의 관직을 맡게 되었다. 동탁이 반란을 일으켰을 때, 순유는 그를 제거하려는 계획에 참여했다가 감옥에 갇히는 신세가 되었지만 동탁이 제거되자 곧 출옥했다.

그가 황문시랑으로 있던 동한 말년은 천하가 대란에 휘말려 있던 시기였다. 순유는 열심히 천하를 안정시킬 수 있는 명군明君을 찾았다. 헌제를 앞세워 허창에 도읍을 정한 조조는 순유가 능력이 뛰어난 인재라는 소문을 듣고 그를 불러들여 여남 태수로 임명하고 군대를 통솔하게 했다. 순유도 조조가 천하를 도모할 만한 인물이라 여기고 순순히 받아들였다. 순유를 얻은 조조는 자주 사람들을 모아놓고 순유의 능력을 칭찬하면서 그를 믿는다며 공언했다.

"이 사람은 정말 대단한 인물이오. 이제 그와 더불어 전략을 마련하기만 하면 천하를 얻는 것은 식은 죽 먹기일 것이오!"

사서는 조조의 수많은 모사들 가운데 가장 공이 컸던 인물 가운데 하나로 순유를 기록하고 있다. 그는 조조를 보좌하는 과정에서 열두 번이나 중대한 지략을 제공했고, 조조는 군대가 곤경에 처하거나 적에 대한 기습공격을 감행할 때마다 순유의 지모에 의지하곤 했다.

건안 3년(198년), 조조를 따라 장수張繡를 정벌하러 나선 순유는 당시의 형세가 조조에게 매우 불리하다는 사실을 간파하고 조조에게 공격을 미룰 것을 권했다.

"장수는 유표와 연합하여 우리의 공격에 대비하면서 앞뒤에서 몰아치고 있지만 병력을 대부분 유표에게 의존하고 있기 때문에 시간이 길어지면 유표가 장수를 오래 지원하지 못하게 되고, 두 사람이 반드시 분열하게 될 것입니다. 따라서 공격을 늦추면서 적의 동태 변화에 따라 움직이는 것이 바람직합니다. 서둘러 공격했다간 유표가 필사적으로 장수를 지원할 것이 분명하기 때문에 장수를 이기지 못할 것은 물론이요, 오히려 아군이 진퇴양난의 위기에 몰릴 수 있습니다."

그러나 조조는 순유의 권고를 무시하고 공격을 감행했고, 결국 패전하여 조조 자신도 목숨을 잃을 뻔한 위기를 겪어야 했다. 나중에 조조는 뼈저리게 후회하며 순유의 권고를 무시했던 자신을 나무랐다. 얼마 후 조조는 순유와 함께 치밀한 전략을 세워 마침내 장수를 토벌했다. 이때부터 조조는 순유의 의견과 계략에 무조건 따르게 되었다.

건안 5년, 원소가 10만의 대군을 이끌고 조조를 공격할 준비를 갖추고 있었다. 원소의 군대는 조조에 비해 엄청나게 규모가 컸지만 성격이 우유부단한 원소는 그러한 대군을 지휘하는 데 치밀하지 못했다. 그래서 관도의 대전大戰에서도 상대적으로 열세인 조조의 군대와 대적하여 승부를 가리지 못한 것이다. 얼마 후 조조 군대의 양초가 바닥나 대단히 위급한 상황에 처했을 때 마침 원소의 수하에 있던 모사 허유가 원소의 급한 성질을 견디지 못해 조조에게 투항하다가 조조군의 영내에서 병사들에게 붙잡혔다. 허유가 말했다.

"난 조 승상의 옛 친구요. 어서 조 승상에게 가서 남양의 허유가 찾아왔다고 전해주시오!"

병사가 조조의 군막을 찾아가 이 사실을 알렸을 때 조조는 마침 휴식을 취하고 있었다. 그는 허유가 왔다는 소식에 자신에게 큰 도움이 될 것이라 확신하고, 신발도 신지 않은 채 뛰어나가 허유를 반갑게 맞아들였다.

"그대가 날 찾아온 것은 원소를 공격할 비책을 알려주기 위한 것이 아니오?"

"지금 승상의 진영에 남아 있는 양초로 얼마나 더 버틸 수 있을 것 같습니까?"

"앞으로 한 달 정도면 완전히 바닥나고 말 것 같소!"

"절 속이려 하지 마십시오! 양초는 이미 바닥나지 않았습니까?"

조조는 화들짝 놀라며 얼른 허유의 손을 잡아끌며 말했다.

"내가 위기에 처하게 된 것을 알았거든 어서 나를 위해 계책을 말해주구려!"

"한 가지 계책이 있습니다. 이 계책을 쓰면 굳이 공격을 하지 않아도 원소의 10만 대군은 사흘이 못 가서 스스로 자멸하고 말 겁니다."

조조는 몹시 기뻐하며 계책을 알려달라고 재촉했다.

"군량과 다른 군수품들은 전부 오소에 보관되어 있고, 형우경이 그곳을 지키고 있습니다. 승상께선 정예부대를 이끌고 가서 군량을 지키러 온 원소의 장령 장기蔣奇라고 말하고, 기회를 틈타 양초와 기타 물품들을 전부 불태워버리십시오. 그러면 원소의 군대는 사흘이 못 되어 큰 혼란에 빠지게 될 것입니다."

군량의 보급로를 끊는 것은 조조가 흔히 사용해온 전략이었다. 조조는 이 말에 모든 의심을 버리고 허유를 정중히 예우하면서 다음날 당장 기병과 보병을 합쳐 5,000명의 정병을 이끌고 오소로 쳐들어가기로 결정했다. 조조의 친신親臣(임금을 매우 가까이서 모시는 신하-역자 주)인 장료 등이 허유를 의심하고는 원소가 군량을 보관하면서 방비를 소홀히 할 리가 없다며 허유의 말을 경솔히 믿지 말 것을 당부하자 조조가 말했다.

"의심할 필요 없소. 지금 우리 군대는 군량의 공급이 불가능한 상황이라, 허유의 말이 사실이든 거짓이든 그의 계책에 따르는 것 외엔 달리 방법이 없소. 이대로 굶어 죽을 순 없는 일 아니오!"

당시 순유도 이미 이런 계책을 생각하고 있었으나, 원소의 장단점을 확인할 방법이 없었다. 조조는 자신의 주장을 굽히지 않았고, 결국 치밀한 계획 끝에 친히 병력을 이끌고 가서 한밤중에 오소를 성공적으로 습격할 수 있었다. 중국 역사상 소수의 병력으로 대군을 제압했던 관도의 싸움은 이렇게 조조의 승리로 결말을 내리게 되었다.

원소는 오소의 군량을 잃어 막대한 손실을 입은데다 허유와 고람 같은 중요한 인재를 잃어 군중의 사기가 크게 떨어지고 민심마저 동요하게 되었다. 순유가 조조를 위해 계책을 제시했다.

"지금 원소의 군대가 패퇴하여 돌아가고 있어서 민심이 몹시 불안한 상태입니다. 이때 재빨리 승기를 잡아 원소의 본영을 공격하면 잔여병력을 완전히 소탕할 수 있을 것입니다."

이번에도 조조는 순유의 계책에 따라 대승을 거두었고 조조를 위한 순유의 계략은 그 후로도 계속됐다. 조조가 여포를 공격할 때에도 순유는 그의 곁에 있었다. 여포는 조조와 유비 등 여러 세력의 협공으로 패퇴하여 근근이 하비를 지키고 있었다. 여러 차례 공격을 시도했지만 조조의 군대는 여전히 성지를 함락시키지 못했다. 이때 조조의 군대는 이미 지친 상태라 조조는 병력을 완성宛城으로 철수하기로 마음먹었다. 그러자 순유가 결사적으로 반대하고 나섰다.

"여포는 용감하긴 하지만 지략이 부족합니다. 지금까지 그는 세 번을 싸워 전부 패했기 때문에 기세가 크게 꺾인 상태입니다. 완강하게 버티고 있긴 하지만 군사들에겐 이미 싸울 의지가 없습니다. 따라서 조금만 더 시간을 끌면서 공격을 계속하면 적은 스스로 무너질 것입니다. 여포의 수하에 진궁 같은 모사가 있긴 하지만 전략을 너무 늦게 내놓기 때문에 형세의 변화에 쉽게 적응하지 못합니다. 따라서 여포가 기세를 회복하고 진궁이 적절한 지략을 내놓기 전에 공격의 고삐를 바짝 당겨야 합니다. 그래야만 여포의 성을 빼앗을 수 있습니다."

조조는 순유의 분석이 정확하다고 판단했지만 구체적인 공격 방법이 떠오르지 않았다.

"그럼 효과적으로 적을 공격할 방법이 있소?"

"먼저 성벽을 무너뜨린 다음 병력을 집중하여 일시에 공격하는 것이 바람직할 것 같습니다."

그리하여 조조가 기수沂水와 사수泗水를 이용하여 하비성을 무너뜨리자 여포의 군대는 스스로 괴멸했고, 여포는 산 채로 잡혀 죽임을 당하고 말았다.

조조는 이러한 공이 모두 순유의 뛰어난 지략 덕분이라고 생각했다. 그리고 안영이나 영무 같은 고대의 성인들도 순유에 비할 바가 못 된다며 그에 대한 칭찬을 아끼지 않았다.

건안 7년, 순유는 조조를 도와 원담과 원상 등을 차례로 격파하고 여양에 도착했다. 이듬해에 조조는 유표를 정벌하러 나섰고, 이때 원담과 원상은 기주 땅을 놓고 내분을 벌이고 있었다. 동생 원상을 공격하기 위해 원담은 조조의 군중으로 사자를 보내 투항을 조건으로 원병을 보내 달라고 요청했다. 조조가 모사와 대신들을 모아놓고 의논한 결과 친신親臣들 대부분이 먼저 유표를 제압하는 것이 바람직하다고 말했다. 유표는 세력이 강대하지만 원담과 원상은 서로 단결하기는커녕 오히려 분열하고 있는 상황인데다 지략이 뛰어나지도 못하고 유력한 장령이나 모사가 없기 때문에 염려할 대상이 아니라는 것이었다. 그러나 이러한 견해에 순유가 반대하고 나섰다.

"유표 부자는 개돼지나 마찬가지로 문 앞에서 집을 지킬 줄만 알았지, 애당초 천하를 정복할 만한 웅지가 부족한 인물들입니다. 그렇지 않다면 천하가 대란에 휘말려 있을 때 한가롭게 강江과 한漢 사이에서 꼼짝도 안 하고 있진 않았을 겁니다. 원상은 일찍이 사주의 땅을 차지하고 10만 명의 정병을 거느려 기초가 튼튼하며 여러 해 동안의 경영을 통해 인심을 얻은 상태입니다. 지금 원씨 형제들이 서로 다투고 있으니 지금이 그들을 제거하기에는 더없이 좋은 기회입니다. 우리가 투항을 받아들이지 않는다면 그는 하는 수 없이 동생과 강화하게 될 것이고, 그 결과 형제가 화목하여 힘을 합치게 되면 천하의 고난을 잠재우기 어려울 것입니다. 지금은 형제가 서로 다투고 있어 큰 힘이 못 되지만 두 사람이 힘을 합치면 강대한 세력이 되기 때문에 그들을 대적하기가 쉽지 않을 것입니다. 저들이 내분에 처해 있을 때 공격해야만 천하를 평정할 수 있는 만큼, 이런 기회를 놓쳐선 안 될 것입니다."

결국 조조는 순유의 견해를 받아들여 원담의 요구대로 병력을 지원

하여 원상을 공격했다. 원상의 군대가 괴멸되자 순유의 예상대로 원담
은 즉시 모반을 일으켰고, 조조는 이미 세력이 약해진 원담을 어렵지
않게 제압하여 남피에서 그의 목을 벨 수 있었다.

순유에 대한 조조의 평가는 절대적이었다. 그는 순유를 지모가 뛰어
날 뿐만 아니라 충성심도 대단한 인물로 평가했다. 기주를 수복한 후
에 조조는 자신이 이룩한 모든 전과가 순유의 지모에 따른 것이라 공
언하면서 그를 능수정후로 봉하고, 아울러 아들 조비에게도 그를 스승
으로 존중하여 예를 다할 것을 명했다. 조비도 조조의 당부를 마음에
새겼고 순유가 병들어 눕게 되자 병상을 찾아 문안하는 등 부친과 마
찬가지로 모든 예를 다했다.

건안 12년(207년), 중군사中軍師로 있던 순유는 위 건국 초기에 상
서령이 되었다. 건안 19년, 조조를 따라 손권을 정벌하러 나선 순유는
도중에 예순여덟의 나이로 병사하고 말았다.

순유의 지모를 볼 때, 기이한 지략이나 간사한 지모 또는 인내의 지
모는 찾아볼 수 없다. 그가 평생 발휘한 지모는 모두 올바른 지략이었
고 이는 그의 인품과 일치한다. 성품이 온화하고 인정이 많았던 것처
럼 지모 역시 온화하고 인정이 많았다. 지모란 음모를 의미하는 것이
아니다. 인품과 지략이 일치하는 순유야말로 진정한 모략가라 할 수
있을 것이다.

# 17 | 큰 배에는 많은 짐을 실어라

기나긴 중국의 역사에서 뛰어난 능력을 지녔던 사람들은 수를 헤아릴 수 없이 많지만 성공한 사람은 그리 많지 않다. 이는 각자가 처했던 구체적인 환경이 달랐기 때문일 것이다. 사람을 얻지 못하거나 때를 만나지 못하면 그럴 수밖에 없다. 결국 수많은 우연적 요소들이 개인의 성공 여부를 결정하는 중요한 변수가 되는 것이다.

소위蘇威는 수 왕조의 유명한 재상이었다. 그는 재임 기간 동안 훌륭한 정책들을 제정하고 시행하여 사람들로부터 칭송을 받았다. 그러나 고조 양견이 처음부터 그의 품행과 재능을 알아준 것은 아니었다.

소위는 어려서부터 능력을 인정받은데다 사람됨이 정직하여 일찌감치 지방에서 높은 명망을 날리고 있었지만, 줄곧 조정에 중용되지 못했다. 그러다가 양견이 북주의 승상으로 있을 때 여러 차례 소위를 추천받았고 그의 능력에 대해 구체적인 설명을 들었다. 양견은 소위를 불러들여 이야기를 나누곤 했다. 그럴 때마다 두 사람은 쉽게 의기투합할 수 있었다. 그러나 나중에 양견이 스스로 군주가 되려고 한다는 말을 들은 소위는 그것이 신하의 도리가 아니라고 생각했다. 결국 소위는 양견의 거사에 참여하지 않기 위해 집으로 돌아가 두문불출했다. 양견의 부하가 소위를 찾으려 하자 양견이 말했다.

"지금 그가 내 일에 참여하길 원치 않는다면 내버려두게. 그 친구 일은 나중에 다시 의논하도록 하지."

양견이 황제가 된 뒤에 소위는 거사에 참여하지 않았으므로 자신의 명예가 손상되지 않았다고 생각했고, 그제야 양견의 요청에 따라 그를 보좌하는 데 동의했다. 양견도 결정적인 시기에 자신을 도와주지 않았던 것에 대해 이유를 따져 묻지 않고 소위를 최대한 존중해주었다. 그리고 그에게 태자소보라는 직책을 맡기는 동시에 그의 부친을 비국공으로 추봉追封했다. 아울러 소위에게 부친의 작위를 잇도록 하고 얼마 후에는 납언과 민부상서의 직책까지 겸하게 했다. 자신에 대한 대우가 지나치게 후하다고 생각한 소위가 이러한 예우를 사양하는 글을 올리자 양견은 조서를 내려 말했다.

"커다란 배는 많은 물건을 실을 수 있고 준마는 보통 말보다 멀리 달릴 수 있소. 그대는 여러 사람이 지닐 수 있는 재능을 한 몸에 두루 갖추고 있기 때문에 그만큼 무거운 책무를 위임한 것이오. 그러니 사양하지 말고 더 많은 일을 해주길 바라오."

소위에 대한 두터운 신임을 엿볼 수 있는 대목이다.

한번은 소위가 양견에게 전면적인 부세 감면을 건의한 적이 있었다.

양견은 순순히 소위의 주장에 따랐고, 그 결과 민심을 얻게 되었다. 또한 소위는 궁중에 휘장을 걸 때 쓰는 고리가 전부 은으로 되어 있는 것을 발견하고는 너무 호화스럽다고 생각하여 이를 다른 재료로 바꾸고 검소하게 생활할 것을 제안했다. 이번에도 양견은 소위의 제안을 크게 칭찬했다.

하루는 양견이 어떤 사람에게 화를 내다가 끝내 분을 삭이지 못하고 그를 죽이려 했다. 이를 본 소위가 극구 말렸으나 양견은 말을 듣지 않았을 뿐만 아니라 오히려 더욱 화를 냈다. 얼마간 시간이 지나 화가 가라앉자 양견은 조금 전에 자신이 보였던 언행이 도를 넘어섰다는 사실을 깨닫고는 소위의 간언에 대해 감사의 뜻을 표하며 말했다.

"그대의 행실을 볼 때마다 과인이 과연 사람을 잘못 보진 않았다는 위안을 얻게 되오. 그대의 모든 언행이 항상 과인의 마음을 흐뭇하게 해준다오."

당시 치서시어사였던 양비는 소위가 다섯 가지 직책을 겸하고 있으면서도 다른 사람을 추천할 기미를 보이지 않자, 그에게 권력을 독점하려는 혐의가 있다고 주장하면서 그를 탄핵할 것을 건의했다. 이에 양견이 양비를 타일렀다.

"소위는 혼자서 다섯 가지 직무를 겸했지만 항상 열심히 일하고 있소. 그는 자기 관할 내의 일들을 아무 무리 없이 잘 처리하고 있으니 가히 적임자라고 할 수 있을 것이오. 다른 사람을 추천하는 것은 빈자리가 있을 때나 할 수 있는 일이오. 지금은 소위가 모든 업무를 잘 수행하고 있는데 굳이 다른 사람을 추천할 필요가 어디 있겠소? 그보다 더 적합한 인물은 없을 것이오."

또 한번은 양견이 대신들에게 말했다.

"소위가 과인을 만나지 못했다면 자신의 주장을 펼칠 수 없었을 것이고, 과인 또한 소위를 얻지 못했다면 대도大道를 행할 수 없었을 것이오. 우리 두 사람이야말로 상부상조의 관계라 할 수 있을 것이오."

개황開皇 12년(592년), 어떤 사람이 소위와 과거시험을 주관하는 사람이 붕당을 결성하여 부정을 저질렀다고 고발하는 일이 발생했다. 양견이 양수와 우경을 시켜 조사하게 했더니 과연 부정이 있었다. 양견은 직접 소위를 벌하지 않고 『송서宋書』의 「사회전謝晦傳」에서 붕당을 언급한 곳을 읽게 했다. 이에 소위는 자신의 과오를 인정하고 관모를 벗은 채 사죄했다. 양견이 말했다.

"그대가 죄를 인정한다고 해도 이미 늦었네. 법률에 저촉되는 일을 저질렀으니 처벌을 받지 않을 수 없을 걸세."

양견은 소위의 관직을 박탈했다.

나중에 국정을 의논하면서 문득 소위가 생각난 양견이 여러 대신들에게 말했다.

"사람들은 소위가 아주 청렴한 척하면서도 집안에 엄청난 금은보화를 모아두고 있다고 말하곤 하는데, 사실 이는 모두 지어낸 망언에 불과하오. 소위는 성격이 좀 괴팍해서 세상 물정을 잘 모를 뿐만 아니라 명성에 집착하는 경향이 있는 것뿐이오. 그래서 다른 사람이 자신에게 복종하면 몹시 좋아하다가도 자신의 뜻을 거스르면 버럭 화를 내곤 하는 것이오. 이것이 그의 가장 큰 단점이지만 다른 결점은 없소. 반면에 그의 능력은 그 누구도 따를 수 없으니 그를 임용하지 않는 것은 너무도 아까운 일이오."

　대신들은 양견의 말에 일리가 있다고 생각하여 모두들 소위의 재임
용에 동의했다. 이리하여 양견은 소위를 다시 중용했고 다시 관직을
얻은 소위는 수 왕조에 충성을 다하면서 죽을 때까지 자신의 직무에
충실했다.

# 용인의 도리를 터득하다

전쟁 때는 덕을 중시하기보다는 능력을 중시하고, 평화로울 때는 덕과 능력 모두를 중시한다는 말이 있다. 중국 역사의 무수한 사건들을 종합해볼 때 이 말은 충분한 근거를 가지고 있다. 그러나 진정한 인재를 발탁하는 것도 어렵지만 진정한 인재가 자신의 능력을 발휘하는 것도 갖가지 기연에 의지해야 하는 경우가 많다. 소하蕭何가 달빛 아래로 한신韓信을 쫓아갔던 일이 이런 이치를 여실히 증명하고 있다.

진秦 왕조 말기, 회음 출신인 한신은 부모가 세상을 떠나고 집안 형편이 가난하기 짝이 없었지만 보검 한 자루가 있어 이를 늘 몸에 지니고 다녔다. 농사도 지을 줄 모르고 장사도 할 줄 몰랐던 그는 오로지 남의 도움으로 근근이 생계를 유지하고 있었다. 하지만 그는 병법에 통달했을 뿐만 아니라 언젠가는 제후나 장군이 되어 자신의 능력을 마음껏 발휘하겠다는 큰 뜻을 항상 품고 있었다.

하루는 별로 할 일이 없는 한신이 보검을 허리에 차고 거리를 걷고 있었다. 그런데 갑자기 백정의 아들이 다가왔다. 건달인 이 사내는 남루한 옷차림의 한신이 보검을 허리에 차고 한가하게 거리를 걷고 있는 모습을 보자 아무 이유 없이 눈에 거슬려 마음이 편치 않았다. 그래서 일부러 한신을 막아섰다. 갈 길이 막힌 한신이 몸을 돌려서 비켜가려 하자 백정의 아들은 한신의 얼굴을 향해 삿대질을 하면서 시비를 걸었다.

"이봐 한신, 자네는 허우대가 멀쩡한데다 평소에 거리를 걸을 때도 늘 보검을 차고 다니면서 왜 그렇게 비겁한가?"

백정의 아들이 일부러 시비를 걸고 있는 것임을 잘 알고 있던 한신은 아무런 대꾸도 하지 않았다. 그러는 사이에 이미 많은 사람들이 모여들어 두 사람을 구경하고 있었다. 백정의 아들은 한신이 아무런 대답도 하지 않자 더욱 기세가 등등해서 수많은 구경꾼들 앞에서 한신에게 다시 말했다.

"자네가 사내대장부라면 그 보검을 빼서 나를 찔러라. 그러지 못하면 내 가랑이 밑으로 기어서 지나가야 된다!"

그러고는 두 다리를 벌린 채 버티고 섰다.

한신은 아무래도 비켜갈 수 없다는 생각에 순순히 땅바닥에 엎드려서 사내의 가랑이 사이로 지나갔다. 구경하고 있던 사람들은 한신의 비굴한 모습을 보고 비웃었다. 그러나 한신은 이에 아랑곳하지 않고 몸을 일으켜 옷에 묻은 흙을 툭툭 털고는 제 갈 길을 갔다. 이때부터 한신은 '가랑이 사이를 기어다니는 사내' 라는 오명을 얻게 되었다.

한신은 이처럼 숱한 좌절과 고생을 겪으면서 자신이 도와줄 만한 인물을 찾지 못해 힘들고 가난한 세월을 보내야 했다.

나중에 보검을 들고 초나라로 가서 낭중이 된 한신은 항우에게 여러 차례 계책을 제시했다. 그러나 제시한 방책은 하나도 채택되지 않았고 그는 우울한 나날을 보내고 있었다.

한 원년(기원전 206년), 초나라를 떠나 한나라로 간 한신은 유방에 의해 양식 창고를 관리하는 작은 관직인 연오로 임명되었지만 여전히 자신의 뜻을 펼칠 수 없었다. 그는 항상 불평이 많았고 그것이 죄가 되어 동료 몇 사람과 함께 참수를 당하게 되었다. 당시 처형을 감독하던 관리는 하후영이었다. 다른 죄인들을 연이어 참수하고 나서 한신의 차례가 되었으나, 한신은 조금도 두려운 기색을 보이지 않고 오히려 당당한 모습으로 큰 소리로 외치는 것이었다.

"한왕은 천하를 얻고 싶지 않는가? 어째서 유능한 장사들을 함부로 죽이는 것인가?"

이런 모습에 놀란 하후영은 처형을 중지시키고 한신을 불러 그의 이름을 물었다. 그런 다음 그의 모습을 꼼꼼히 살펴보니 기골이 장대하고 말하는 태도가 범상치 않은 것이 보통사람과 비교가 되지 않았다. 이에 하후영은 한신을 도로 감옥으로 데려가라고 명령한 다음, 유방을 찾아가 한신을 쓸 만한 인재라고 추천하였다. 사소한 과오로 그를 죽이는 것은 아까운 일이니 그를 사면하고 중용하라고 제안한 것이었다. 유방은 하후영의 말을 받아들여 한신을 사면하는 동시에 그를 치속도위로 임명했다. 그러나 여전히 그를 중용한 것은 아니었다.

이런 소식을 들은 소하가 얼른 한신을 찾아가 만나보았더니 과연 용모가 비범하고 기개가 넘쳤다. 그는 크게 기뻐하면서 한신과 더불어 천하의 대세를 논하기 시작했다.

당시 초나라와 한나라의 형세를 손금 들여다보듯 훤히 꿰고 있던 한신은 자신의 의견을 자세히 피력하였고, 아울러 군사의 배치와 진영의 포진 등 병법에 관한 다양한 견해를 제시했다. 소하는 한신이 당대에는 얻기 어려운 뛰어난 장군의 재목임을 알아보았고, 자신이 반드시 한왕 유방에게 그를 추천하겠다고 호언장담했다.

당시 소하는 유방의 수하에서 승상으로 있었기 때문에 유방도 그의 말이라면 대부분 들어주었다. 한신은 소하의 칭찬을 들으면서 이제는 자신이 한왕 유방에게 중용되어 오랫동안 마음속에 품어왔던 큰 뜻을 실현할 수 있을 것이라 기대했다. 그러나 소하가 여러 차례 한신을 추천했지만 유방은 이를 받아들이지 않았다.

며칠이 지나도 아무런 기별이 없자 한신은 더 이상 기대할 수 없다는 것을 깨닫고 한을 떠나기로 마음먹었다.

어느 날 저녁 희미하게 달빛이 비치는 가운데 한신은 말없이 짐을 꾸려 한의 군영을 떠났다. 이 소식을 들은 소하는 보물을 잃기라도 한 것처럼 황급히 한신이 떠난 방향을 향해 말을 몰아 뒤쫓아갔다. 너무 급하게 한신을 쫓아가느라고 유방에게는 알리지도 못했다.

이튿날 아침 누군가 유방에게 승상이 도주했다고 알렸다. 유방은 크게 놀라 생각했다.

'내가 그를 수족처럼 대했는데 어찌 감히 나를 버리고 도망칠 수 있단 말인가!'

유방은 사람들을 시켜 사방으로 소하를 찾게 했다.

이틀이 지나 유방이 속이 타서 어쩔 줄 모르고 있을 무렵, 소하가 한신을 데리고 한의 군영으로 돌아왔다. 유방은 소하를 보자 내심 기쁘기도 하면서 은근히 화가 나서 물었다.

"그대는 어째서 내게 작별 인사 한 마디 없이 떠났던 것인가?"

"어찌 감히 대왕을 버리고 도망칠 수 있겠습니까? 사실은 어떤 사람을 쫓아가느라 그랬던 것입니다!"

유방은 소하가 쫓아갔던 중요한 인물이 누구인지 궁금하여 다시 물었다.

"그대가 뒤쫓아갔던 사람이 누구인가?"

"치속도위 한신입니다!"

당시에는 군영을 이탈해 도망치는 사람들이 적지 않았기 때문에 몹시 화가 나 있던 유방이 소하의 대답을 듣고는 더욱 크게 화를 내며 물었다.

"내가 관중에서 남정으로 오기까지 그렇게 많은 사람들이 내게서 도망쳤는데 한 명도 뒤쫓지 않다가, 어찌하여 유독 한신만 뒤쫓아갔단 말인가?"

"다른 사람들은 도망쳐도 아무런 상관이 없기 때문에 도망치도록 놔두었지요. 그러나 한신은 중요한 선비인 만큼 떠나도록 내버려둘 수가 없었습니다. 대왕께서 계속 한중에만 머물러 계실 요량이시라면 한신을 등용하지 않으셔도 됩니다. 그렇지만 천하를 차지하고자 하신다면 한신 외에는 그런 중책을 맡을 사람이 없습니다. 그래서 제가 그를 뒤쫓은 것입니다."

유방은 소하의 간곡한 대답을 듣고 나서야 한신이 자신의 대업을 이루는 데 매우 중요한 인물임을 깨닫게 되었다.

"내가 어찌 이곳에만 오래 머물 수 있겠소. 나는 반드시 군사를 이끌고 동쪽으로 진군할 것이오!"

"그러시다면 반드시 한신을 중용하셔야 합니다. 한신을 중용하면 그도 떠나지 않고 대왕 곁에 남아 있겠지만 그렇지 않을 경우 기어이 떠나고 말 것입니다."

유방은 소하가 이처럼 확고한 태도로 한신을 추천하자 다시 물었다.

"그대가 내게 한신을 여러 차례 추천했는데, 정말로 그에게 능력이 있단 말이오?"

"신이 이미 오랫동안 관찰한 바에 의하면 한신은 당대에 얻기 힘든 기재奇才임에 틀림이 없습니다."

유방은 더 이상 소하의 추천을 거부할 수 없었다. 유방이 말했다.

"그렇다면 그를 장수로 임명해서 능력을 시험해봅시다."

"단순히 장수로만 등용하시면 한신을 붙잡아둘 수 없을 겁니다."

유방이 한참 동안 생각에 잠겼다가 다시 입을 열었다.

"그렇다면 대장으로 임명하지!"

소하는 그제야 마음을 놓고 서둘러 유방의 처소를 빠져나와 이 소식을 전하러 한신을 찾아갔다.

며칠 후 유방은 한신을 대장으로 임명했다. 이때부터 한신은 유방을 보좌하여 삼진三秦을 안정시키고, 위와 조, 제나라 등을 평정했으며, 항우를 해하에서 섬멸하여 유방의 천하통일을 위해 충성을 다했다.

한신이 얻기 힘든 인재였다는 것은 의심의 여지가 없다. 한 왕조 건립 초기에 유방은 한의 개국공신들에 대해 논공행상하는 자리에서 군영을 운영하면서 1,000리 밖까지 나가 승리를 거두고 돌아오는 데는 장량만 못하고, 양초를 구하고 군량을 공급하고 치국안민에 힘쓰는 데는 소하만 못하며, 전선에 나가 병사들을 지휘하여 적을 제압하는 데는 한신만 못하다고 고백했다. 실제로 한신은 뛰어난 주장主將이었을 뿐만 아니라 사람을 쓰는 도리를 터득한 기재奇才였다.

# 19 | 미인은 영웅의 무덤이다

전통적으로 중국의 남성들이 여인을 대하는 태도는 대단히 복잡했다. 아름다움은 재앙의 근원이라는 말이 있는가 하면, 미인은 영웅의 무덤이라는 말도 있다. 또한 집안에 어진 아내가 있으면 남자가 밖에 나가 나쁜 짓을 하지 않는다는 말도 있다.

이처럼 복잡다단하고 상반되는 속담들은 사람들의 생각을 어지럽히기에 충분하다. 사실 이러한 속언들은 중국 남성들의 무책임한 심리를 그대로 드러낸 것이다. 평소에는 여인의 아름다운 자태를 감상하고 뛰어난 여인들에 대한 존경과 찬탄을 아끼지 않다가도, 정작 위급한 사태가 벌어지면 자신들이 책임지는 용기를 보이지 못하고 모든 재앙의 원인과 나라를 망친 역사적 책임을 여인에게 묻곤 했다.

그러다보니 '아름다움이 재난의 불씨' 라는 말이 중국 남성들에게 인식되었던 것이다. 특히 커다란 재난이 닥칠 때면 남자들은 이런 속담들을 반복하면서 여성들에게 자신들의 죄와 잘못을 뒤집어씌우고, 오히려 자신들은 역사의 공신이자 미래의 화복을 예견하는 예언자로 둔갑하곤 했다.

전해지는 얘기에 의하면 상 왕조는 달기 때문에 망했고 주나라는 포사褒姒의 미소에 무너졌으며, 명 왕조 때 산해관을 지키던 오삼계가 자발적으로 청에 투항했던 것도 기녀 진원원 때문이었다고 한다. 또한 당 현종은 양귀비를 총애하다가 '안사의 난'을 초래했고, 한 성제는 조비연과 조합덕 자매에게 빠져 서한을 쇠락의 길로 내몰았다. 길고 긴 중국의 역사에서 황제의 총애를 받았다는 이유로, 또는 다른 필요에 의해 죽임을 당한 여인들은 부지기수였다.

남자들은 넉넉한 도량으로, 설사 정말로 여자들이 나라를 망쳤다 하더라도 신사답게 그녀들의 책임을 분담해야 한다. 그래야만 여성들도 '삼종사덕三從四德'[13]을 지킨 보람을 느낄 수 있을 것이다. 게다가 나라를 망친 책임이 근본적으로 여성에게 있는 것도 아니었다.

중국 현대문학의 거장인 노신은 이렇게 말했다.

"나는 왕소군이 흉노에게 출가함으로써 한을 안정시켰고 화목란이 전쟁에 나가 싸워 수나라를 지켰다는 말을 믿지 않는다. 또한 달기가 은을 멸망시키고, 서시西施가 오나라를 망하게 했으며, 양귀비가 당의 국운을 기울게 했다는 옛 전설도 믿지 않는다. 남성이 권력을 장악한

---

13 삼종은 시집가기 전에는 아버지를, 시집가서는 남편을, 남편이 죽으면 아들을 따르는 것이고, 사덕은 부덕婦德, 부언婦言. 부용婦容, 부공婦功을 말한다.

사회에서 여인에게는 절대로 이런 힘이 주어지지 않았다. 국가 흥망의 모든 책임은 전적으로 남성들에게 있는 것이다. 남자로서 패망의 책임을 여자들에게 돌리는 자들은 정말로 무가치한 인간들인 것이다."

그러나 중국의 전통사회에는 이런 남자들이 적지 않았다. 정말로 미인이 나라를 망친 것인지, 아니면 무능한 남자들이 책임을 전가하고 있는 것인지는 역사의 사실이 가려줄 것이다.


## 주지육림에 빠지다

중국 역사에서 가장 먼저 나라를 망친 여자는 상나라의 달기였다고 한다. 주왕은 어릴 때부터 남달리 총명하고 언변에 능했을 뿐만 아니라 체격이 건장하고 힘이 장사여서 진정한 군주의 재목이었다. 그러나 달기를 총애하게 되면서 국정에 무관심하다가 결국 나라를 망치고 말았다. 그렇다면 주왕은 도대체 무엇을 어떻게 했던 것일까?

첫째, 그는 빈번히 대외 전쟁을 일으켜 병사들을 피폐하게 했고, 무력을 남용하면서 백성들을 극도로 탄압했다.

둘째, 그는 사치스럽고 음란한 생활로 세월을 보냈는데 그 정도가 전대의 수준을 훨씬 능가했다. 역사의 기록에 의하면 그는 모래 언덕에 많은 연못을 파게 한 다음 이를 술로 채우고 삶은 고기를 주변의 나뭇가지에 걸어놓고는 이를 '주지육림酒池肉林'이라 불렀다. 아울러 그는 젊은 남녀들이 옷을 벗고 주지육림 안에서 서로 쫓고 쫓기며 놀게 하여 흥을 북돋게 했다.

셋째, 몹시 잔인한 성정의 소유자였던 그는 목숨을 우습게 여겼다. 그의 잔인함은 말로 할 수 없을 정도였고 인성을 상실한 것 같은 행위를 서슴지 않았다. 산 사람을 호랑이에게 먹이고, 살아 있는 사람의 심장을 도려내는가 하면 임신부를 죽이는 것으로 즐거움을 삼았다. 때로는 태아의 성별을 확인하기 위해 직접 임신부의 배를 갈라 태아를 꺼내보기도 했다. 살아 있는 사람의 뼈를 내리쳐 부수거나 무릎 관절의 골수를 도려내는 일은 가벼운 편이었다.

넷째, 그는 대신들에 대해서도 제멋대로 살육을 자행했다. 그가 고안해낸 포락炮烙(불에 달구어 지짐–역자주)이라는 형벌 도구는 사람을 구리로 된 기둥에 매어놓고 그 주위를 목탄으로 가열하여 기둥에 묶인 사람의 몸이 서서히 타들어가 재가 되게 만드는 끔찍한 것이었다.

주왕은 말로 옮길 수 없을 정도로 온갖 악행을 망라했으니, 상나라가 멸망하는 것은 너무도 당연한 일이었다. 그러니 상의 멸망이 달기와 무슨 상관이 있단 말인가?

사실 중국 역사에서 가장 유명한 인물은 포사였다. 포사의 미소 한 번에 주 왕실이 무너졌다는 얘기는 삼척동자도 아는 얘기이다. 포사의 미소가 서주의 멸망과 관련이 있기는 하지만, 그 미소 자체가 서주를 멸망케 한 것은 아니었다. 실제로는 갖은 방법을 동원하여 포사를 웃게 만든 사람이야말로 주 멸망의 진정한 괴수였던 것이다.

서주는 포사를 총애하던 유왕이 피살되고 그의 아들 평왕이 동으로 도읍을 옮기면서 쇠락의 길을 걷게 되었다. 따라서 포사의 웃음으로 인해 서주가 망했다는 이야기는 유왕의 부친인 선왕宣王 때로 거슬러 올라가는 것이 옳다고 본다.

선왕 40년(기원전 788년), 주나라가 장차 요부 때문에 망할 것이라는 소문이 떠돌기 시작했다. 사실 이러한 소문은 아무 근거도 없이 날조

되는 것이 아니라 사회 및 역사적 원인이 뒷받침되는 법이다. 당시에는 정치가 극도로 부패하여 먹고살기 힘들어진 백성들의 마음속에 주 왕조가 하루 빨리 망하기를 바라는 기대가 가득했다. 또한 상나라가 '요부' 달기의 손에 멸망했기 때문에 사람들은 이러한 소문을 퍼뜨림으로써 불만을 달랬던 것이다. 이러한 소문을 듣자마자 백성들의 불만을 감지했더라면 선왕은 자신의 과오를 깨닫고 늦게나마 백성들에게 은혜를 베풀었을 것이다. 그가 그렇게만 했더라도 이런 소문은 금세 잦아들었을 것이다.

그러나 소문에 놀란 선왕은 백성들에게 은혜를 베푸는 대신 급히 대신 두백을 보내 그 요부를 잡아들이게 했다. 요부의 혐의가 있는 여자들은 모두 붙잡혀 심문을 당했고, 적지 않은 사람들이 무고하게 죽임을 당했다. 나라 전체가 공포 분위기에 휩싸이면서 소문이 잦아들기는커녕 오히려 맹렬하게 전파되어 기정사실로 자리 잡게 되었다.

3년이 지난 선왕 43년(기원전 785년), 선왕은 요부가 나타나 왕위를 빼앗는 꿈을 꾸었다. 꿈에서 깬 선왕은 너무나 두려운 마음에 다시 두백에게 요부를 잡아 처형하라는 명령을 내렸다. 그러나 강직하고 진솔한 두백은 더 이상 무고한 생명을 죽여선 안 된다고 생각했다. 이에 두백은 선왕을 찾아가 요부는 이미 사라졌으며, 요부 색출을 다시 했다가는 민심이 소란해져서 정말로 나라가 망할 수도 있다고 말했다. 그의 충고를 듣고 몹시 화가 난 선왕은 두백을 사형에 처해버리고 말았다. 두백의 친구인 좌유 역시 이를 만류하다가 선왕에게 죽임을 당할 뻔했으나 다행히 살아서 집으로 돌아왔다. 하지만 끝내 억울함을 이기지 못하고 스스로 목숨을 끊고 말았다.

두 대신이 죽고 난 뒤로 선왕은 더욱더 정신이 혼란스럽고 마음이 불안해졌다. 한번은 선왕이 사냥에 나섰다가 몸이 불편하여 잠시 수레에 올라 쉬려고 했다. 수레 위에서 잠깐 동안 눈을 붙이고 잠이 들었는데, 꿈에 두백과 좌유가 빨간 옷에 빨간 모자를 쓰고 나타나 빨간 활로 자신을 쏘려고 겨냥하는 것이었다. 너무나 다급한 나머지 가슴이 답답해져 숨이 막힌 선왕은 놀라 잠에서 깼다. 이때부터 선왕은 몸져누운 채 다시는 일어나지 못했고 끝내 세상을 뜨고 말았다.

요부를 잡아들이지 못한 주 선왕은 오히려 그 일로 인해 목숨을 잃은 셈이 되었다. 이런 사실만으로도 서주의 통치가 매우 혼란하고 부패한 상태에 이르러 나라가 망하게 될 날이 멀지 않았음을 알 수 있었다. 재미있는 것은 선왕 때에는 있지도 않은 요부를 잡아들이느라 애꿎은 목숨들만 희생되었는데, 그의 아들인 유왕 때에 이르러 정말로 요부가 나타났다는 사실이다. 포사란 이름을 가진 이 '요부'의 웃음이 서주를 멸망의 길로 이끌었던 것이다. 그렇다면 전대의 그 소문이 정말 효력을 발휘한 것일까?

## 향락에 빠져 정사를 폐하다

선왕도 사리에 어둡고 몹시 잔인한 인물이었지만, 그의 아들인 유왕도 아버지보다 더하면 더했지, 덜하지 않았다. 두 사람의 관계는 말 그대로 청출어람이라, 먹고 마시고 즐기는 데 있어서는 2,500년에 달하는 중국 봉건시대를 통틀어 능가할 만한 군주가 없을 정도였다. 유왕은 술을 마시는 것 다음으로 여색을 즐겼고 국사는 뒷전으로 밀어둔 채 향락을 탐닉했다. 그는 사람들을 보내 천하의 미색들을 궁중으로 불러들였고, 상나라 주왕처럼 주지육림을 만들지는 않았지만 그에 못지않은 향락과 사치를 일삼았다. 정직한 대신들의 간언에 귀 기울이지 않고, 아첨을 일삼으며 사리를 도모하는 무리들을 중용했다. 이리하여 조정은 물론 백성들 사이에 갈수록 원성이 높아져갔고 마침내 서주의 멸망이 눈앞의 현실로 닥치게 되었다.

유왕이 즉위한 이듬해에 왕도인 호경에 커다란 지진이 발생했다. 『시경』의 「시월지교十月之交」에 따르면, 이때의 지진으로 '모든 하천이 끓어오르고 산과 언덕이 뒤집혀 높은 절벽은 계곡이 되고 깊은 계곡은 산등성이가 되었다'고 한다. 지진이 가라앉은 뒤에는 극심한 가뭄이 이어지면서 가뜩이나 살길이 막막해 고난에 허덕이던 백성들은 연이어 발생한 재해로 인해 더욱 도탄에 빠지게 되었다. 지진과 가뭄은 자연현상에 불과하지만, 고대 사회에서는 하늘이 인간에게 내리는 경고나 징벌로 간주하곤 했다. 자연의 재앙이 닥칠 때는 군주가 자신의 과오를 반성하고 개선해야만 하늘의 용서와 보호를 받게 되고 재해도 가라앉으며, 그러지 않을 경우에는 머지않아 망국의 날이 닥친다는 것이 당시 사람들의 생각이었다.

그러므로 고대 사회에서는 지진이나 태풍, 가뭄, 장마, 일식, 혜성 등과 같은 커다란 자연재해나 이상현상이 나타날 때마다 통치자들은 당혹감을 감추지 못했다. 이러한 자연현상의 출현을 이유로 조정의 대신들이 사직한 사례도 무수히 많았다.

호경에 지진이 일어나자 대부 조숙대는 이를 절호의 기회라 생각하고 유왕에게 상소를 올렸다.

"지진과 산사태가 일어나고 가뭄이 계속되는 것은 인간에 대한 하늘의 징벌입니다. 대왕께서는 즉시 정직하고 유능한 인재들을 등용하셔서 나라의 모든 잘못을 바로잡고 하늘에 용서를 빌어야 할 것입니다. 지금처럼 천지에 고통과 재난이 가득한 위기 상황에 어찌 한가롭게 미인들을 고르고 계십니까?”

상소를 읽고서 내심 부끄럽기도 하고 은근히 화가 나기도 한 유왕은 조숙대를 파면하여 추방해버렸다. 그러자 대신 포향이 나서서 화난 목소리로 유왕에게 간언을 올렸다.

“대왕께서는 천벌도 두려워하지 않고 주색에 빠져 국사를 전혀 돌보지 않고 계십니다. 또한 대왕의 신변에는 간사한 무리들만 가득 모이고 충신들은 외면당하고 있지요. 이런 상황이 계속된다면 결코 나라를 지킬 수 없을 것입니다.”

유왕은 포향도 감옥에 처넣어버렸다. 그 뒤로는 어느 누구도 감히 유왕의 행실에 관해 간언을 올리지 못했다.

포향이 감옥에서 3년이란 세월을 보내고 있을 무렵 유왕은 이미 그의 존재를 잊은 것 같았다. 포향의 가족들은 그가 감옥에서 평생을 보내게 될 것 같아 그를 구할 묘책을 강구했다. 그의 가족들은 유왕이 미인을 좋아한다는 사실을 알아내 천하제일의 미녀인 포사를 유왕에게 바치기로 마음먹었다. 과연 이 방법은 효력을 발휘하여 포향은 무사히 풀려날 수 있었다.

사실 후대 사람들이 지어낸 전설적인 부분을 빼고 나면 포사가 매우 가난한 집안 출신이었다는 사실을 발견할 수 있다. 선왕 시기에 ‘뽕나무로 만든 활과 대나무로 만든 화살 주머니가 장차 주나라를 멸망시킬 것’이라는 소문이 나라에 돌았던 적이 있는데, 이는 주나라가 요부의 손에 멸망하게 된다는 것을 의미하는 말이었지만 그보다는 오히려 당시 백성들의 불만을 그대로 드러내는 말이었다. 그러나 유왕은 정말로 이 두 가지 물건이 주나라를 멸망시키게 될 것이라 생각하여 이런 물건들을 만들거나 거래하지 못하도록 금지시켰다.

공교롭게도 한 부부가 이러한 금지령을 알지 못하고 뽕나무 활과 대나무 화살 주머니를 만들어 팔다가 관원들에게 적발되었다. 이 가난한 부부는 황급히 도망치다가 성 밖 길가에 버려진 여자 아이 하나를 거두게 되었다. 부부는 이 아이를 정성껏 잘 키웠는데, 그 아이가 바로 포사였다. 결국 요부가 주나라를 멸망시킬 것이라는 소문과 뽕나무로 만든 활과 대나무로 만든 화살 주머니에 의해 주나라가 멸망하게 된다는 소문은 완전히 일치한 셈이다.

포사는 가난한 집안 출신이긴 하지만 탁월한 미모를 갖고 있었다. 그러나 애석하게도 가무에는 능하지 못했다. 어렵사리 그녀를 만나게 된 포향의 가족들은 큰돈을 들여 그녀를 사들인 다음, 딸로 삼고 포사라는 이름을 지어주었다. 아울러 춤과 노래, 군왕의 시중을 드는 방법을 가르친 다음 유왕에게 바쳤다. 유왕은 포사를 보자마자 아름다움과 소박한 풍모에 완전히 빠져 그녀를 보물단지라도 되는 것처럼 애지중지했다. 그러나 유왕이 그녀를 기쁘게 하려고 아무리 애를 써도 그녀는 좀처럼 웃는 얼굴을 보이지 않았다. 이러한 전설이 사실이라면, 이는 그녀가 어려서부터 지독한 가난과 고통에 시달렸기 때문이거나 잔악무도한 군주를 시중드는 것이 끔찍히도 싫었기 때문이라고 유추할 수 있을 것이다. 아무리 화려하고 사치스러운 생활도 이미 재가 되어 버린 그녀의 마음을 되살릴 수는 없었던 것이다.

유왕은 매일 밤낮으로 아름다운 포사와 함께 지낼 수 있었지만, 한 가지 아쉬운 것은 그녀가 너무나 차갑다는 점이었다. 그럴수록 그는 단 한 번만이라도 포사의 웃는 모습을 보고 싶은 마음에 애간장이 탔다. 온갖 방법을 써봐도 포사의 웃는 모습을 볼 수 없었던 유왕은 포사를 웃게 만드는 사람에게 황금 1,000냥을 상으로 주겠다고 공포했다. 이것이 바로 '천금으로 웃음을 샀다千金買笑'는 유명한 이야기의 유래이다.

엄청난 상금의 유혹 때문인지 많은 사람들이 묘책을 내놓았지만 전부 실패했을 뿐만 아니라 오히려 포사의 분노만 더욱 부채질하고 말았다. 이때 아첨을 잘하기로 유명한 간신 괵석보가 한 가지 비책을 내놓았다. 봉화대에 불을 놓아 여러 제후국들의 군대를 불러 모은 다음 적병이 쳐들어오지 않았다는 것을 확인한 제후들이 툴툴대며 떠들어대는 장면을 보면 포사도 웃지 않을 수 없을 거라는 것이었다.

유왕은 그 말을 그대로 믿고 괵석보가 시키는 대로 했다. 봉화대는 절대로 장난쳐서는 안 될 중요한 군사시설이었다. 봉화대는 고대 중국에서는 일종의 경보 시스템이었다. 당시 주나라는 경제적, 군사적인 면에서 주변의 작은 제후국들로부터 도움을 받고 있었기 때문에, 일단 적군이 쳐들어오면 봉화대에 불을 붙여 이런 사실을 제후국들에 전해 지원을 요청해야 했다.

서주의 왕도인 호경은 지금의 서안시 근교 장안현에 자리 잡고 있어서 서쪽과 북쪽의 융적을 비롯한 여러 소수민족으로부터 공격을 받기 쉬운 지역이었다. 그리하여 서주는 여산에 여러 개의 봉화대를 설치하게 되었다. 봉烽은 연기이고 화火는 불빛을 말하는데, 일단 봉화대에 불이 붙으면 대낮에는 짙은 연기가 치솟아 올라 하늘을 찌르고, 밤이 되면 그 불빛이 주변을 대낮처럼 밝혀 수십 리 밖에서도 이를 볼 수 있었다. 봉화대 하나에 불이 붙으면 이를 본 다른 지역의 봉화대에서도 즉시 불을 붙여 신속하게 경보를 전달할 수 있었다. 이를 본 인근의 제후들은 병력을 이끌고 달려와 주의 천자를 도와 적군을 물리치도록 되어 있었다.

## 천금으로 웃음을 사다

여산에는 20곳이 넘는 봉화대가 설치되어 있었다. 유왕이 포사를 데리고 여산에 온 날 봉화대에 불을 붙이려 한다는 사실을 알고 그의 숙부 정백우가 극구 말렸다. 그러나 유왕은 이렇게 해서라도 시름을 달래려 하는 것뿐인데 대수로운 일이냐며 고집을 부렸다. 결국 유왕은 봉화대에 불을 붙였고, 이를 보고 급히 호경으로 달려간 제후들은 유왕이 여산에 있다는 소식을 듣고 다시 여산으로 달려갔다. 달려가보니 군대가 싸우는 모습은 전혀 없었고 병사들도 그림자 하나 보이지 않았다. 유왕은 높은 곳에 올라가 제후들을 향해 소리쳤다.

"여러분, 실은 적군이 쳐들어온 것이 아니었소. 어서 그만 돌아들 가시오!"

제후들은 자신들이 농락당했다는 사실을 알고 몹시 격분했다. 제후들의 군대는 마치 머리가 떨어진 파리 떼처럼 한데 뒤엉켜 일대 혼란을 이루었다. 여러 제후들의 깃발과 복장이 한데 뒤섞여 매우 우스꽝스러운 모습을 연출했다. 포사는 한 번도 본 적이 없는 희한한 광경을 보고서 그제야 빙긋이 냉소를 지으며 말했다.

"이런 방법까지 생각해내실 줄은 몰랐군요!"

이것이 '봉화로 제후들을 골렸다' 는 이야기의 유래이다.

나중에 포사는 유왕에게 백복이라는 아들을 낳아주었다. 포사를 몹시 총애했던 유왕은 그녀를 왕후로 봉하고 백복을 태자로 봉하는 동시에 원래의 왕후와 태자 의구를 그 자리에서 폐해버렸다.

그 당시에는 왕후나 태자를 봉하거나 폐하는 일이 대단히 중요한 국가의 대사였기 때문에 유왕의 행동에 모두 놀라지 않을 수 없었다. 특히 폐위된 왕후의 집안에서는 유왕의 처사에 분노했다. 폐위된 원래의 왕후는 신후의 딸이었다. 태자 의구는 곧장 외가인 신申나라로 달려가 신후에게 이런 사정을 전하면서 억울함을 호소했다. 신후는 자신의 딸이 왕후의 자리에서 쫓겨난 마당에 의구도 죽음을 면치 못할 것이고, 자신도 문책을 당하게 될 것이라 판단했다. 한편으로는 두렵기도 했지만, 다른 한편으로는 말할 수 없이 억울하고 분하기만 했다.

결국 그는 제후의 지위를 보전하고 원수를 갚기 위해 몰래 인접국인 증鄫나라와 견융을 끌어들여 호경을 공격하기로 마음먹었다. 견융은 오래전부터 호경을 약탈할 생각을 갖고 있었지만 적당한 기회를 잡지 못해 참고 있었으므로 이런 제의를 받아들이지 않을 리 없었다. 게다가 견융은 신나라와 연합한다면 다른 제후국들도 주나라를 지원하지 않을 것임을 잘 알고 있었다.

이들의 군대가 성 밑까지 쳐들어오자 다급해진 유왕은 괵석보에게 빨리 봉화대에 불을 붙이라고 명령했다. 봉화대는 며칠을 쉬지 않고 타올랐지만 제후들은 한 명도 달려오지 않았다. 제후들은 이번에도 유왕이 포사를 위해 장난치는 것이라 생각하고 한 발짝도 움직이지 않았던 것이다. 호경의 방어선은 그다지 견고하지 못했고, 대장 정백우가 군사를 이끌고 전면에 나서긴 했지만 현격한 병력의 차이로 힘 한번 써보지 못하고 전사하고 말았다.

유왕과 괵석보, 태자 백복 등은 모두 여산으로 도망쳤다가 견융의 병사들에게 붙잡혀 죽임을 당했고, 깊은 궁궐에 틀어박혀 웃음 한 번 보이지 않았던 포사 역시 견융에 붙잡혀가고 말았다. 견융의 화살을 맞고 숨진 대장 정백우는 정나라의 군주였다. 그의 아들은 부친이 전사했다는 소식을 듣고는 대군을 이끌고 복수에 나섰다. 정나라 군대는 워낙 막강한데다 원수를 갚기 위해 나선 군대라서 그런지 연이어 승리를 거두며 파죽지세로 호경까지 밀고 들어왔다.

애시당초 신후는 견융과 증나라의 병력으로 유왕을 압박해서 딸과 외손자를 원래의 자리에 복귀시킬 생각이었다. 사태가 이렇게까지 확대되리라고는 생각지도 못했던 그는 비밀리에 각국의 제후들에게 편지를 띄워서 지원을 요청했다. 다른 제후국들이 모두 지원에 나서자 견융은 서둘러 주나라의 금은보화를 챙긴 다음 호경에 불을 지르고 도망쳤다.

견융이 철수하자 신후와 노후魯侯, 허문공 등은 태자 의구를 왕으로 옹립하여 주 평왕으로 등극시켰다. 이와 동시에 괵공한 등은 휴왕을 옹립했는데, 이로써 '양주병립兩周竝立', 즉 두 개의 주나라가 나란히 서 있는 형세를 이루게 되었다.

일부 강대한 제후국들의 지지를 한 몸에 받았던 평왕은 10여 년 후에 진晉나라가 휴왕을 제거하자 다시 서주를 통일할 수 있었다. 하지만 견융과 인접해 있었던 호경은 그들이 빈번하게 공격하여 재난이 그칠 날이 없었다. 게다가 호경의 가옥들이 손을 댈 수 없을 정도로 많이 낡고 파손되었기 때문에 평왕은 서주의 왕도를 동쪽의 낙읍洛邑으로 이전하기로 결정했다. 그리하여 서주는 막을 내리고 동주 시대가 열리게 된 것이다. 그러나 동주가 자신의 영토조차 제대로 지키지 못하고 무기력한 모습을 보이자 제후들도 주나라의 명령에 따르려 하지 않았다. 강대했던 주 왕조는 서주 이후로 이미 서서히 막을 내리기 시작했던 것이다. 결국 동주는 작은 제후국으로 전락했고, 천하는 바야흐로 춘추전국시대로 접어들게 되었다.

# 5장 | 자신에게 엄격하라

# 20 인품으로 이름을 남기다

기나긴 중국 역사에서 지금까지 새털처럼 많은 관리들이 나타났다 사라졌지만 역사에 흔적을 남긴 사람은 극소수에 불과하다. 특히 명재상의 반열에 오른 이는 봉황의 깃털이나 기린의 뿔처럼 희귀하다. 그러나 중국의 역대 명재상들을 살펴보면 한 가지 공통된 특징이 있음을 알 수 있다. 그것은 강직함이다. 강직한 성격이야말로 명재상이 되어 후대에 아름다운 이름을 남기는 데 필수불가결한 조건이었다. 송나라 초기의 여몽정이 곧 그런 명재상이었다.

여몽정呂蒙正(944~1041년)은 자가 성공聖功으로 하남河南 사람이다. 태평흥국太平興國 2년(977년)에 1등으로 과거에 급제하여 진사가 되었다. 그는 좌간의대부, 참지정사 등을 거쳐 조보와 함께 송대 초기의 재상이 되었다. 조보는 송의 개국공신이자 원로대신으로서 여몽정을 매우 높이 평가했다. 그는 한때 이부상서로 강등되기도 했지만 나중에 재상직을 되찾은 인물이다. 그는 정치에 힘쓰고 이웃국가들과 좋은 관계를 유지하며 물자를 아낄 것을 주장했다. 그는 나중에 하남부河南府로 전출되었다가 진종이 즉위하자 또다시 재상이 되었다. 송나라 건국 이래로 세 번이나 재상이 된 인물은 조보와 여몽정 두 사람뿐이었다.

개보開寶 9년(976년), 송나라 태조 조광윤이 갑자기 숨을 거뒀다. 이런 틈을 타서 조광윤의 동생 조광의가 태감 왕승은의 도움과 일명 '금궤지맹金櫃之盟'이라는 여론의 지지에 힘입어 제위를 계승했다.

이 사람을 역사에서는 태종太宗이라 칭한다. 태종의 즉위는 전통적인 부자승계의 원칙을 어겼기 때문에 적지 않은 반론을 불러일으켰다. 태종은 민심을 구슬리고 새로운 지지 세력을 얻기 위해 대대적으로 과거를 열어 인재를 끌어 모았다. 태평흥국 2년, 태종은 첫 과거에서 500명의 급제자를 뽑았다. 일찍이 볼 수 없었던 엄청난 숫자였다. 여몽정은 바로 이 과거시험에서 1등을 차지했던 것이다.

자신의 특수한 처지로 인해 태종은 이때 뽑힌 관리들을 특별히 중용했다. 여몽정은 장원급제자의 신분으로 감승이 된 뒤, 곧 승주升州의 통판으로 승진했고, 무려 20만 냥의 상금을 받았다. 이때, 그는 백성의 어려운 사정을 보면 역참을 통해 곧바로 황제에게 보고할 수 있는 권리를 부여받았다. 오래 지나지 않아 그는 신속하게 재상으로 발탁되었다. 상식적으로 생각하면 이 정도로 은덕을 입었으면 되도록 황제의 비위를 거스르지 않는 것이 당연했다. 그러나 여몽정은 늘 태종의 심기를 불편하게 했다.

여몽정과 태종의 대화는 역사적으로 대단히 유명하다. 어느 해 정월 대보름날, 태종은 술자리를 마련했다. 그는 대단히 기분이 좋아 보였고 곁에는 여몽정 등이 자리를 함께했다. 태종은 자신이 황제로서 모든 일을 잘 처리하고 있다고 생각했다. 그는 신하들이 치켜세워주기도 전에 먼저 자신의 공적을 떠들어댔다.

"오대 시절 민생이 파탄에 이르렀을 때, 태조께서 업현鄴縣 남서쪽의 업진에서 군사를 일으키셨네. 당시 땅에서는 화재가 빈번했고 하늘에서는 혜성이 나타났지. 사람들은 공포에 질려서 다시는 태평성대가 오지 않을 것이라고 입을 모았다네. 그런데 내가 직접 정사를 돌보면서부터 만사가 다 순조로워졌지 않은가? 그 모든 것이 하늘이 내게 내린 복이라고 생각했네. 그러나 오늘날 나라가 안정되고 백성들이 살기 좋아지고서야 알게 되었네. 나라의 평안이 하늘에 달려 있지 않고 사람에게 달려 있다는 걸 말이야."

태종의 이 말은 당시의 실제 상황과 완전히 부합되지 않는다고는 말할 수 없다. 그러나 명색이 황제로서 자신의 공로를 자화자찬하는 것은 신하들이 보기에 바람직하지 않았다.

태종은 신하들이 맞장구쳐주길 바랐지만 모두들 불편한 표정만 짓고 있을 뿐 한마디도 하지 않았다. 이런 난처한 분위기에서 여몽정이 일어나 말했다.

"천자께서 계신 이 도읍은 많은 인재들과 물자가 집중된 곳입니다. 당연히 번화해 보일 수밖에 없습니다. 그러나 도읍 밖으로 몇 리만 나가보십시오. 추위와 굶주림으로 죽는 백성들이 허다합니다. 또한 많은 백성들이 제대로 배를 불리지도, 몸을 녹이지도 못하고 있습니다. 천하는 폐하께서 말씀하시는 것처럼 그렇게 태평성대가 아닙니다. 원컨대 부디 눈길을 먼 곳까지 두십시오. 교만함과 조급함을 경계하시고 힘써 정치를 도모하신다면 그것이 곧 천하 백성들의 복일 것입니다."

흥이 싹 가신 태종은 단박에 표정이 일그러져 입을 닫았고, 여몽정은 엄숙한 기색으로 자리에 앉았다. 나중에 사람들은 모두 그가 용감하게 바른 말을 했다고 칭찬했다.

또 한번은 태종이 사신을 파견할 일이 있어 재상에게 재능 있는 인물을 물색할 것을 지시했다. 여몽정이 태종에게 한 사람을 추천했지만 태종은 그 사람이 마음에 들지 않아 반대했다. 며칠이 지나 태종은 여몽정에게 다시 사신 문제를 거론했다. 여몽정은 또다시 그 사람을 추천했다. 태종은 속이 부글부글 끓었다.

'조정에 사람이 없는 것도 아닌데, 왜 하필 그자만 추천하는 것인가? 일부러 날 골리려는 수작이 아닌가?'

태종이 화난 목소리로 그를 다그쳤다.

"왜 이렇게 고집을 부리는 겐가?"

"고집을 부리는 것이 아닙니다. 폐하께서는 저의 충정을 헤아리지 못하시는군요. 이 사람은 사신이 될 만한 능력이 충분합니다. 아무도 이 사람을 능가할 수 없음이 분명합니다. 저는 폐하의 취향에 영합하여 나라에 누를 끼치고 싶지 않습니다."

황제와 신하가 모두 몹시 흥분한 상태였다. 그 자리에 있던 신하들은 감히 숨조차 쉬지 못했다.

결국 태종은 여몽정의 의견을 받아들여 그가 추천한 사람을 사신으로 파견했다. 여몽정이 추천한 사람은 무사히 사신의 임무를 수행하여 자신이 능력 있는 인물임을 과시하는 동시에 여몽정의 판단이 옳았음을 입증해주었다.

여몽정은 대단히 관대하고 후덕했다. 태평흥국 2년에 장원급제하여 태종에게 중용되면서 승주 통판에서부터 시작하여 중서시랑 겸 호부상서, 감수국사 등의 관직을 거쳐 재상이 되기까지 겨우 12년밖에 걸리지 않았다. 당시 그의 나이는 마흔두 살에 지나지 않았다. 사람들이 그를 질투한 것도 당연한 일이었다.


### 원수도 피하지 말라

여몽정이 막 조정에 발을 디뎠을 때, 어떤 사람이 그를 손가락질하며 말했다.

"이런 풋내기도 정사에 참여할 수 있단 말인가?"

이는 커다란 모욕이었고, 당시 그가 지니고 있던 권력을 행사하면 얼마든지 응징할 수 있는 사건이었다. 그러나 여몽정은 못 들은 척하며 그 사람 앞을 지나쳤다. 그를 존경하던 동료 하나가 이 소식을 듣고 화가 나서 그 사람이 누군지 알아내려 하자 여몽정이 급히 만류하며 말했다.

"그의 이름을 알아내면 평생토록 잊을 수 없을 것 같네. 차라리 모르는 편이 낫지."

그는 악의 어린 비방과 모함에 대해서도 여전히 태연하게 처신했다. 채주의 장신張紳이라는 자가 공금을 횡령했다는 여몽정의 상소로 인해 관직을 박탈당했다. 그러자 누군가 태종에게 그를 변호하여 말했다.

"장신은 집안이 부유합니다. 그가 공금을 횡령했을 리가 없습니다. 이는 필시 여몽정이 장신에게 보복하려는 것입니다. 여몽정이 가난할 때 장신에게 돈을 빌려 달라고 부탁한 적이 있는데, 그때 장신이 청을 거절한 데 대해 원한을 품고 있다가 재상이 되자 장신에게 복수하는 것이 분명합니다."

이 말을 듣고 태종은 선량한 사람이 누명을 쓴 것으로 간주하고 아무런 조사도 없이 장신을 복직시켰다. 그러나 여몽정은 이와 관련하여 태종에게 아무런 변명도 하지 않았다. 시간이 지나면 사실이 밝혀지리라 믿었기 때문이다.

순화淳化 2년(991년), 여몽정은 감히 직언을 올린 죄로 재상의 자리를 내놓아야 했다. 나중에 감찰원에서 관리들을 감찰하는 과정에서 장신의 공금횡령 사실을 발견했고, 태종은 즉시 장신을 강주絳州 부사로 강등시켰다. 이로써 순화 4년(993년)에 여몽정은 다시 재상에 복직되었다. 사건 당시 여몽정을 오해했던 태종이 그에게 말했다.

"과연 장신이 횡령죄를 저질렀더군."

태종은 여몽정이 자신의 억울함을 밝히면서 황제의 현명함을 칭송하리라고 생각했다. 그러나 여몽정은 아무런 변명이나 감사 인사도 하지 않았다. 마치 아무 일도 없었다는 듯이 묵묵부답에 무표정한 얼굴로 일관했을 뿐이었다.

여몽정은 몹시 힘들고 파란 많은 유년 시절을 보냈는데, 그에 관한 이야기는 희곡으로 창작되어 널리 유전되기도 했다. 이야기는 여몽정의 부친이 여러 명의 첩을 두어 본처이자 여몽정의 생모인 유씨와 사이가 멀어지는 것으로 시작된다. 결국 유씨는 아들 여몽정과 함께 여씨 집안에서 쫓겨나지만, 여씨 집안에서 나온 유씨는 재가하지 않기로 결심하고 어려운 생활에도 아들을 의지하며 살아간다. 그러다가 여몽정이 과거에 급제하여 관리의 길에 들어서면서 가정형편은 크게 나아졌다. 여몽정은 부친이 저질렀던 잘못을 따지지 않고 부친을 같은 집에 모셔 다른 방에 머물게 하면서 양친을 섬겼고, 세심하게 부모를 봉양하여 다시 한 가족이 될 수 있었다. 그의 행실에 대해서는 지금까지도 사람들의 칭찬이 그치지 않고 있다.

여몽정은 또한 청렴한 관리로도 이름이 높았다. 황제의 두터운 신임을 받았던 그에게는 상당한 권력이 있었고, 많은 사람들이 찾아와 승진을 부탁하는 등 갖가지 청탁을 했지만 여몽정은 매번 이들을 교묘하게 따돌리곤 했다. 한번은 조정의 한 관리가 그에게 아주 오래된 거울을 하나 들고 찾아와 사방 200리 안에 있는 물건은 뭐든지 다 비출 수 있는 거울이라면서 받아주기를 청했다. 여몽정이 웃으며 말했다.

"내 얼굴이야 겨우 쟁반만 한데 200리를 비추는 거울이 무슨 소용이 있겠소?"

얼굴색 하나 바꾸지 않고 청탁을 하러 찾아온 사람을 말 한마디로 가볍게 물리친 것이다.

여몽정은 인재를 알아보는 탁월한 안목을 갖추고 있었고 '바깥에서 사람을 구할 때는 원수도 피하지 않고, 안에서 사람을 구할 때는 친한 사람도 내치지 않는다' 는 옛 선인의 기풍을 그대로 지니고 있었다. 그래서 그는 인재를 가리고 추천하는 데 있어서 자신과의 관계를 전혀 고려하지 않았다. 경덕景德 2년(1005년), 여몽정은 노환을 이유로 낙양에 내려가 한가한 생활을 누렸는데, 나중에 진종이 태산에 제사를 지내려 가던 길에 그의 집을 방문했다. 인재를 찾고자 했던 진종이 그에게 물었다.

"당신의 아들들 가운데 중책을 맡을 만한 인물이 있겠소?"

"제 아들들은 다 변변치 않습니다. 지금 영주에 있는 조카 여이간이 재상의 재목이니 크게 쓰실 수 있을 것입니다."

진종은 여이간이란 이름을 기억해두었고, 그는 나중에 유명한 재상이 되었다.

여몽정과 가까이 지내던 인물로 부언富言이라는 사람이 있었다. 여몽정의 학식과 인품을 존경했던 그는 자기 아들을 그에게 보이고 싶어 했다.

"제 아들 나이가 벌써 열 살이 넘어 서원에 넣어 공부를 시키고자 합니다."

흔쾌히 승낙하고 아들을 데려오라고 대답한 여몽정은 부언의 아들을 보는 순간 놀라움을 금치 못하며 말했다.

"이 아이는 장차 저만큼이나 높은 자리에 오를 것이고 공적 또한 저를 훨씬 능가할 것입니다."

여몽정은 부언의 아들을 자신의 아들들과 함께 가르치기 시작했다. 부언의 아들은 이름이 부필로, 훗날 두 차례나 재상의 자리에 올랐고 송나라의 명재상으로 이름을 날렸다.

중국 역사의 여러 재상들과 비교해볼 때, 여몽정의 공적은 그다지 탁월한 편이 못 된다. 이는 그가 상대적으로 안정된 사회에서 활동했기 때문일 것이다. 한편, 그의 강직하고 후덕한 인품만큼은 어떤 명재상도 따라가지 못했다. 여몽정은 이처럼 인품으로 세상에 이름을 날리게 된 것이다.

여몽정은 내국공에 봉해져 예순여덟의 천수를 누렸고, 사후에는 문목文穆이라는 시호를 받았다. 사실 그는 천운을 타고난 인물이었다. 그가 살았던 시대는 "사대부는 절대로 죽이지 않는다"는 말이 있을 정도로 사인士人들을 존중하던 시대였다. 그가 송대가 아닌 다른 시대에 살았다면 일찌감치 비극적인 최후를 맞았을지도 모를 일이다.

21  |  # 이름과 의를 지키다

# 21 │ 이름과 의를 지키다

충신을 어떻게 규정할 것인가? 고대 중국에는 이에 대한 구체적인 정론이 존재하지 않았다. 사실 정론이 없었던 것이 아니라 충성의 차원이 일정치 않았던 것이다. 어떤 이는 군주를 따라 죽은 사람을 충신이라 했고, 어떤 이는 군주를 도와 이상을 실현한 인물을 충신이라 했다. 다시 말해, 사람들마다 충신에 대한 정의가 달랐던 것이다. 때로는 동일한 인물과 사건을 놓고 사람들마다 견해가 달라지기도 했다.

제나라의 최저崔杼가 장공을 죽였을 때 괴귀는 마침 진晉나라에 사신으로 갔다가 본국으로 돌아갈 채비를 하고 있었다. 괴귀의 하인이 그에게 말했다.

"최저가 이미 제나라에서 군왕을 시해했는데, 이제 대인께서는 어디로 가시겠습니까?"

"너는 어서 수레나 준비해라. 나는 본국으로 돌아가 대왕의 은혜를 갚아야 하느니라."

"군왕의 폭정은 세상이 다 아는 사실이고 이웃 제후들 중에도 이를 모르는 사람이 없습니다. 그럼에도 불구하고 대인께서 그를 위해 목숨을 버리는 것은 무가치한 일입니다."

"네 말도 일리가 없는 것은 아니다만 지금은 때가 너무 늦었다. 조금만 더 일찍 너의 말을 들었더라면 군왕에게 간언을 올릴 수도 있었을 것이고, 간언이 받아들여지지 않는다면 떠날 수도 있었을 것이다. 그러나 지금은 군왕도 세상에 없고 나도 그를 떠나지 않았다. 어떤 사람에게서 봉록을 받았으면 그를 위해 자신을 희생하는 것이 마땅하다고 들었다. 내가 난군亂君에게서 봉록을 받았으니 어찌 그를 징계하고 죽일 수 있겠느냐?"

결국 괴귀는 본국으로 돌아가 죽었다. 그의 하인이 말했다.

"아무리 포악한 군왕이라 할지라도 그를 위해 죽는 사람이 있구나. 내가 이토록 현명한 주인을 모시고 있었으니 어찌 그를 위해 죽지 않을 수 있겠는가!"

말을 마친 하인도 수레 위에서 스스로 목숨을 끊었다. 군자들이 이런 소문을 듣고 말했다.

"괴귀는 이름과 의를 지켰다."

그러나 당시의 재상이었던 안영의 태도는 이와 달랐다. 장공이 음란한 생활을 하면서 최저의 아내와 사통까지 했기 때문에 최저는 장공을 자기 집에서 죽인 것이었다. 이런 소식을 들은 안영은 그저 최저의 집 문밖에 서 있을 뿐이었다. 그의 하인이 의아하게 생각하고 물었다.

"대부께서는 군왕을 위해 함께 죽으려 하십니까?"

"군왕이 나 개인의 군왕이란 말이냐? 내가 무엇 때문에 그를 따라 죽어야 한단 말이냐?"

"그렇다면 대부께서는 도망하려 하십니까?"

"내가 무슨 죄를 지었다고 도망을 친단 말이냐?"

"그럼 대부께서는 집으로 돌아가실 생각이십니까?"

"내가 보좌하던 군왕이 죽었는데 어찌 집으로 돌아갈 수 있단 말이냐? 백성을 다스리는 사람이 백성의 머리 위에 올라앉아서는 안 되고 마땅히 나라의 대업을 근본으로 삼아야 할 것이다. 또한 나라의 대신은 봉록만 축낼 것이 아니라 마땅히 나라에 봉사하는 것을 근본으로 삼아야 할 것이다. 따라서 군왕이 사직을 위해 죽었다면 대신도 군왕을 따라 죽어야 하고, 군왕이 사직을 위해 도망친다면 신하도 군왕과 같이 도망쳐야 할 것이다. 군왕이 자신의 개인적인 일로 죽었다면 군왕이 총애하던 심복이 아니고서야 누가 따라 죽고 도망을 치겠는가? 하물며 자신의 군왕을 미워하여 죽인 자가 있는데 내가 왜 따라 죽어야 하고 도망쳐야 하며 집으로 돌아가야 한단 말인가?"

나중에 안영은 경공을 도와 최저를 죽였다. 그러나 안영의 충성심도 크게 치하할 바가 못 된다. 관중에 비하면 보잘것없기 때문이다.

관중과 포숙아 그리고 소홀召忽 이 세 사람은 각각 군왕의 명을 받고 군왕의 세 아들을 보좌하고 있었다. 소홀은 자신이 보좌하는 왕자가 장차 군왕이 될 가능성이 없다고 생각하고는 그를 보좌하려 하지 않았다. 나중에 포숙아가 애써 권면하자 그는 마지못해 말했다.

"100년 후에 군왕이 세상을 떠났다고 합시다. 그때 군왕의 명령을 어기고 군왕이 세운 후계자의 자리를 폐하여 군왕의 자리를 빼앗는 자가 있다면 그가 천하를 얻었다고 할지라도 저는 살아남을 생각이 없을 것입니다. 제나라의 정사에 참여한 이상 저는 군왕의 명령을 받들어야 하고 이를 마음대로 바꿀 수 없을 것입니다. 세워진 군주를 모시면서 그가 폐위당하지 않도록 하는 것이 제가 마땅히 해야 할 일이니까요.”

이에 관중은 다른 의견을 제시했다.

“내 생각은 그렇지 않소. 군왕의 명령을 받아서 사직을 받들고 종묘를 주관해야 마땅하지, 어찌 개인을 위해 죽을 수 있단 말이오? 나라가 망하고 종묘가 무너지며 제사를 올릴 사람이 없게 되는 일을 당해야만 비로소 죽을 만한 일이라 생각하오. 이 세 가지 경우가 아니라면 나는 계속 살아갈 것이오. 내가 사는 것이 제나라에 이득이 되는데 무엇 때문에 죽음을 택한단 말이오?”

과연 소홀은 왕자 규糾가 죽자 그 뒤를 따라 자결했지만 관중은 자신이 보좌하던 왕자 규가 죽었다는 이유로 목숨을 끊지 않았다. 그는 자신의 ‘원수怨讐’인 왕자 소백의 명을 받아들였고 소백의 패업을 도와서 마침내 춘추전국시대의 가장 유명한 패주가 되게 했다.

사람에게 충성하고, 일에 충성하며, 천하에 충성하는 것, 이 세 가지는 각기 다른 차원의 일인 셈이다.

# 22 | 양보하면 하늘이 열린다

중국에는 예로부터 "한 걸음 양보하면 하늘이 열린다"라는 속담이 전해져 내려온다. 참고 양보하는 것이 승리라는 보물이 되는 경우는 너무나 흔하다. 참고 양보하는 데 능한 사람은 관료사회뿐만 아니라 모든 유형의 인간관계에서 운신의 폭이 넓어지는 것이다.

한 문제 초년, 진평陳平이 승상으로 있을 때의 일이었다. 진평과 주발은 모두 한 고조 유방을 따라다니며 생사를 함께했던 장수들이었다. 단지 진평의 공이 주발보다 약간 높았고 그래서 그가 승상이 된 것뿐이었다.

그러나 나중에 주발은 군사를 이끌고 여씨 일족을 전부 죽인 다음 유씨 성의 한 왕실을 회복함으로써 공이 진평보다 훨씬 높아졌다. 그러자 진평은 승상의 자리를 주발에게 넘겨주고 싶어 병을 가장하여 조정에 나가지 않았다. 이를 이상히 여긴 문제가 직접 그를 찾아가 묻자 진평이 말했다.

"선제를 따라다니며 전쟁에 임할 때는 주발의 공이 저만 못했습니다. 그러나 이제는 주발이 여씨 잔당을 모두 제거하고 한 왕실을 회복했으니 저의 공이 주발만 못하지요. 그래서 승상의 자리를 그에게 물려주고자 하는 것입니다."

진평의 양보 덕분에 한 왕조의 내각은 안정과 단결을 이룰 수 있었고, 진평도 몸과 마음이 모두 편안한 삶을 누릴 수 있었다.

삼국시대의 청년 장군이었던 주유 역시 마찬가지였다. 조조의 군대가 쳐들어오자 오나라의 손권은 병사를 일으키면서 주유에게 수륙도독의 자리를 맡겨 조조의 군대에 대항하게 했다. 주유는 나이가 어린데다 경험이 없어 원로 장수들 가운데 그의 명령에 불복하는 사람들이 많았다. 특히 정보程普가 여러 차례 항명하여 주유를 난감하게 했지만, 그는 국가의 대사를 먼저 생각하여 자신을 낮춤으로써 여러 장수들을 하나로 결속시키고 유비와 연합하여 마침내 조조를 격퇴했다.

춘추전국시대 제나라 재상인 안영도 당시 여러 제후들 사이에서 커다란 명망을 얻었던 인물이지만 한순간도 오만에 빠지지 않았다. 한번은 안영이 식사를 하고 있는데 경공의 사자가 찾아왔다. 안영은 그에게 식사를 대접하고 싶었지만 남은 밥이 없어서 대신 자신의 밥 절반을 사자에게 나눠주었다. 사자와 안영은 식사를 마쳤지만 여전히 배가 부르지 않았다. 경공에게 돌아간 사자가 이런 사실을 경공에게 전하자, 경공은 안영이 몹시 곤궁한 생활을 하고 있음을 알게 되었고 천금을 보내면서 그를 빈객으로 맞아들이려 했으나 안영은 이를 완곡하게 사양했다. 이해할 수 없었던 경공이 물었다.

"선군이신 환공께서 관중에게 많은 재물을 하사하셨을 때 그는 한 번도 거절하지 않고 다 받았소. 과인은 선생에게 겨우 황금 1,000냥을 주었을 뿐인데 이를 사양하는 이유가 무엇인지 알 수 없구려."

경공이 자신을 관중과 비교한 것만 해도 안영으로서는 커다란 영광이었다. 안영이 말을 받았다.

"지혜로운 자가 1,000가지 생각을 하면 하나의 실수가 있기 마련이지만, 어리석은 자가 1,000가지 생각을 하면 얻는 것이 하나밖에 없지요. 관중이 선제께서 하사하신 것을 받은 것은 바람직하지 못한 일이었습니다. 1,000가지 생각 중에 한 가지 실수였던 셈이지요. 저는 관중의 그런 실수를 되풀이하고 싶지 않아 대왕께서 보내신 황금을 받지 않은 것입니다."

## 인내로 승리를 담보하다

중국 역사에서 양보를 통해 하늘과 바다를 열었던 무수한 사례 가운데 가장 유명한 이야기가 염파廉頗와 인상여藺相如의 이야기이다.

조나라 말기, 초나라는 진秦의 장군인 백기白起에게 패해 도읍을 옮겨야 하는 처지가 되었고, 제나라는 연의 장군인 악의樂毅에게 패해 세력을 회복하기 어려운 지경이 되어 있었다. 진은 갈수록 강대해져 나머지 여섯 나라에 비해 월등했고, 조를 제외한 나머지 다섯 나라는 절대로 진의 적수가 될 수 없었다.

당시 조나라는 무령왕의 개혁을 통해 국가의 기반을 견고히 하는 한편, 대장군 염파와 재상 인상여가 힘을 합쳐 부국강병에 혼신의 힘을 쏟고 있었다. 염파와 인상여의 협력이 없었다면 조나라도 오래전에 사라졌을 것이다. 이 때문에 사마천은 『사기』에서 이 두 사람의 이야기를 「염파인상여열전」이란 제목으로 함께 서술하여 높이 평가했던 것이다.

염파가 대장군이 된 것은 야전에서의 전공이 뛰어났기 때문이고, 인상여가 재상이 된 것은 두 차례의 중대한 외교 업무를 무사히 완수했기 때문이었다. 진은 여러 차례 조를 공격한 바 있으나 한 번도 정벌의 목적을 달성하지 못했다. 특히 대장군 염파는 도저히 공략할 방법이 없었다.

이에 진왕은 다른 방법으로 조를 제압하기로 마음먹었다. 진왕이 택한 방법은 조와 거짓으로 화친을 맺은 다음 외교적 수단을 이용하여 조나라를 수동적인 위치로 몰아간다는 것이었다. 그리하여 기원전 283년, 진은 조가 초나라의 희귀한 보물인 화씨벽을 손에 넣었다는 소문을 듣고 사자를 보내 진의 성城 열다섯 개와 조의 화씨벽과 바꾸고 싶다는 의사를 전했다. 조나라에게는 이것이 선전포고에 가까운 위협이었다.

조나라로서는 화씨벽이 아까운 것이 아니라 진이 신의를 잘 지키지 않기 때문에 공연히 속임수에 당해 국가의 이미지를 손상하지나 않을까 두려웠다. 그렇다고 화씨벽을 넘겨주지 않을 경우 진이 이를 구실로 군사적인 공격을 할 수 있기 때문에 조는 진퇴양난에 처하게 되었다. 바로 이때 환관의 우두머리인 무현이 자기 집에 인상여라고 하는 문객이 있는데, 지모와 용기를 겸비하고 있으니 그에게 대책을 구하는 것이 어떠냐고 제안했다. 아무 대책이 없던 조왕은 그의 의견을 들어

보기로 했다. 조왕이 물었다.

"진왕이 성 열다섯 개로 조나라의 화씨벽과 바꾸자고 하는데 이를 받아들이는 것이 좋겠소?"

"진은 강하고 조는 약하기 때문에 거절하기가 어려울 겁니다."

"진이 화씨벽을 차지한 다음에 약속대로 성지를 내주지 않을 경우엔 어떻게 해야 하오?"

"진이 제시한 요구를 받아들이지 않는다면 조가 사리에 어긋나는 것이지만, 진이 화씨벽을 받고도 성지를 내주지 않는다면 이는 진이 도리를 그르치는 것입니다. 두 경우를 비교해볼 때, 제 생각엔 후자가 더 나을 것 같습니다. 대왕께 정말로 사자로 보낼 만한 사람이 없다면 제가 나서보겠습니다. 진왕이 성을 우리에게 내준다면 화씨벽을 진나라에 넘겨줄 것이고, 성지를 내주려 하지 않는다면 다시 가지고 돌아오겠습니다."

인상여가 말솜씨가 좋을 뿐만 아니라 일처리도 주도면밀하다는 무현의 말에 조왕은 그를 사신으로 보내기로 결정했다.

진의 소양왕은 궁중에서 인상여를 접견했다. 진왕은 기분이 좋아 편한 자세로 앉아 있었고 인상여는 두 손을 모아 화씨벽을 봉상했다. 진왕은 기뻐하며 이리저리 뜯어보다가 이를 궁녀와 황비들에게 보라고 건네주었고 모두들 감탄을 금치 못하며 진왕에게 축하의 인사를 올렸다. 당하에 서 있는 인상여를 거들떠보는 사람은 아무도 없었다. 한참이 지났지만 진왕은 열다섯 개의 성을 조나라에 넘겨주는 문제를 전혀 언급하지 않았다. 인상여는 진왕이 속임수를 쓰려 한다는 사실을 알아차리고 먼저 계책을 준비하여 입을 열었다.

"화씨벽에는 문제가 한 가지 있습니다. 아무렇게나 그 진면목을 볼 수 있는 것이 아니지요. 제가 여러분께 시범을 보여드리겠습니다."

진왕은 아무런 방비도 없이 화씨벽을 다시 인상여에게 건네주었다. 벽옥을 받아 든 인상여는 곧장 대전大殿 한가운데 있는 기둥으로 달려가 큰 소리로 진왕을 비난하기 시작했다.

"대왕께서는 이 옥을 얻기 위해 조왕에게 사자를 보냈습니다. 조의 대신들은 진이 국가의 예를 무시하고 신의를 잘 지키지 않는 나라인데 자국의 강대함만 믿고 몇 마디 거짓말로 이 옥을 차지하려 한다면서 하나같이 이 옥을 대왕께 보내주려 하지 않았지요.

그러나 저는 백성들도 신의를 잘 지키는데 일국의 군주이신 대왕께서 신의를 저버릴 리 없다고 말했습니다. 게다가 하찮은 벽옥 하나로 진과 조의 우의를 해치는 것은 있을 수 없는 일이라고 주장했지요. 제 말을 들은 조왕은 닷새 동안 목욕재계한 후에 친히 조당에 가서 국서와 벽옥을 가져다가 제게 건네시면서 진나라에 가져다주라고 했습니다. 이 얼마나 공경과 예의를 갖춘 태도입니까!

그런데 진나라에 와서 벽옥을 대왕께 바쳤더니 대왕은 전혀 예를 갖추지 않고 벽옥을 함부로 궁녀들에게 보여주고 있으니, 이는 조나라를 욕되게 하는 일이 아니고 무엇이겠습니까! 또한 성지를 넘겨주는 문제에 관해서는 언급조차 안 하시는 걸 보니 그럴 뜻이 없으신 걸로 보입니다. 그러니 화씨벽을 도로 조나라로 가져갈까 합니다. 지금 벽옥이 제 손 안에 있으니, 강제로 빼앗으려 한다면 저는 이 벽옥과 함께 머리를 기둥에 부딪쳐 자결하고 말 겁니다."

말을 마친 인상여는 당장이라도 부딪칠 기세로 노기등등하여 거대한 기둥을 노려보고 있었다.

그의 행동에 놀란 진왕은 혹시라도 화씨벽이 깨질까 두려워 당장 사죄하면서 사람을 시켜 지도를 가져오게 한 다음 성 열다섯 개를 골라 조에 넘겨주라고 지시했다. 그러나 인상여는 이런 조치가 그의 진심에서 우러나온 것이 아님을 알아채고는 또 다른 계략을 준비했다. 인상여가 말했다.

"대왕께서 화씨벽을 그렇게 좋아하시니 조나라로서는 이를 헌상하지 않을 수 없습니다. 그런데 조왕은 벽옥을 바치기 전에 닷새 동안 목욕재계함으로써 극진한 공경함을 표했습니다. 따라서 대왕께서도 닷새 동안 목욕재계하셔야만 화씨벽을 받으실 수 있습니다."

진왕은 달리 대응할 방법이 없어 순순히 그렇게 하겠다고 대답했다. 숙소로 돌아온 인상여는 치밀하게 준비하기 시작했다. 부하에게 마의와 포삼을 입혀 보통 사람으로 변장하게 한 다음 샛길을 통해 몰래 화씨벽을 도로 조나라로 돌려보낸 것이었다.

닷새 후에 진왕은 조정에서 성대한 의식을 거행하고 화씨벽을 인수할 준비를 서둘렀다. 진나라 조정에 들어간 인상여는 말했다.

"진은 목공 이후로 이미 수많은 제왕들이 나라를 이어왔으나 단 한 분도 신의를 지키는 분이 없었습니다. 그래서 저도 속임수에 당하지나 않을까 하는 두려움에 화씨벽을 이미 조로 돌려보냈습니다. 조는 약국이고 진은 강국인 만큼 대왕께서 진심과 성의를 중시하여 15개의 성을 조에 넘겨주셔야만 화씨벽을 얻으실 수 있을 겁니다. 지난날 맹명시는 진晉을 속였고, 상앙은 위를 속였으며, 장의는 초를 속여 오명을 얻었지요. 저는 대왕께서도 조를 기만했다는 오명을 입지 않기를 바라는 마음에서 벽옥을 다시 조로 돌려보낸 것입니다. 대왕을 속인 것에 대해선 제게 죄를 물으셔도 좋습니다!"

진왕과 대신들은 인상여의 말에 몹시 분개했지만 그의 말이 구구절절 맞는 말이라 반박할 방법이 없었다. 게다가 인상여는 조금도 두려워하지 않는 기색이라, 그를 죽인다 해도 악명만 높아질 뿐이었다. 그럴 바에는 차라리 인상여를 놓아주고 진의 관용을 과시하는 동시에, 결코 조의 화씨벽을 빼앗으려는 의도가 아니었음을 보여주는 것이 현명한 방법일 것 같았다. 결국 인상여는 진에게 아무런 구실도 주지 않은 채 화씨벽을 갖고 조나라로 돌아왔고, 조의 명성과 발전에 큰 공을 세우게 되었다. 이때부터 인상여의 명성은 전국에 알려지게 되었다.

그러나 인상여를 놓아주었다고 해서 진이 여섯 나라의 합병을 포기한 것은 아니었다. 이미 지난 2년 동안 진은 조의 성을 강탈했고, 바로 1년 전에는 조를 침공했다가 별 성과 없이 돌아간 적도 있었다. 진왕은 이처럼 장기적인 소모전을 펼치느니 일시적으로 조와 화친을 맺고 다른 나라들을 전부 합병한 후에 다시 조를 멸하는 것이 좋겠다는 생각을 하게 되었다.

## 겸양으로 강함을 제압하다

기원전 279년, 진 소양왕은 조 혜문왕에게 사자를 보내 민지에서 만나자고 제안했다. 혜문왕은 초 회왕이 진과의 화친에 나섰다가 희생물이 되었던 전례를 기억하고는 두려워서 나가지 않으려 했다. 하지만 그랬다가는 소양왕에게 무시당할 소지가 있다며 염파와 인상여가 설득했다. 결국 혜문왕은 인상여를 대동하여 민지로 나가면서 염파에게는 국내에 남아 태자를 보좌하게 했다. 그러자 평원군 조승이 말했다.

"진의 제의에 응하시려면 반드시 5,000명의 정예 병력을 대동하는 동시에 대량의 군마를 3,000리 밖에 대기하게 하셔야 합니다."

이에 조왕은 대장군 이목에게 정병을 골라 자신을 따르게 하고, 평원군에게는 수십만의 대군을 이끌고 그 뒤를 따르라고 지시했다.

염파도 마음을 놓지 못하고 조왕에게 간청했다.

"이번 회맹은 길흉을 단정하기 어렵습니다. 민지까지는 왕복 스무 날이 걸릴 것이고 사흘 동안 회의를 한다 해도 한 달이면 충분할 것입니다. 그때까지 대왕께서 돌아오시지 않는다면 지난날 초나라가 당했던 것과 똑같은 상황이 벌어진 것으로 생각하고 태자를 국군國君으로 세워 진이 함부로 조를 넘보지 못하도록 하겠습니다."

혜문왕도 그의 생각에 동의했다. 곧이어 염파는 혜문왕의 출경出京에 대비하여 준비를 서둘렀다.

조왕과 진왕은 민지에서 만나 술잔을 나누면서 천하대사를 논하기 시작했다. 처음에는 의기투합하는 것처럼 보였으나 술이 얼큰해지자 소양왕은 술을 핑계로 농담하듯 입을 열었다.

"듣자하니 혜문왕께서는 음악에 정통하시다 하던데 나를 위해 비파를 한 곡 연주해주실 수 있겠소이까?"

혜문왕은 거절할 수가 없어서 굴욕감을 삼키면서 말없이 비파를 연주했다. 소양왕은 그 자리에서 사관에게 이 일을 기록하게 했다.

'모년 모월 모일에 소양왕이 혜문왕과 주연을 함께 하는 자리에서 혜문왕에게 비파를 연주하게 했다.'

혜문왕은 화가 나서 얼굴이 빨개졌다. 조가 망하지도 않았는데 진은 조를 속국으로 대하고 있는 것이었다. 게다가 비파를 연주하게 한 일을 역사에 기록한다는 것이 조로서는 이만저만한 치욕이 아닐 수 없었다. 그러나 혜문왕은 분을 삭이면서도 보복할 생각은 하지 못했다. 이때, 이런 모습을 보고 있던 인상여가 기와를 한 장 들고 소양왕에게 다가가 말했다.

"들자하니 대왕께서는 격파술이 뛰어나다고 하던데 혜문왕을 위해 이 기와를 깨뜨려주실 수 있겠습니까?"

소양왕은 대노하여 그를 거들떠보지도 않았다. 소양왕의 호위병이 나서서 인상여를 죽이려 했으나 오히려 그의 호통에 놀라 뒤로 물러서고 말았다. 인상여가 말을 계속했다.

"대왕의 군대가 아무리 강대하다 해도 이 자리에선 아무 소용이 없습니다. 저는 이 자리에서 대왕을 죽일 수도 있습니다."

소양왕이 못하겠다고 버티자 인상여가 다시 다가가 죽이겠다고 위협했다. 소양왕은 하는 수 없이 손으로 기와를 격파했고, 인상여는 그 자리에서 조의 사관에게 이 사실을 기록하라고 명했다.

'모년 모월 모일에 소양왕이 혜문왕을 위해 기와를 격파했다.'

진의 대신들은 소양왕의 체면이 땅에 떨어진 것을 보면서 도발할 생각으로 말했다.

"혜문왕께서는 성 열다섯 개를 소양왕께 바쳐 장수를 축원하는 것이 어떻소이까?"

인상여가 즉시 말을 받았다.

"그럴 것이 아니라 소양왕께서 함양성을 혜문왕께 할양하셔서 장수를 축원하는 것이 어떻겠습니까?"

이처럼 쌍방은 연회가 끝날 때까지 치열한 외교 전쟁을 펼쳤다. 진이 줄기차게 공격을 해댔지만 인상여는 끝까지 맞받아치면서 한 치도 물러서지 않았다. 진은 이기지 못했고, 게다가 변경에 조의 대군이 집결하여 전투 준비를 하고 있다는 첩보를 접하게 되자 경거망동할 수도 없었다.

두 차례의 중대한 외교전에서 인상여는 생명의 위험을 무릅쓰고 조나라의 존엄을 지키면서 진과의 각축에서 수동적인 위치로 전락하는 것을 막았다. 그의 공로에 답례하기 위해 혜문왕은 그에게 염파보다 높은 상경의 자리를 주었다. 문제는 이에 불만을 품은 염파가 가는 곳마다 불평을 늘어놓았던 것이다.

"나는 조의 장수로서 야전에서 목숨을 걸고 큰 공을 세웠는데, 세 치 혀만 가지고 공을 세운 인상여가 나보다 높은 자리에 앉는다는 것은 용납하기 어려운 일이오. 이는 도저히 참을 수 없는 수치란 말이오."

그러면서 그는 인상여와 마주칠 때마다 모욕적인 언사를 쏟아냈다. 염파에게는 무장들이 창과 칼로 이룬 것만이 공로이고 문신들이 지모를 이용하여 나라의 존엄을 보전하는 것은 하찮은 일에 불과했다. 게다가 인상여는 미천한 출신이라 폭언을 하는 것이 크게 문제될 것도 없었다. 그러나 이것이 인상여에게는 참기 어려운 일이었다.

그런데도 인상여는 이에 대해 아무런 반응도 보이지 않았고, 길을 가다가 멀리서 염파의 모습을 보기라도 하면 얼른 가던 길을 돌려 그와 마주치는 것을 피했다. 이런 상황이 오래 지속되자 인상여의 문객들이 더 이상 참지 못하겠다며 불평을 늘어놓기 시작했다.

"저희가 고향을 등지고 멀리 대인의 수하에 모여 있는 것은 대인의 위인을 앙모했기 때문인데, 지금 대인의 지위가 염파보다 높은데도 그를 두려워하시니 저희로선 정말 그 이유를 모르겠습니다. 이처럼 약한 모습을 보이시면서 저희들마저 수치심을 느끼게 하신다면 저희들은 고향으로 돌아가는 수밖에 없을 것 같습니다.”

인상여는 조금도 당황하지 않고 차분한 태도로 물었다.

“그대들은 염 장군과 소양왕 중에서 누가 더 무서운 존재라고 생각하시오?”

문객들이 고개를 갸우뚱거리며 대답했다.

“물론 소양왕이 더 두려운 존재이지요.”

“맞소! 진이 그처럼 강대하기 때문에 각국의 제후들이 그를 호랑이처럼 두려워하고 있는 것이오. 그러나 나는 그런 소양왕을 조금도 두려워하지 않고 그의 조정을 찾아가 마음대로 질책했던 사람이오. 내게 대단한 능력이 있는 것은 아니지만 적어도 염 장군을 두려워할 정도는 아니란 말이오. 내가 염 장군의 무례함을 받아주는 것은 강대한 진나라가 우리 조를 감히 침탈하지 못하는 이유가 염 장군과 내가 한마음으로 힘을 합쳐 진의 위협을 견제하고 있기 때문이오. 우리 두 사람이 서로 다투기 시작하면 이는 진에게 침략의 기회를 주는 것이나 다름없소. 내가 염 장군을 용납하는 것은 나라의 안위가 사사로운 원한보다 중요하기 때문이란 말이오.”

이 이야기는 금세 염파의 귀에도 전해졌고, 인상여의 깊은 뜻을 알게 된 염파는 부끄러움을 금치 못했다. 게다가 염파 역시 정직하고 성실한 성격이라 한번 깨달은 바가 있으면 즉시 잘못을 고치는 인물이었다. 그는 자신의 진심을 밝히기 위해 고대의 의식에 따라 웃옷을 벗고 커다란 형구를 등에 지고서 인상여의 집을 찾아가 속이 풀릴 때까지 마음대로 때려 달라며 대문 앞에 무릎을 꿇었다.

"장형을 당하는 것으로 죄를 씻고 싶습니다. 소인은 식견이 부족하고 마음이 옹졸한 인물이라 대인의 넓은 마음을 헤아리지 못했습니다. 매로서 저를 다스려주십시오."

염파의 이런 모습에 인상여도 크게 감동하여 문밖으로 나가 직접 그를 일으켜 세워주었고, 이때부터 두 사람은 더욱 일심동체가 되었다. 진은 그 후로도 10년 동안 이 두 사람이 버티고 있는 조를 감히 넘보지 못했다.

부드러움과 겸양으로 강경함을 제압하는 것은 하나의 권술에 불과한 것이 아니다. 이는 개인의 사상적 깊이와 도덕적 수양에 의해 결정되는 고귀한 품덕이다.

그러나 여기에는 한 가지 중요한 조건이 수반된다. 겸양을 베푸는 사람에게 넉넉한 지혜와 인품 그리고 권위가 방패로 작용하고 있어야 한다는 점이다. 그렇지 못할 경우 힘에 의해 밀려나기 십상이다. 또 한 가지 중요한 조건은 겸양의 대상이다. 상대방이 멍청하고 이치를 모르는 사람이라면 겸양하지 않는 것이 바람직하다. 상대방이 우매하고 완고한 인물일 경우에는 겸양은 곧 도피가 되기 때문이다.

한 걸음 양보하면 광활한 천지가 열린다. 그러나 겸양이 도피를 의미하는 것은 아니다. 물러섬으로써 나아가고 부드러움으로 강함을 이기는 것이다. 본질적으로 말하자면 이는 일종의 책략이다. 단지 중요한 것은 이를 얼마나 고명하게 흔적 없이 운용하여 사람들의 감정과 정신을 고상한 도덕의 경지로 이끌어가느냐 하는 것이다.

　애석하게도 현실 생활에서는 겸양이 대부분 자신을 보전하고 자기의 이익을 추구하기 위한 고도의 책략으로만 활용되고 있다. 그래서 국가의 이익을 위해 겸양했던 인상여의 인품이 오늘날에도 크게 빛을 발하는 것이다.

# 23 | 권귀에 초연하라

1514년에 태어나 1587년에 세상을 떠난 해서海瑞는 광동 경산 출신으로, 자가 여현汝賢이고 호가 강봉剛峰이며 돌궐 사람이었다. 그는 청대뿐만 아니라 중국 역사 전체를 대표하는 유명한 청관淸官으로 기록되고 있다.

성품이 매우 정직하고 청렴했던 그는 조정의 권력투쟁에 과감히 뛰어들어 여러 차례 황제의 비위를 거스르는 말로 파직당하기도 했지만, 혁직革職과 복직復職을 거듭하면서도 중국 역사에 길이 남는 명신으로 자리 잡았다.

해서는 명 가정嘉靖 연간에 과거에 합격하여 거인擧人이 되면서 남평의 교유로 관직생활을 시작했다. 점차 승관을 거듭한 끝에 호부주사의 자리까지 올랐다. 당시 그는 명 세종에게 「치안소治安疏」라는 글을 올렸다가 미움을 사서 투옥되는 위기를 맞았으나 얼마 후 세종이 죽으면서 석방되었다. 융경隆慶 3년(1569년)에 우첨도어사가 되어 응천의 업무를 맡게 된 그는 호족세력을 견제하고 부세를 정리했으며 오송강吳淞江을 준설하는 등 적지 않은 공적을 세웠다. 그러나 현지의 호족과 달관귀족들의 미움을 사게 되면서 탄핵당해 관직을 잃는 어려움을 겪어야 했다. 그러다가 만력萬曆 연간에 다시 경첨도어사 및 남경 이부시랑으로 기용되었다. 그는 유명한 청관이었을 뿐만 아니라『역전의驛傳議』,『걸치당사언관서乞治黨邪言官書』,『혁모병소革募兵疏』등 여러 분야에 걸친 방책을 저술로 남긴 뛰어난 지략가이기도 했다.

해서가 강남에서 임직하고 있을 때 도어사 언무경이 전국의 소금 운송을 총관하면서 남방을 도는 길에 절강에 들르게 되었다. 명대 전기에는 주원장의 엄준한 형법 덕분에 마음대로 비리를 저지르는 관리가 극히 드물었고 관료들에 대한 관리가 비교적 안정되어 있었으나, 중기로 들어서면서 관리들의 비리와 부패가 다시 만연하기 시작했다. 언무경은 경사에 있으면서 따로 재물을 챙길 기회가 적었던 터라 이번을 대대적인 횡재의 기회로 삼고 있었다. 그는 가는 곳마다 지방관원들의 대접을 받으면서 재물과 미녀를 요구하여 민원이 들끓었다.

해서는 이에 대해 분통을 터뜨리고 있다가, 언무경이 자신의 관할지역에 온다는 소식을 듣고는 단단히 혼을 내줘야겠다고 마음먹었다. 이 날 언무경은 온갖 위세를 다 부리며 순안현에 도착했다. 관리들로부터 융숭한 대접을 받는 데 익숙해진 그는 이번에도 대단한 환영준비가 되어 있을 것으로 기대하고 있었다.

그러나 현성 부근에 당도했는데도 자신의 일행을 영접 나오는 관원들의 모습이 전혀 눈에 띄지 않았다. 이상하다는 생각이 드는 순간 남루한 옷에 행색이 거지와 다름없는 사람들이 가까이 다가와 넙죽 인사를 하는 것이었다. 언무경은 남루한 형색의 일행을 향해 버럭 화를 내며 소리쳤다.

"그대들은 대체 뭐 하는 사람들인가?"

그에게 다가가던 사람들 중에 하나가 고개를 쳐들고 대답했다.

"소관은 해서라고 합니다. 어사 대인을 모시러 나왔지요."

이 한마디에 언무경은 불에 기름을 끼얹은 것처럼 더욱 화를 냈다. 그는 거지 행색의 관리가 바로 이곳의 지현이란 사실을 잘 알면서도 짐짓 모른 척하며 되물었다.

"순안 지현은 어디 갔소? 어째서 아직 나오지 않고 있는 게요?"

해서가 고개를 들고 똑똑한 목소리로 말했다.

"소관이 바로 순안 지현입니다. 어찌 감히 대인을 영접하지 않을 수 있겠습니까?"

언무경은 해서의 당당한 모습을 보고는 더욱 소리를 높여 질책했다.

"그대는 조정의 법도와 기율도 모르는 게요? 어째서 이처럼 남루한 행색으로 관교도 타지 않고 걸어서 나온 것이오? 관원의 체통은 다 어디 갔소? 본관을 모욕하기 위해 일부러 이러는 것이오?"

해서의 목적은 순조롭게 이루어지고 있었다. 그는 느리지도 않고 빠르지도 않은 어투로 대답했다.

"소관은 백성들을 다스리는 것밖에 모릅니다. 백성들이 편안하게 사는 것이 바로 관리의 체통이지요. 대인의 질책을 들으니 뭔가 크게 잘못되어 있는 것 같은데, 소관이 조정의 어떤 법도를 어겼는지 하고 해주시기 바랍니다."

언무경은 그제야 이 일을 해서가 오래전부터 준비해온 것임을 알아차리고는 일부러 꼬투리를 잡고 늘어졌다.

"순안현의 치리가 전부 그대 한 사람의 공적이란 말이오?"

"소관이 어찌 천자의 공덕을 훔치겠습니까? 저는 그저 조정에서 내려주시는 봉록을 먹으며 황명을 따를 뿐입니다. 대인께서도 아시다시피 관은 민을 근본으로 하지만 순안현은 땅이 작고 척박하여 백성들은 가난하고 이렇다 할 물산도 없습니다. 게다가 여러 차례 왜구가 휩쓸고 지나가면서 이미 피폐할 대로 피폐해져 있지요. 소관은 더 이상 백성들에게 누를 끼치고 싶지 않아 관원의 옷과 예를 전부 감면한 것뿐이니 대인께서 헤아려주시기 바랍니다!"

해서의 흠잡을 데 없는 대답에 언무경은 더 이상 질책할 말을 찾지 못하고 얼버무렸다.

"귀관의 말에도 일리가 있구려. 그러나 본관은 어명을 받들고 순시를 나온 것이니 귀관의 공관에서 하루저녁 신세를 져야 할 것 같은데, 그것마저 과분한 처사라 생각하진 마시오."

"당연하지요. 소관이 이미 다 준비해두었습니다. 그러나 저희 현은 정말로 가난하여 대인께 대접할 만한 것이 없습니다. 헤아려주시기 바랍니다."

말을 마치고 해서는 곧바로 언무경 일행을 현아縣衙로 안내했다. 더 우스운 일은 심부름꾼도 없어서 해서 자신이 심부름꾼 노릇을 하고 자신의 아내와 딸을 불러 언무경 일행을 시중들게 했다는 것이다. 차와 밥, 술과 고기 외에는 다른 특별한 물건이 없었으니 선물을 바치지 않은 것은 두말할 것도 없었다.

해서의 대응에 언무경은 결점을 조금도 찾아내지 못했고, 속으로 울분을 삭혀야 했다. 그를 수행한 몇 명의 처첩들도 별 소득이 없자 입에서 투정이 떠나질 않았다. 다음 날 아침 언무경 일행은 인사도 없이 일찌감치 순안현을 떠났다.

해서는 절강성 엄주부 순안현의 지현으로 임명된 후부터 지방의 고질적인 폐단과 호문세가들이 휘두르는 전횡을 엄하게 다스리기 시작했다. 순안현은 비록 가난했지만 수륙 교통의 요충지에 위치해 있어 객상과 조정 대신, 각급 관료 대원들의 왕래가 많았고, 이들을 접대하는 것이 역대 지현들의 가장 크고 힘든 업무 가운데 하나였다. 달관귀인들은 이곳에 올 때마다 교통상의 편의를 이유로 며칠씩 묵었고, 그럴 때마다 적지 않은 재물을 챙겨갔다. 때문에 순안현은 오래전부터 막대한 부담을 느껴왔고, 해서는 부임하자마자 이런 병폐를 과감히 개선하기로 결심한 것이었다.


## 오염된 사회의 사표가 되다

한번은 절강 총독 호종헌의 아들이 순안현을 지나게 되었다. 전형적인 권문세가의 자제인 그는 이곳에서 특별한 대접을 받지 못하자 일부러 말썽을 피우기 시작했다. 역참에 들자마자 대접이 융숭하지 못하고 말을 늦게 주었다면서 역참의 관리를 나무에 묶어놓고 호되게 두들겨 팬 것이었다. 당시 주위에 사람들이 많았지만 그의 부친의 권세가 두려워 아무도 화를 내거나 말리지 못했다.

누군가 이 사실을 해서에게 알리자 당장 달려 나왔는데, 이 광경을 보고서 불같이 화가 치밀었다. 당장 화풀이를 하고 싶었지만 호종헌이 조정을 장악하고 있는 재상 엄숭의 친구라는 사실 때문에 섣불리 덤벼들 수가 없었다. 자신이 혁직革職되는 것은 괜찮지만 다른 지방관들이 연대처벌을 받게 될 것이 두려웠던 것이다. 지모가 뛰어난 그는 그 자리에서 호종헌으로 하여금 이 사실을 감히 입 밖에 내지 못하게 하면서 악폐를 징계할 수 있는 묘책을 생각해냈다.

해서는 모여 있는 사람들을 헤치고 곧장 역참 안으로 들어갔다. 그리고 호종헌의 아들이 입을 열기도 전에 그를 호되게 나무랐다.

"어디서 온 녀석인데 감히 이렇게 소란을 피우는 게냐?"

옆에 서 있던 사람들이 해서에게 화가 미칠 것을 두려워하며 낮은 목소리로 그가 호종헌의 아들임을 일깨워주었다.

"헛소리 마라! 그럴 리가 있나! 이렇게 무뢰한 자가 호 대인의 아들일 리가 없지. 호 대인께서는 백성들을 사랑하여 정무에 힘쓰시면서 자제들을 엄격하게 교육하고 있는 것으로 들었는데, 이런 망나니 같은 놈이 그분의 자제일 리가 없어. 못된 놈 하나가 호 대인의 이름을 팔아 소란을 피운 것이 분명하다. 어서 이놈을 묶어 끌고 가도록 하라."

옆에 시립侍立하고 있던 부하들은 하는 수 없이 명령에 따라 호종헌의 아들과 수행원들을 전부 포박하여 구금했다. 해서는 나무에 묶여 있던 역리를 풀어주고 군중 앞에서 호종언의 아들이 가지고 온 여러 개의 상자들을 가리키며 말했다.

"호 총독은 청렴결백한 명관으로서, 순시하는 곳마다 지방관들에게 호화스러운 접대를 금지했고 뇌물이나 선물의 수수는 더욱 엄금했다. 헌데 지금 이렇게 많은 상자들을 가지고 다니는 것을 보면 백성들을 착취하여 빼앗은 것이 분명하다. 그러면서도 호 대인의 아들이라고 떠벌리다니! 당장 상자를 열어 진위를 가리도록 하라.”

상자가 열리자 백은이 가득 들어 있었다. 해서는 크게 화를 내며 말했다.

“나쁜 놈이 겁도 없구나. 감히 총독의 아들을 사칭하며 사기와 착취를 자행하다니! 이는 호 대인의 깨끗한 이름에 먹칠을 하는 짓이니, 이 불량배들의 소행을 호 대인에게 알려 엄하게 처벌하도록 하라.”

말을 마친 해서는 변명을 듣지도 않고 곧장 끌어내 호되게 매질을 하라고 명령하는 한편, 이들이 부정하게 챙긴 은자를 전부 국고로 회수했다.

이 일이 있고 난 직후, 해서는 편지를 한 통 써서 자세한 사정을 호종헌에게 알렸다. 편지에서 그는 호종헌의 아들을 사칭한 자가 백성들을 속여 다량의 뇌물을 받아 챙겼기에 이를 군중 앞에서 철저히 조사하여 법대로 처벌하고자 하니 지시를 바란다고 말했다.

편지를 받은 호종헌은 난처하기 그지없었다. 해서에게 공개적으로 죄를 물을 수 없게 된 그는 이 사건을 법대로 처리하도록 허락하는 동시에 자신의 아들을 사칭한 자는 총독부로 압송하여 자신이 직접 처리하게 하라고 명령하는 수밖에 없었다. 그래서 해서는 부당한 피해 없이 그 아들을 돌려보낼 수 있었다.

나중에 해서는 호부의 운남 주사를 맡게 되었다. 당시 운남 지역은 경사에서 아주 멀리 떨어져 있어 조정의 통제로부터 완전히 벗어날 수 있었다. 그러나 해서는 운남에 임직하던 가정 45년(1566년) 2월에 천하를 뒤집는 상소를 올렸다. 당시 명 세종은 이미 20여 년째 정사를 돌보지 않고 북경의 서원西苑에 칩거하면서 장생불로를 위한 약을 만드는 데 전념하고 있었다. 해서의 상소는 이 문제에 관한 것이었다. 그는 상소의 결과를 예상하여 미리 자신의 관을 마련해놓고 집안의 종들을 전부 내보냈다. 얼마 후 아내와도 결별한 그는 마침내 「치안소」를 지어 올렸다. 언사는 매우 격렬했고 당시의 악폐와 함께 황제의 무능을 적나라하게 지적하고 있었다. 상소문이 공개되자 '천하제일의 상소문'이라며 경악과 칭송의 반응이 일어났다.

세종은 상소문을 읽고 이를 땅바닥 내던지면서, 즉시 해서를 불러다가 처형할 것을 명령했다. 다행히 대신들이 나서서 말리는 바람에 하옥시키는 정도로 큰 화를 면할 수 있었다. 얼마 후 세종이 사망하자 해서는 즉시 사면되어 출옥과 함께 원래의 관직을 되찾았고, 곧이어 대리승으로 승관했다.

나중에 장거정이 그를 내쳤지만, 장거정이 사망하자 조정에서는 또다시 그를 경사로 불러들여 원직에 복직시켰다. 이때 해서는 이미 일흔두 살로, 16년간이나 관직을 떠나 있다가 우도어사로 임명된 것이었다.

그는 병으로 세상을 떠나는 1587년까지 청렴한 자세로 관직을 지켰고, 사후에도 남아 있는 재산이 없어 주위 사람들이 돈을 추렴하여 장례를 치러줄 정도였다. 해서의 상여가 나간 당일에는 상인들이 전부 상점의 문을 닫았고, 농민들도 일손을 멈추고 나와 상여를 뒤따랐으며, 전국에 곡성이 가득했다. 조정에서는 그에게 '충개忠介'라는 시호를 내렸고, 민간에서는 그를 기려 '해청천海青天'이란 별호가 유행했다.

해서는 남다른 지혜와 용기를 지닌 인물로 나라와 백성을 위하는 마음으로 권귀權貴에 아부하지 않았기 때문에 오염된 봉건 관료사회에 수용되기가 쉽지 않았다. 고대 중국의 관료사회에는 그만큼 청관이 설 자리가 없었던 것이다. 그의 최후가 그다지 비참하지 않았다는 것이 참으로 다행스럽다.

# 24 │ 천지의 경지에 도달하다

　길고 긴 중국 역사에는 문화의 거인일 뿐만 아니라 정직한 관료였던 인물이 적지 않았다. 이들의 문화적 공헌과 인격적 공헌이 동시에 빛을 발할 수 있었던 것은 중국 문화사의 기적이라고 할 만하다.

　당의 명신이었던 노군공 안진경이 이런 인물들 가운데 하나였다. 안진경은 남다른 충의와 절개로 고금에 길이 이름을 날리고 있는 인물로, 당 왕조 전체를 통틀어 그와 비견할 만한 인물이 없다는 평가를 받고 있다. 그는 평생 무수한 고난을 겪었다. 당 현종 시기에는 양귀비의 오빠인 양국충으로부터 미움을 사 무고를 당해야 했고, 숙종 때는 태묘의 건축에 반대했다는 이유로 재상의 미움을 받아 어사대부의 관직에서 풍익 태수로 내려가기도 했다. 나중에는 환관 이보국의 참언에 의해 형부시랑에서 봉주 태수로 귀양 가는 수모를 겪어야 했고, 대종

代宗 이예 때에는 제기가 가지런하지 못하다는 상서를 올렸다가 의도적으로 조정을 비방했다는 죄명으로 탄핵되어 또다시 협주 태수로 귀양 갔다.

덕종 때에는 이부상서의 관직에 있었으나 또다시 원재元載의 당파와 재상 양염의 눈 밖에 나는 바람에 동궁산질로 강등되었다. 또한 재상 노기盧杞는 자신이 권력을 쥐고 있는 동안 줄곧 그를 배척하여 관직을 태자의 태사로 낮췄다가, 나중에는 여러 차례 사람을 보내 변방으로 갈 용의가 없는지 물었다. 이에 안진경은 노기를 직접 찾아가 그의 면전에서 관직에서 물러나지 않겠다는 의지를 분명히 했다. 이 일로 인해 그를 더욱 미워하게 된 노기는 보복할 기회를 찾았다.

그해에 해평군왕 이희열이 당에 반기를 들자, 노기가 황제에게 상소를 올렸는데 안진경을 시켜 이희열이 당에 투항하게 하는 것이 좋겠다는 것이었다. 노기는 투항 권고를 받아들이지 않을 것임을 분명히 알면서도 이런 기회를 이용하여 안진경을 제거하려 했다. 당시 안진경은 이미 일흔다섯의 고령이었고 협박을 두려워하지 않았다. 결국 그는 노기가 사주한 사람들의 칼에 죽임을 당하고 말았다. 그의 이런 죽음에 대해 당시의 여론은 비통함을 금치 못했다.

### 충의와 절개를 지키다

중국 역사 전체를 통틀어 이처럼 억울한 부분이 가장 두드러졌던 인물은 송대의 소식蘇軾이 제일이었다. 그는 평생 순수한 마음을 유지했고, 절대로 기회에 편승하는 일이 없었다. 소식은 일찍이 이렇게 말했다.

"나는 위로는 옥황상제를 보필할 수 있고 아래로는 소 잡는 백정이나 걸인을 보필할 수 있다. 내 눈앞에 천하의 호인 아닌 사람이 없다!"

이는 소식이 그의 아우인 소철에게 했던 말로, 소식의 일생을 설명하기에 가장 적합한 한마디라고 할 수 있다.

중국의 봉건 관료사회는 항상 피의 음모로 가득 차 있었다. 그러나 역사는 결국 공정할 수밖에 없다. 역사가 송두리째 음모와 계략을 일삼는 후안무치한 무리들에게 장악되었다면 중국의 역사는 이처럼 유지되지 못했을 것이다. 소식은 평생 순수한 마음을 지키면서 단 한 번도 의롭지 않은 이익에 영합하지 않았고, 권모술수를 부리는 일은 더더욱 없었다.

그래서 그의 벼슬길은 온갖 고난과 시련으로 점철될 수밖에 없었고, 여러 차례 죽음의 위기에 직면하기도 했다. 그렇지만 권모술수에 능하지 않았기 때문에 그는 어떤 권술가도 비견할 수 없는 천고의 명인이 되었다. 역사의 공정함이 그에게서 빛을 발할 수 있었던 것이다.

그는 일생 동안 수많은 권력자들에 반대하여 '삼기삼락三起三落'을 반복하면서 줄곧 유배와 귀양으로 세월을 보냈다. 이처럼 일생을 고난 속에서 보낸 그는 결국 유배지인 해남도에서 다시 경사로 돌아오는 길에 병사하고 말았다. 그는 정치적 실의와 생활의 어려움을 겪다가 해남도로 귀양 갔지만, 그 과정에서 자신의 인격을 수양하여 중국 봉건 사대부들 가운데 최고의 경지에 이를 수 있었다.

유감스러운 것은 중국의 역사에는 소식 같은 인물이 너무 적었다는 점이다.

소식은 1036년에 '산이 높지는 않지만 수려하고, 물이 깊지 않지만 맑다'는 사천성 미주 성내의 소씨 집안에서 태어났다. 부친 소순이 갓 난아이를 품에 안았을 때 우연히 등에 검은 반점이 있는 것을 발견했 다. 그는 아주 즐거운 목소리로 아내에게 말했다.

"이 아이의 등에 있는 검은 반점을 보시오. 등 한복판에 있는 것이 마치 하늘의 북두칠성과 같지 않소? 이는 재능이 강물처럼 넘쳐흘러 흐린 물을 용납하지 않는다는 뜻이니, 장차 큰 인재로 성장하여 나라 의 기둥이 될 것이 틀림없소."

아기의 얼굴을 다시 한 번 자세히 들여다본 소순은 마음이 무거워졌 다. 아기는 이마가 훤하고 코가 오뚝했으며, 특히 한 쌍의 초롱초롱한 눈망울은 마치 솟아오르는 샘물처럼 맑고 깨끗했다. 한참을 생각에 잠 겨 있던 소순이 부인에게 말했다.

"이 아이는 성격이 호방하고 성정이 깨끗하여 마음을 숨길 줄 모르 고 임기응변에도 서툴 것이오. 장차 다른 사람들의 모함을 당할 우려 가 있으니 평생 적지 않은 곡절을 겪게 될 것 같소."

이는 후세 사람들이 지어낸 이야기일지도 모른다. 어쨌든 소순의 이 런 말은 아기의 일생을 정확하게 예견한 셈이었다. 이 아기가 북송 시 기에 등장한 중국 문화사의 거인 소식蘇軾이었다.

소식은 어려서부터 매우 총명하고 박학다식했으며 재능이 뛰어났을 뿐만 아니라 사물의 이치에 밝아 하나를 배우면 열을 알았다. 열한 살 때 부친의 명에 따라 「힐서부䶉鼠賦」라는 글을 지었는데, 대단히 설득 력이 있었다. 그 전편을 소개하면 다음과 같다.


소자蘇子가 한밤중에 앉아 있는데 쥐가 갉는 소리가 들렸다. 침상을 가볍게 두드려서 쫓았는데 잠시 조용하더니 다시 기척이 들렸다. 동자에게 촛불을 켜서 살펴보게 했더니 빈 주머니 속에서 소리가 나는 것이었다.

"쥐가 주머니 속에 갇혀서 도망치지 못하는구나!"

다시 살펴보니 아무것도 보이지 않았다. 촛불을 들고 보니 주머니 속에 쥐가 죽어 있었다. 동자는 놀라서 소리쳤다.

"금방 갉는 소리가 나더니 도대체 어찌 된 일인가? 방금 전에 소리를 낸 것은 귀신이었단 말인가?"

말을 마친 동자가 죽은 쥐를 밖으로 던지자 쥐는 재빨리 도망쳤다. 아무리 민첩한 사람이라도 이를 막을 틈이 없었다. 소자는 이런 모습을 보고서 감탄을 금치 못했다.

"정말 기발한 생각이야. 쥐의 교활함이란! 주머니 속에 갇혀서 나올 수 없게 되자 갉는 소리를 내어 사람의 주의를 끈 다음 죽은 척하면서 기회를 노리다가 사람의 도움을 받아 도망친 것이다. 나는 세상에 인간보다 지혜로운 동물은 없다고 들었다. 그래서 인간이 용이나 기린, 거북 등 모든 만물을 다스릴 수 있는 것이 아닌가. 그러나 인간은 쥐 한 마리를 당해내지 못한다. 놀란 토끼보다 빠르고 규수보다 얌전한 놈의 속임수에 빠지고 말았으니 지혜를 자랑할 처지가 못 된다."

죽은 척하고 가만히 있으면서도 상대에 대한 경계심을 늦추지 않는다. 만일 내게 누가 이런 일을 말해준다면 나는 이렇게 말할 것이다.

"그대는 공부를 많이 했지만 그 이치는 깨닫지 못할 것이다. 모든 것이 나를 중심으로 모인 것이 아니라 나와 더불어 존재한다. 때문에 쥐 한 마리가 갉음으로써 변화할 수도 있는 것이다. 인간은 천금의 벽을 무너뜨릴 수도 있지만 배가 물에 빠져버리면 놀라거나 당황하지 않을 수 없을 것이고, 사나운 호랑이를 잡을 수는 있지만 벌의 공격에는 꼼짝하지 못할 수도 있다. 이는 사실 별로 대단한 일이 아니다. 단지 평소에 마음에 두지 않고 있던 일로 인해 당황하게 되는 것뿐이다!"

이 일을 겪고 나서 나는 누워서는 웃음을 금할 수 없었고, 앉아서는 깨달음을 얻을 수 있었다. 마침 부친께서 글을 지으라고 하시기에 이를 적는다.

소년 시절에 지은 이 글을 통해 우리는 소식이 틀에 박힌 진부한 학구파가 아니라 만물의 본질로부터 깊이 있는 오묘한 이치를 이끌어내는 인물임을 알 수 있다.

소식은 관료사회에 발을 들여놓은 뒤로 '관리의 도리'를 지키려 하지 않고 명리를 추구하는 자들의 속마음을 훤히 꿰뚫고 있었다. 그는 관리들의 미묘한 심리를 속속들이 파악하고 있었기 때문에 그들과 결탁하지 않고 오로지 국가와 백성만을 위해 정의를 지키면서 자신의 뜻을 굽혀 아첨하는 일이 없었다.

전국적으로 진사를 선발하는 시험에서 소식은 「형상충후지지刑賞忠厚之至」라는 글로 구양수로부터 높은 평가를 받았다. 애국애민의 마음을 표현한 이 글에서 그는 강한 논조와 탁월한 문재文才를 유감없이 발휘했다. 특히 그의 글은 옛 형식에 얽매이지 않고 전례와 고사를 활용했기 때문에 심사관들에게 아낌없는 찬사를 받았다. 구양수는 소식의 글이 가장 출중하다고 판단하여 으뜸으로 삼으려 했으나, 이 답안이 자신의 제자인 증공의 것이 아닐까 하는 생각이 들었다. 이 글이 증공의 작품이라면 이를 으뜸으로 삼았다가 나중에 사람들로부터 의심을 살 수도 있는 것이었다.

이런 생각에 구양수는 소식을 버금으로 평가했다가 나중에서야 그것이 소식의 글이라는 것을 알게 되었다. 그러나 예부禮部에서 치러진 면접시험에서는 소식이 「춘추대의春秋大義」라는 글로 으뜸을 차지했다. 나중에 구양수는 소식으로부터 감사의 편지를 받고 매우 감동하여 말했다.

"소식의 편지를 받고 기쁜 나머지 온몸에 땀이 흥건할 정도였소. 정말 너무나 기쁘고 통쾌한 마음이었소. 이 사람은 천하의 기재임에 틀림없으니 나는 이제 은퇴하여 이런 사람이 두각을 나타낼 수 있는 자리를 마련해주어야 마땅할 것이오. 여러분들도 내 말을 잘 기억해두기 바라오. 30년 후에는 아마 나를 기억하는 사람이 없을 것이오!"

당시 구양수의 명성은 천하에 널리 퍼져 있었던 터라 선비들의 출세는 그의 손에 달려 있다 해도 과언이 아니었다. 그 후, 구양수의 말 한 마디로 소식의 이름은 전국에 알려지게 되었다.


## 어리석은 신하는 자신을 잊는다

희녕熙寧 2년(1069년), 소식은 개봉으로 돌아와 입직사관으로 재직하게 되었다. 이때 왕안석王安石은 신종의 지지를 받으며 변법變法을 준비하고 있었고, 조정에는 신당과 구당의 두 파벌이 형성되어 정쟁을 일삼고 있었다.

사마광司馬光은 변법에 반대하는 대표적 인물이었다. 그는 대단한 명망을 누리고 있는 원로 대신인 동시에 대학자였다. 중국의 중요한 역사서 가운데 하나인 『자치통감資治通鑑』은 그의 주관으로 편찬된 것이었다.

재상 왕안석은 변법을 강력히 주장하는 신당의 우두머리로서 역시 학자이자 시인이었다. 왕안석이 급히 변법을 지지하는 인물들을 대거 등용하려 하자, 시류에 영합하는 간사한 무리들이 왕안석의 신임을 얻어 대거 조정에 포진하게 되었다. 사경온이나 여혜경, 서단, 증포, 장돈 등이 그들이었다. 그런데 너무 성급하게 인재를 선발하다보니 그 과정에서 소식은 박해를 받게 되었고 왕안석 자신도 그들에 의해 모함을 당하게 되었다.

소식은 중립적인 입장을 취했다. 그는 사마광과도 교류했고 왕안석과도 극진한 사이였다. 따라서 두 세력이 다투고 있는 와중에서도 어느 한쪽으로 기울지 않았다. 설사 어느 한쪽에 안 좋은 감정이 있다 할지라도 자신의 입장을 숨기거나 마음에 없는 말은 하지 않았다.

신종의 지지를 받는 왕안석의 신당은 기세가 등등했다. 신당은 경제와 문화 등 여러 분야에서 제도를 개혁하고 새로운 법령을 시행했다. 하지만 소식은 왕안석의 이러한 개혁조치와 인재 등용에 타당하지 못한 점이 많아 전체적인 사회의 안정과 조정의 단합에 악영향을 미치게 될 것임을 예견하고 있었다. 그래서 그는 왕안석에 대해 단호하게 반대하는 입장을 견지했다. 특히, 과거를 폐지하고 학교를 건립하려는 조치에 대해서는 커다란 불만을 품고 신종에게 글을 올려 자신의 입장을 밝히기도 했다.

"인재를 선발하는 방법에 있어서 가장 중요한 것은 인재의 자질을 파악하는 것이고 인재를 파악하려면 실제적인 고찰이 선행되어 그 사람의 말과 행실이 일치하는지 여부를 확인하는 것이 가장 중요합니다. …… 바라건대 폐하께서는 기존의 법령을 개혁하고 새로운 체제를 확립하는 데 너무 편중하여 실제의 상황을 살피지 않는 우를 범하지 마시기 바랍니다."

신종은 소식의 의견에 충분히 일리가 있다고 판단하여 그를 불러 물었다.

"그대는 오늘날 법령의 득실이 어디에 있다고 생각하오?"

"폐하께서는 문무를 겸하신데다 결단성을 갖추고 계시며 항상 근면한 자세로 오로지 나라의 치리만을 걱정하고 계십니다. 하지만 너무 급하게 일을 추진하다보면 다른 사람들의 잘못된 말에 쉽게 넘어갈 수 있습니다. 바라건대 안정된 모습과 온건한 태도로 사람과 일을 대함에 있어서 좀더 신중하셨으면 합니다."

신종은 소식의 건의를 수용하여 과거를 폐지하고 학교를 설립하려는 왕안석의 변법을 허락하지 않았다.

이런 소식을 들은 사마광은 몹시 기뻐하며 소식을 자기편이라고 생각했다. 얼마 후 왕안석이 경제 분야에서의 새로운 개혁을 단행하자 사마광은 급히 자신의 지지자들을 조직하여 변법의 실행을 막으려 했다. 하루는 사마광이 소식을 찾아와 말했다.

"왕안석이 제멋대로 모든 사람들의 뜻에 거스르는 일을 행하고 있소. 우리가 연합해서 그를 막지 않으면 안 될 것 같소."

소식이 웃으면서 말을 받았다.

"저는 제가 어떻게 해야 하는지 잘 알고 있습니다."

사마광은 소식도 왕안석의 조치에 반대하는 것으로 생각하고는 환한 얼굴로 되물었다.

"그렇다면 대인은 어찌할 생각이시오?"

"왕안석이 시대의 폐단을 개혁하고 변법을 실행하려는 것은 나라와 백성들을 위한 발상으로서, 공公을 위한 것이지 사사로운 이익을 도모하려는 것이 아닙니다. 상황을 살펴보면 충분히 타당성이 있는 조치이지요. 그러나 변법에는 나라와 백성들에게 해를 입히는 부분이 적지 않기 때문에 반대하고 있는 것입니다. 대인께서 주장하시는 '조종의 법도를 바꿔서는 안 된다'는 신조는 왕안석의 변법보다 나라와 백성들에게 더 큰 피해를 입히는 것입니다."

소식의 이런 태도에 사마광은 버럭 화를 내면서 큰 소리로 욕설을 퍼부었다.

"변법에 찬성하는 것을 보니 네놈도 개보介甫(왕안석의 자字 ─ 역자주)와 일당이었구나!"

사마광은 이때부터 소식을 몹시 미워하게 되었다.

소식은 한 번 말을 했다 하면 끝까지 다하는 성격이었다. 이는 나라와 백성을 위하는 그의 충성에서 우러나온 것이었다. 그는 두 달 동안 「신종 황제께 바치는 글上神宗皇帝書」 두 편을 올려 왕안석의 변법을 전면적으로 비판하면서, 조정에 적지 않은 파장을 일으켰다.

소식은 당시의 개혁을 황제가 캄캄한 밤에 말을 달리는 것에 비유하면서, 대신들이 군주를 위해 길을 찾기는커녕 오히려 뒤에서 말에 채찍질을 가해 위험으로 치닫게 하고 있다고 지적했다. 아울러 그는 신종에게 말을 세우고 충분한 휴식을 취한 다음에 날이 밝으면 다시 출발할 것을 권했다. 이런 소식을 들은 왕안석의 신당은 소식에 대한 증오로 이를 갈았다. 그나마 왕안석은 군자라 별문제가 없었지만, 그의 수하에 있는 사람들은 언젠가는 소식을 혼내주고 말겠다며 기회를 노리고 있었다.

하루는 왕안석이 사경온을 소식에게 보내 직접 얼굴을 마주하고 깊은 대화를 나누고 싶다고 청했다. 그리고 만난 자리에서 왕안석은 몹시 화를 내며 소식을 질책했다.

"그대는 사마광과 한패가 되어 변법을 매도하고 있는데, 도대체 그 이유가 뭐요?"

소식은 버럭 화를 내며 반문했다.

"도대체 무슨 말씀을 하시는 겁니까?"

"인종 황제께서 재위할 당시 그대는 시대의 폐단을 개혁해야 한다고 주장하면서 고법에 따를 것을 반대했고, 그 태도 또한 대단히 분명했소. 그런데 지금 내가 변법을 실행하려 하는데 어째서 사마광과 한패가 되어 내게 반대하는 것이오?"

"대인은 말끝마다 내가 사마광과 한패가 되었다고 말씀하시는데, 나 역시 옛 법령만 고집하는 사마광에 반대하고 있다는 사실을 알고나 계시오? 대인은 지금 현실적인 상황을 무시하고 공을 이루는 데에만 급급하고 있소. 무모하게 변법을 실행하다가는 반드시 천하 사람들의 저항에 부딪치게 될 것이오."

결국 두 사람의 대담은 불쾌감만 남기고 끝나버렸다.

얼마 후 왕안석 신당의 핵심 인물인 사경온이 소식을 황제에게 고발했다. 소식이 상례를 마치고 돌아오는 길에 관용 선박을 이용하여 사사로이 소금을 운반했다는 것이었다.

나중에 조사한 결과 이러한 고발은 사실 무근인 것으로 판명되었지만, 소식은 이 일을 겪으면서 조정에서의 권력 투쟁에 싫증을 느끼게 되었다. 그는 조정을 떠나 지방의 관리로 내려가기를 원했고, 마침 신당 사람들은 그를 항주의 통판으로 파견했다.

소식은 몇 년 동안 항주와 서주를 전전하면서 제방을 건설하여 홍수를 예방하는 등 백성들을 위해 열심히 일했다. 원풍元豊 2년(1079년), 소식은 서주를 떠나 다시 호주湖州로 갔다. 이때 조정에서는 권력 탈취를 위한 투쟁이 더욱 심화되었고 왕안석이 발탁한 무리들은 서로 헐뜯고 모함을 일삼았다. 희녕 8년(1075년) 2월, 왕안석은 신종에 의해 다시 임용되어 재상이 되었고, 여혜경이 여러 해 동안 준비하고 있던 음모는 물거품이 되고 말았다. 재상의 자리에 오르기 위해 여혜경은 왕안석과 주고받았던 사적인 서신까지 전부 신종에게 갖다 바쳤다.

여혜경은 원래 왕안석에게 아부하여 부재상의 자리에 오른 사람이었기 때문에 두 사람 사이에는 서신 왕래가 매우 빈번했고, 일부 서신에는 왕안석이 황제에게 절대 알리지 말 것을 당부한 내용도 들어 있었다. 이 서신을 본 신종은 왕안석이 음모를 꾸미고 있는 것으로 의심하여 그를 해임하고 영원히 조정에 복귀할 수 없게 했다. 이로써 왕안석의 변법을 지지하던 무리들 가운데 새로 권력을 잡은 여혜경과 이정 등이 조정을 장악하게 되었다.

호주에 도착한 소식은 관례에 따라 감사의 뜻을 밝히는 사표謝表를 쓰게 되었다. 조정에서 일어난 사태에 대해 분노를 억누를 수 없었던 그는 사표에 이렇게 썼다.

"어리석음이 부적절함을 알게 되면 새로운 세력과 더불어 일하기 어렵지만 연로함이 문제를 일으키지 않음을 통찰한다면 적은 백성들을 다스리는 것은 충분히 감당할 수 있을 것입니다."

소식의 사표를 읽어본 이정은 마음속으로 매우 흐뭇해했다. 드디어 그를 모함할 기회가 찾아왔다는 생각 때문이었다. 그는 즉시 서단 등을 끌어들여 소식을 '탄핵' 하기 위한 준비에 박차를 가했다.

그러나 소식의 명성이 천하에 자자하고 조정에서도 일부 원로 대신들이 그를 비호하고 있었다. 뿐만 아니라 황후도 그에 대해 매우 좋은 인상을 갖고 있었기 때문에 그를 제거하는 일은 그리 쉽지 않았다. 그럼에도 이정과 서단 등은 소식이 재기하면 다루기가 더 힘들어질 것이라 판단하고 이번에는 어떻게 해서든지 그를 제거하려 했다.

다음 날 아침, 이정은 소식의 사표를 신종에게 건네면서 가장 먼저 그를 탄핵했다.

"소식이 사표에서 '어리석음이 부적절함을 알면 새로운 세력과 더불어 일하기 어렵다' 고 했는데, 이는 변법에 반대하는 뜻으로 황상께 불만을 나타내는 것입니다. 그리고 '연로함이 문제를 일으키지 않음을 통찰한다면 적은 백성을 다스리는 것은 충분히 감당할 수 있다' 고 했는데, 이는 자신의 직위에 불만을 갖고 있음을 내비치는 말로서 폐하를 무시하는 언사임이 분명합니다."

아울러 이정은 소식을 탄핵해야 하는 네 가지 죄명을 열거했다. 첫째, 죄가 이미 드러났는데도 끝까지 뉘우치지 않고 있고, 둘째, 오만하고 법도를 벗어난 행위가 이미 나라 안팎에 널리 알려져 있으며, 셋째, 거짓말을 일삼으며 위선적인 언행을 계속하고 있고, 넷째, 황제가 바른 정치를 펴고 있는데도 자신이 중용되지 못한 데 대해 불만을 품고 있다는 것이었다.

소식의 사표를 읽고서 불쾌한 기색을 보이던 신종은 이정이 옆에서

부채질을 하자 더욱 화가 났다. 이에 서단은 마침내 기회가 왔다고 생각하고 소식을 강력하게 비난하고 나섰다.

"변법의 모든 조항에 대해 시를 써서 비아냥거리고 있는 것으로 보아 소식이 변법을 반대하는 것이 분명합니다. 그는 사악한 마음을 품고 황제를 원망하면서 신하로서의 예의를 지키지 않고 있습니다. 폐하께서 백성들을 위해 새로 화폐를 발행하셨을 때, 소식은 '어린아이들에게서 좋은 말을 들으려고 한 해의 절반을 억지로 성안에 노닌다'고 했고, 폐하께서 관리들을 시험하는 법을 시행하셨을 때는 '만 권의 책을 읽어도 율律을 배우지 않았으니 요순을 불러온다 해도 아무런 능력을 갖추지 못한다'고 했지요. 또한 폐하께서 소금 밀수를 엄금하셨을 때는 '석 달 동안이나 소금이 없었는데, 어찌 음식이 맛이 없다 탓하랴'라고 했습니다. 폐하께서는 이러한 소식의 언행을 통찰하시기 바랍니다."

서단의 참언讒言은 정말로 악독했다. 변법에 대해 언급한 소식의 시에는 전혀 공격의 뜻이 없었고 단지 변법이 실행된 후에 나타난 일부 사회현상을 묘사했을 뿐이기 때문이다. 그러나 이런 시문이 서단의 입을 거치면서 조정에 대한 악의적인 공격이 되고 말았던 것이다. 결국 잠시 고심하던 신종은 마침내 소식을 잡아들이라는 명령을 내렸다.

소식은 재임 중에 호주에서 체포되었고, 그가 성을 나설 때는 수많은 백성들이 자발적으로 길거리에 나와 배웅하면서 눈물을 흘렸다. 소식이 얼마나 민심을 얻고 있었는지 충분히 알 수 있는 대목이다. 개봉으로 압송된 소식은 오대옥烏臺獄에 투옥되었다. 이것이 중국 역사의 유명한 문자옥文字獄(자기가 쓴 문장 때문에 화를 당하는 일―역자주) 가운데 하나인 '오대시안烏臺詩案'이다.

소식이 오랫동안 감옥에 갇혀 있게 되자 그의 아들은 부친을 구하기 위해 백방으로 뛰어다녔으나 아무런 효과가 없었다. 결국 그는 남경에 있는 소식의 동생 소철을 찾아가기로 마음먹었다. 길을 떠나면서 그는 다른 사람에게 감옥에 밥을 보낼 때 생선은 보내되 고기는 보내지 말라고 당부했다. 그런데 밥을 나르는 사람이 이 말을 잘못 알아듣고 반대로 고기를 들여보냈다. 고기가 들어온 것을 본 소식은 더 이상 희망이 없다고 생각하고는 슬픔에 잠겼다. 소식이 감옥에 들어갈 때 아들에게 아무 일이 없고 상황이 나쁘지 않으면 생선을 들여보내고 형세가 급박해지면 고기를 들여보내라고 했던 것이다. 소식은 비탄에 젖어 시를 한 수 지었다.

황상의 은혜가 하늘과 같아서 만물이 소생하는데
이 어리석은 신하는 스스로 자신을 잊고 있네.
100년도 못 되는 인생살이 빚 갚느라 경황이 없는데
열 식구 생계 또한 큰 부담이로구나.
청산 어느 곳엔들 뼈를 묻지 못하겠느냐만
먼 훗날 비오는 밤이면 홀로 마음이 아프리라.
그대와 대대로 형제가 되어
인간 세상에서 못 다한 인연을 이어가리라.

이 시는 소철에게 주는 것이었다. 원래는 옥졸에게 부탁해서 동생에게 전하려 했는데, 불행하게도 중간에 발각되어 이정의 손에 들어가고 말았다. 소식이 시를 써서 조정을 원망할 것이라 예견했던 이정은 아무런 증거도 찾지 못하던 차에 소식의 시를 발견하자 곧장 조정으로 달려갔다.

이때 조정에는 미묘한 변화가 일고 있었다. 조 태후는 임종 직전에 신종에게 소식이 유능하고 청렴한 충신이니 절대로 억울한 누명을 씌우지 말라고 당부했다. 신종은 혈기왕성한 청년 황제이긴 했지만 소식을 죽일 생각은 없었다. 이정의 무리들만이 어떻게 해서든지 소식을 모함하여 그를 사지에 몰아넣으려 할 뿐이었다.

다음날 이정은 새로 손에 넣은 소식의 시를 신종에게 건네면서 그가 조정을 비방하고 있다고 무고했다. 시를 읽어본 신종은 별로 특별한 내용을 발견하지 못하고 이정에게 시의 내용이 무엇인지 되물었다. 그제야 이정은 자신의 실수를 깨달았다. 소식을 해치는 데에만 급급했던 그는 시를 손에 넣자마자 읽어보지도 않고 곧장 신종에게로 달려왔던 것이다. 결국 상황이 돌변했고, 이정을 돕던 사람들도 신종의 달라진 태도를 보고는 소식에게 유리한 말을 하기 시작했으며, 마침내 소식은 죄의 증거가 불충분하다는 이유로 석방되었다.

### 중용으로 사물을 대하라

원풍 3년(1080년) 2월, 소식은 황주 단련부사團練副使로 귀양 갔지만 그곳에서 그는 자신의 불후의 명작인 『전적벽부前赤壁賦』와 『후적벽부後赤壁賦』를 쓰게 되었고, 동파 일대를 경작하면서 아름다운 이야기들을 많이 남겼다.

원풍 8년(1085년), 서른여덟에 송 신종이 세상을 떠나고 아직 열 살밖에 되지 않은 철종이 즉위하면서 고 태후가 수렴청정을 하게 되었다.

왕안석의 변법을 일관되게 반대해왔던 고 태후가 집정을 시작하면서 가장 먼저 한 일은 붕당을 결성하여 높은 직위에 오른 관리들을 제거하는 일이었다. 그녀는 왕규를 해임하고 다시 사마광을 재상으로 임명한 데 이어, 변법에 반대한다는 이유로 쫓겨났던 사람들을 다시 중용했다.

이리하여 소식도 등주 태수를 거쳐 조정으로 복귀할 수 있었다. 고 태후의 지지를 받으며 소식은 한 해 동안 무려 세 차례나 승관을 거듭했고, 지정과 서단 등은 소식이 재기한 모습을 보고서 두려움과 미움이 교차하는 심정으로 호시탐탐 그를 제거할 기회를 노렸다.

이 시기에 요나라에서 사신을 통해 대련對聯(시문 등에서 대구對句가 되는 연聯 – 역자주)의 상련相聯을 보내면서, 송 조정이 하련을 써서 상련과 배합이 되면 송을 상방上邦으로 모시고 그렇지 못하면 하방下邦으로 취급하겠노라고 선언했다. 상련은 '삼광일월성三光日月星'이라는 구절이었다.

고 태후는 백관들에게 하련을 쓰게 했지만 어려운 구절이라 누구 하나 제대로 써내는 사람이 없었다. 그러자 이정과 서담은 이심전심으로 소식을 추천하면서 그의 문명文名이 천하에 자자하니 능히 하련을 써낼 수 있을 것이라고 말했다. 아울러 만일 그가 하련을 쓰지 못한다면 거짓으로 명성을 조작한 죄를 물어야 한다고 덧붙였다.

고 태후는 두 사람이 소식을 모함하려 한다는 사실을 잘 알고 있었지만, 그녀 자신도 소식의 글 솜씨를 굳게 믿고 있던 터라 곧장 소식을 불러들였다.

요의 사자를 만나본 소식은 그가 무장의 위세를 과시하는 것을 보고 송을 찾아온 이유를 물은 다음 상련을 낭송하게 했다.

"삼광일월성이오."

소식은 잠시 입을 열지 못하더니, 이윽고 요의 사자에게 말했다.

"이 정도의 상련이라면 우리나라에서는 세 살짜리 동자도 하련을 지을 수 있지요. 조정에 문무 대신들이 가득하니, 잠시 이들과 노시다 가시지요."

소식의 말에 요의 사자는 속으로 화가 치밀었다. 그는 소식이 하련을 대지 못하는 것으로 간주하여 거친 목소리로 어서 하련을 지어보라고 다그쳤다. 소식이 다시 입을 열었다.

"우리나라에서는 세 살 때부터 『시경』을 읽지요. '사시풍아송四時風雅頌'이라고 하면 되겠습니까?"

소식이 지어낸 하련에 요의 사자는 놀라서 입을 다물었고 조당에 가득 차 있던 문무 대신들은 찬탄을 금치 못했다. 『시경』의 구성을 그 내용에 따라 풍, 대아, 소아, 송 등 네 가지로 구분하는데 이를 '사시四時' 또는 '사시四始'라 했다. 여기서 숫자 '사'와 바로 뒤에 나오는 세 글자는 세 가지 사물의 모순을 의미하면서 '삼광'의 '삼'과 절묘하게 어우러졌다.

소식은 이런 기세를 늦추지 않고 '삼광'을 제자題字로 하여 세 구절의 시구를 지어 요의 조정을 훈계했다. 이에 요의 사자는 참괴함에 얼굴을 들지 못하고 서둘러 송의 조정에서 물러났다.

사마광은 재상의 자리에 오르자마자 변법을 폐지했다. 원우元祐 원년(1086년) 3월, 사마광은 정무회의를 주재하면서 5품 이상의 관원들을 모두 참석하게 했다. 물론 회의의 핵심 사안은 변법을 폐지하는 것이었다. 지방을 전전하면서 변법의 장점을 어느 정도 체험한 바 있는 소식은 변법을 무조건 폐지하는 것은 옳지 않다고 생각하여 사마광의 주장에 반대의 뜻을 밝혔다.

사실 왕안석의 변법은 오늘날의 관점에서 보아도 전적으로 부정할 수만은 없는 것이었다. 북송 시대에는 관료와 군대, 사회적 비용이 가장 큰 문제였다. 이런 문제를 해결하기 위해 왕안석은 변법을 통해 기구를 축소하고 효율을 높임으로써 비용을 절감하고 경제발전을 시도하려 했던 것이다. 이는 정확하고 합리적인 정책으로서 이를 수행하는 인재들만 훌륭했더라면 더없이 좋은 사회발전의 기회가 되었을 것이다.

회의석상에서 소식이 가장 먼저 입을 열었다.

"천하가 제대로 다스려지지 못하는 이유는 인재의 등용이 바르지 못하기 때문이지, 변법 자체에 문제가 있는 것은 아닙니다. 지금 사마광이 변법을 완전히 폐지하려 하는데 이는 커다란 잘못이 아닐 수 없습니다!"

소식의 말에 사마광뿐만 아니라 그 자리에 있던 대신들 모두가 경악을 금치 못했고 장내의 분위기도 한순간 싸늘해져버렸다. 사마광이 소식을 이해할 수 없다는 듯이 답답한 표정으로 물었다.

"그대는 과거에 나와 더불어 변법을 반대했다가 박해를 받았는데, 어째서 지금은 신당과 변법을 두둔하는 것이오?"

"관리가 정사를 살필 때는 실제 상황에 근거해야 합니다. 파벌을 결성하거나 주관적으로 일을 처리해선 안 되지요. 과거에 왕안석은 너무 조급하게 변법을 추진하다가 갖가지 부작용을 낳았습니다. 그러나 이

제 와서 변법을 전부 폐지한다는 것은 돌을 안고 물에 뛰어 들어가 물에 빠진 사람을 구하려는 것과 마찬가지입니다.”

소식의 대답에 더욱 화가 난 사마광은 큰 소리로 호통을 쳤다.

“변법을 전면 폐지하고 구법을 완전히 회복해야 하오. 나의 뜻은 이미 정해졌으니 더 이상 논의할 필요도 없소!”

사마광은 이렇게 한마디 던지고는 총총히 자리를 떴다.

집으로 돌아온 소식도 사마광을 소같이 미련한 사람이라고 비난하며 분을 삭이지 못했다. 점심식사로 고기를 먹고 난 그가 배를 두드리며 주위에 있던 사람들에게 물었다.

“이 뱃속에 뭐가 들어 있는지 아나?”

여자 하인 하나가 대답했다.

“온통 글로 가득하겠지요.”

소식은 고개를 가로저었다. 그러자 다른 하인이 말했다.

“여러 가지 기관으로 가득하겠지요.”

소식은 이번에도 고개를 가로저었다. 애첩 왕조운이 살며시 웃으면서 말했다.

“학사님의 뱃속은 시류에 맞지 않는 생각으로 가득합니다.”

소식은 그 말을 듣고서야 긴 한숨을 내쉬면서 말했다.

“나를 아는 사람은 조운뿐이로구나!”

이리하여 소식은 또다시 사마광의 구당으로부터 배척을 받게 되었다. 게다가 신당도 여전히 그를 배척하고 있었고, 학술적 관점이 다른 정이와 정호 등의 낙당洛黨도 소식을 공격하는 데 가세하여 그는 몹시 어려운 상황에 처하게 되었다. 이에 소식이 탄식하여 말했다.

"여러 사람들의 뜻에 그대로 따르자니 내 양심을 어기게 되고, 지조를 지키면서 할 말을 다하자니 남들의 원한을 사고 공격을 받게 되니, 죽지 않는다 하더라도 관직에서 쫓겨나고 말 것이다."

소식이 여러 차례 상소를 올려 지방의 관리로 가고 싶다는 뜻을 밝히자 그의 처지를 이해한 고 태후는 그를 용도각학사의 신분으로 항주의 지사知事로 가게 했다.

항주에 부임한 소식은 1년 남짓한 기간 동안 두 차례나 조정으로 귀환했고, 여러 차례 직위가 바뀌는 고초를 겪었다. 나중에 그는 병부상서 겸 시독으로 자리를 옮겼다가 다시 예부상서 겸 단명전학사로 임명되었다. 그의 동생 소철도 재상이 되었다.

철종은 열 살 때부터 소식을 스승으로 모셨다. 고집이 센 철종은 다른 사람의 의견에 귀를 기울이지 않고 공을 자랑하기 좋아했으며, 충성스러운 사람들을 좋아하지 않았다. 일부 정적들의 공격으로 인해 철종은 점차 소식을 멀리하게 되었다. 철종은 고 태후가 이루어놓은 제도를 전부 폐하고 장돈을 재상으로 임명했다. 그 결과 여혜경 등 간사한 무리들이 대거 조정을 장악하게 되었고, 이때부터 또다시 소식의 불운이 시작되었다.

장돈을 우두머리로 하는 신당의 무리들은 조정에 복귀하자마자 구당의 대신들을 전부 처형하거나 유배를 보냈다. 심지어 시신을 다시 파내 태형을 가하기도 했다. 물론 소식도 이런 상황에서 안전할 수 없었다. 그는 '조종을 비웃었다'는 죄명으로 관직을 박탈당하고 광동 형주로 내려갔다가 도중에 다시 영원군절도부사로 강등되어 혜주로 가게 되었다. 나이가 이미 예순에 가까운 소식은 전 가족을 데리고 더위에 시달리다가 그해 봄에야 혜주에 도착했다.

혜주 생활의 어려움과 고통은 상상을 초월할 정도였지만 소식은 이미 생명의 한계를 초탈한 마음으로 이런 생활을 받아들였다. 그는 가족들과 함께 직접 황무지를 개간하는 등 삶의 재미를 찾으려 노력했고, 항주나 서주에 있을 때처럼 힘이 닿는 대로 백성들을 위해 많은 일을 함으로써 중국 문화에 수많은 미담을 남겼다.

하루는 소식 일가가 전부 한자리에 모이게 되었을 때, 흥을 이기지 못한 소식이 붓을 들어 「종필縱筆」이라는 제목의 시를 한 수 지었다.

흩날리는 백발에 서릿바람 가득하니
작은 집 등나무 침대에 병든 몸 의지하네.
선생은 봄날의 달콤한 꿈나라에 있는데
도인은 오경五更의 종을 가볍게 두드리네.


얼마 후 이 시는 경성에 전해졌고 이를 읽어본 장돈은 몹시 질투하며 화난 목소리로 말했다.

"그래 좋다! '봄날의 달콤한 꿈나라'에 빠진다고 했겠다? 내가 네놈이 잠들지 못하게 해주마!"

이리하여 소성紹聖 4년(1097년) 4월 17일, 조정에서는 소식을 경주 별가로 내려가게 했다.

경주는 지금의 해남도로 온통 황무지뿐인 곳이었다. 나이 예순둘의 소식에게 이번 귀양은 박해성 유배나 마찬가지였다. 이런 소식을 들은 소식은 경주에 뼈를 묻고 다시는 경사로 돌아가지 않기로 마음먹었다.

이러한 마음은 그가 남긴 시문에 그대로 담겨 있다.

그러나 소식은 경주로 간 후에도 여전히 초탈한 생활을 하면서 그곳의 문화 발전에 커다란 공헌을 했다. 그는 현지 사람들 가운데 많은 거인들이 배출될 수 있도록 노력했고, 주민들의 언어와 생활습관에도 커다란 영향을 미쳤다. 유배생활이 소식 개인에게는 큰 불행이었지만, 해남도 사람들에게는 큰 행운인 셈이었다.

원부元符 3년(1100년), 철종이 스물네 살의 나이로 세상을 떠나고 휘종 조길이 즉위했다. 휘종은 신당과 구당의 관계를 조화시키려 노력했고, 소식은 3년에 걸친 경주 유배생활을 정리하고 마침내 조정으로 귀환하게 되었다.

경사로 오는 길에 소식이 들르는 곳마다 수많은 문인과 학사, 백성들이 그를 환대하면서 문화의 거인이자 조정의 명신인 소식의 풍채를 보거나 그와 사귀고 싶어했다. 1101년, 소식은 북쪽으로 귀환하는 도중에 세상을 떠나고 말았다. 당시에 그가 쓰러졌던 경구역관은 온통 그의 죽음을 애도하는 울음소리로 가득했다.

소식은 시와 사, 산문, 서화 등 모든 분야에 정통했던 문화의 거인으로, 중국문화사를 통틀어 그에 비할 만한 인물이 없다. 또한 강직하고 온화하며 선량한 인품과 귀양 간 횟수 역시 천고에 찾아보기 어려운 수준이었다.

소식의 뱃속이 정말로 '시류에 어긋나는' 생각들로 가득했는지, 그는 신당이 권력을 잡으면 신당에 반대하여 귀양 갔고, 구당이 권력을 잡으면 구당을 반대하여 또 쫓겨났다. 그의 운명은 시세와 어울리지 않았고 세상사에 정통하지 못했는데, 그 근본적인 원인은 바르고 곧은 성품 때문이었다.

　그는 가장 고명高明하면서도 중용에 부합하는 생활방식으로 주변의 모든 사람과 사물을 대함으로써 중국 사대부들의 인격수양에 있어서 최고의 경지인 '천지天地의 경지'에 도달했다. 그리고 이러한 인생의 경지와 문화적 의미는 후대 중국문화에 절대적인 영향을 미치게 되었다.

# 유가, 큰 사람으로 거듭나는 길

공자와 맹자의 사상으로 시작된 유가 인간학의 전통은 중국문화의 안정적인 토대가 형성된 한대로 거슬러 올라간다. 유가의 인간학은 한 무제와 동중서에 의해 국가의 통치이데올로기로 정착되어 중국인의 정신세계를 지배하게 되었고, 그 기반이 크게 확대되면서 종교적 색채까지 지니게 되었다.

'인의'의 정신과 수신제가치국평천하의 방법론을 핵심으로 하는 유가 사상은 시대의 변천과 더불어 계속 발전하여 송대에 이르러서는 주희에 의해 이른바 이학理學으로 집대성되었고, 명대에는 왕양명에 의해 심학心學으로 발전하기에 이르렀다.

중국인들의 사유세계를 유가와 도가, 불가의 세 가지로 요약하곤 하지만 이 가운데 가장 절대적인 지위를 차지하는 것은 여전히 유가였고, 그 핵심 규범은 나를 다스린 후 남을 다스려라는 수기치인修己治人이었다.

그러나 이러한 유가 인간학의 가치와 전통은 서구문화의 세례를 받기 시작한 현대로 들어서면서 전면적으로 방기되거나 대폭 축소되기 시작했다.

20세기 벽두의 중국 지식인들은 이미 합리적이고 실용적인 가치체계를 갖추고 있는 유가의 전통을 무비판적으로 폐기하고 전반서화全盤西化, 중체서용中體西用 등 다양한 방법론으로 서구화 일변도의 사회개혁을 추구했다. 현대국가가 수립된 당대當代에 들어서도 유가는 '공가점孔家店 타도', '비림비공批林批孔 운동' 등 갖가지 정치투쟁의 희생물로 전락하고 말았다.

그러나 이처럼 다분히 봉건적이고 구시대적인 가치체계로 인식되고 있는 유가의 인간학은 우리 전통의 뿌리이자 동아시아 문화의 기초이기도 하다.

예컨대 군주가 신하의 근본이고君爲臣綱, 아비가 자식의 근본이며父爲子綱, 지아비가 지어미의 근본夫爲婦綱이라는 이른바 '삼강三綱'은 전근대적인 관념의 전형으로 비판받아야 마땅할 것이다. 하지만, 부자관계父子有親, 부부관계夫婦有別, 나이와 세대의 차이長幼有序, 원만한 교우朋友有信, 조직에서의 위계질서君臣有義 등에 있어서 가장 이상적인 원리를 제시한 이른바 '오륜五倫'은 현대사회에도 없어서는 안 될 가장 기본적이고 보편적인 가치체계라 할 수 있다.

바로 이 점이 인간의 본질에 대한 인식에 있어서 공자와 맹자의 인간학이 추구하는 가장 큰 특징이다. 우리는 이미 이러한 유가 인간학의 전통에 젖어 있다. 따라서 우리 모두는 기본적으로 유가형 인간이라 할 수 있다.

이러한 유가의 인간학은 현대 국제사회에서도 일정한 긍정적 힘을 발휘하고 있다. 때문에 헌팅턴은 『문명의 충돌』에서 중국과 대만, 한국의 문화를 중화문명이 아닌 '유가문명'으로 규정하면서 서구문명에 대한 가장 강력한 도전으로 간주했던 것이다. 물론 헌팅턴이 알고 있는 유가문명은 유가의 외피에 불과하겠지만 그가 본 유가의 인간학이 동아시아의 경제발전과 세계화 전략의 중요한 역량이 되고 있는 것은 분명한 사실이다.

유가의 인간학이 한국을 비롯한 동아시아 정신문화의 뿌리임에는 이론의 여지가 없다. 그렇다면 이러한 전통의 적극적이고 생산적인 부분들을 회복하여 유용한 힘으로 전환하는 것이야말로 우리의 의무이자 지혜라 할 수 있을 것이다. 게다가 유가 인간학에서 제시하고 있는 가치 관념들이 대단히 보편적이고 근본적인 내포를 지니고 있는 만큼, 이를 세계화 시대를 살아가는 데 중요한 역량으로 활용하는 것은 우리의 지상과제라 할 수 있다.

이 책에 담긴 유가의 인간학은 처세와 생존경쟁을 위한 실용적인 지혜를 넘어선 인간의 본성에 대한 전통적 인식이자 심리태도라 할 수 있다.

수천 년 동안 쌓여온 사유와 역사경험의 깊이 있는 성찰의 결과물이 바로 유가의 인간학인 것이다. 따라서 우리는 이 책에서 단편적인 처세와 비즈니스, 대인관계의 전략전술을 얻는 데 그칠 것이 아니라 진정한 '인의'의 정신을 체득하고, 수신제가치국평천하의 수양방법론을 실천하는 가운데 유가에서 가장 이상적인 인간형으로 간주했던 ‘군자’, 더 나아가 ‘성인聖人’의 큰 리더십을 체현하는 데 목표를 두어야 할 것이다.

2008년 1월

김태성

KI신서 1165

# 유가 인간학

**1판 1쇄 발행** 2008년 2월 11일
**1판 3쇄 발행** 2008년 3월 3일

**지은이** 렁청진  **옮긴이** 김태성  **펴낸이** 김영곤  **펴낸곳** (주)북이십일 21세기북스
**기획·편집** 박교희  **디자인** 김정인  **마케팅** 주명석  **영업** 최창규
**출판등록** 2000년 5월 6일 제10-1965호
**주소** (우413-756) 경기도 파주시 교하읍 문발리 파주출판단지 518-3
**대표전화** 031-955-2100  **팩스** 031-955-2151  **이메일** book21@book21.co.kr
**홈페이지** www.book21.co.kr  **커뮤니티** cafe.naver.com/21cbook

값 13,800원
ISBN 978-89-509-1224-6 13320